黄河流域城乡融合发展
水平与实现策略

陈　伟等　著

中国农业出版社

北　京

黄河流域生态保护与农业农村高质量发展研究丛书

编 委 会

本 书 著 者 名 单

陈　伟	教授	西北农林科技大学经济管理学院
李　巧	博士研究生	西北农林科技大学经济管理学院
张　笋	博士研究生	西北农林科技大学经济管理学院
师海猛	博士研究生	西北农林科技大学经济管理学院
曹慧敏	博士研究生	西北农林科技大学经济管理学院
谭雪莲	硕士研究生	西北农林科技大学经济管理学院
姚佳静	硕士研究生	西北农林科技大学经济管理学院
彭浩雅	硕士研究生	西北农林科技大学经济管理学院
丛紫辉	硕士研究生	西北农林科技大学经济管理学院
蒋　彤	硕士研究生	西北农林科技大学经济管理学院
马嘉琳	硕士研究生	西北农林科技大学经济管理学院
董雁宇	硕士研究生	西北农林科技大学经济管理学院
张嘉琳	硕士研究生	西北农林科技大学经济管理学院

黄河——这条蜿蜒数千公里的母亲河，孕育了璀璨的中华文明，见证了中华民族的繁衍与发展。2019 年 9 月 18 日，习近平总书记主持召开黄河流域生态保护和高质量发展座谈会并发表重要讲话，提出要让黄河成为造福人民的幸福河，实施黄河流域生态保护和高质量发展重大国家战略。党的十八大以来，习近平总书记走遍沿黄 9 省份，并在上中下游分别主持召开 3 场座谈会专题部署黄河流域生态保护和高质量发展。2024 年 9 月 12 日，习近平总书记主持召开全面推动黄河流域生态保护和高质量发展座谈会时强调，以进一步全面深化改革为动力，开创黄河流域生态保护和高质量发展新局面。

黄河流域生态保护和高质量发展重大国家战略的实施，为黄河流域乡村发展提供了新的机遇。党的二十届三中全会《中共中央关于进一步全面深化改革 推进中国式现代化的决定》提出的"坚持以人民为中心"的发展思想，以及"教育科技人才一体改革"的总体要求，为我们的工作指明了方向。本系列研究正是在这样的背景下应运而生，旨在深入探讨黄河流域乡村高质量发展之路，让发展成果更多更公平地惠及全体人民。

　　西北农林科技大学作为我国农业科教事业的中坚力量，自 1934 年国立西北农林专科学校创建以来，就肩负着"教育救国""兴学兴农"的时代使命。学校秉承"诚朴勇毅"的校训，恪守"民为国本，食为民天，树德务滋，树基务坚"的教育理念，承远古农神后稷之志，行当代教民稼穑之为，形成了"扎根杨凌、胸怀社稷，脚踏黄土、情系三农，甘于吃苦、追求卓越"的西农精神和"团结、求真、坚韧、自信"的西农科学文化，走出了一条产学研紧密结合的特色办学之路。

　　在这些精神的指引下，西北农林科技大学经济管理学院的师生们，积极响应国家战略部署，自 2020 年起连续多年组织研究生开展专项调研，"黄河岸边问国策"成为网络头条和新闻热点，建成涵盖黄河流域中上游主要区域的"千村万户"数据库，获批陕西（高校）哲学社会科学重点研究基地——黄河中上游生态保护与农业农村高质量发展研究基地，调研团队获得全国大中专学生志愿者暑期"三下乡"社会实践活动优秀团队和陕西省大中专学生志愿者暑期文化科技卫生"三下乡"社会实践活动标兵团队。此次择录部分调查资料形成的四部专题研究报告，从不同角度切入，全面系统地分析了黄河流域的农业农村发展现状、城乡融合发展、生态环境保护以及乡村产业高质量发展现状，为相关政策的制定和实施提供了科学依据。

　　《黄河流域农业农村高质量发展水平评价》，结合黄河流域 9 个省份农村经济的实际情况，构建了农业农村高质量发展的理论框架和评价模型。研究指出，黄河流域农业高质量发展水平整体不高，省份间存在较大差异，但近年来呈现持续增长态势。报告还提出了提升黄河流域农业农村高质量发展水平的对策建议。

　　《黄河流域城乡融合发展水平与实现策略》，系统梳理了国内外相关文献和城乡关系演化历程，分析了黄河流域城乡融合现状与主要问题。研究从产业结构、政府财政支持、市场化水平、金融发展水平、区位特征等方面识别了黄河流域城乡融合的主要驱动因素，并提出了针对性的对策建议。

《黄河流域生态环境保护效果及提升策略》，深入分析了黄河流域生态环境保护的历史脉络，运用多种分析方法评估了2001—2019年黄河流域生态环境保护效果的时空演变格局与趋势。研究提出了黄河流域生态环境保护的体制、机制建议。

《黄河流域乡村产业高质量发展》，深入探讨了黄河流域乡村产业高质量发展之路。研究从乡村产业结构、产业分布、产业政策等方面展现了黄河流域乡村产业发展现状，构建了乡村产业发展评价指标体系。研究分析了各省份乡村产业发展的制约因素，设计了有针对性的高质量发展路径，并提出了乡村产业高质量发展的政策保障体系。

这些研究是一次对黄河流域乡村发展的全面梳理和深入思考。我们希望这些研究成果能够为黄河流域乃至全国的乡村发展提供有益的参考和借鉴。同时，我们也期待读者能够对研究内容提出宝贵的意见和建议，共同推动中国乡村高质量发展。

在研究过程中，我们得到了西北农林科技大学相关学院、部门以及众多专家学者的大力支持和帮助，他们的智慧和经验为这些研究的完成提供了宝贵资源。在此，我们对他们表示衷心的感谢。还要感谢为这些研究付出辛勤劳动的老师和研究生们，他们的努力和奉献是这些研究能够顺利完成的重要保障。

在全面建成社会主义现代化强国的新征程上，黄河流域乡村发展正迎来历史性机遇。我们坚信，通过深化体制机制改革、加速数字技术渗透、培育新型经营主体，必将开创流域农业农村现代化新格局。

让母亲河的生态底蕴转化为发展势能，使千年农耕文明焕发时代生机，这既是学术研究的使命担当，更是新时代赋予的历史责任。西北农林科技大学将继续发挥农林水学科优势，为谱写黄河流域乡村振兴新篇章贡献智慧力量。

夏显力　陆　迁　刘军弟

2024 年 11 月于西北农林科技大学

　　城乡二元体制与二元结构的形成与加剧，对我国重工业优先发展时期工业化和城镇化发展起到了较好的促进作用。然而，长期城乡分割与传统经济制度的弊端，持续扩大了城乡发展差距和城乡居民生活水平差距，城乡居民人均可支配收入绝对差距不断扩大，近年来尽管相对差距有所下降，但仍保持在2倍以上的高位水平。城乡融合发展是新时代的主旋律，党的十八大以来，新型城镇化战略加快了城乡一体化发展新格局建设，党的十九大提出建立健全城乡融合发展体制机制，城乡要素自由流动、城乡产业发展和城乡统一建设用地市场等成为阶段性目标，党的二十大再次强调要着力推进城乡融合和区域协调发展。

　　黄河流域不仅承载着生态安全屏障的重要功能，而且在维持社会经济发展方面发挥重要作用。流域内粮食和肉类等农产品产量丰富，拥有黄淮海平原、汾渭平原和河套灌区等国家重要的农产品生产区。2019年9月、2021年10月、2024年9月，习近平总书记分别在黄河中游、下游、上游主持召开了三场以黄河流域生态保护和高质量发展为主题的座谈会，强调了黄河流域在我国经济社会发展和生态安全方面的重要地位，并提出

1

要共同抓好大保护，协同推进大治理，促进全流域高质量发展。城乡融合发展作为协调城市和农村发展的重要抓手，不仅有助于推进农业农村高质量发展，也是实现中国式现代化的必然选择，是走向全面建设社会主义现代化国家新征程的必由之路。

本书围绕黄河流域城乡融合发展水平与实现策略问题，系统梳理了国内外相关文献和中外城乡关系演化历程，分析了黄河流域城乡融合现状与主要问题，选择市域和县域两个尺度测度了黄河流域城乡融合水平，并从产业结构、政府财政支持、市场化水平、金融发展水平、区位特征等方面识别了黄河流域城乡融合的主要驱动因素。基于微观调查数据，分析了黄河流域典型区域城乡融合现状、类型与居民感知。最后，结合国内外城乡融合发展实践为黄河流域城乡融合提出了针对性的对策建议。全书共十章，主要分为四大部分，具体来看：

第一部分构建了本书的基本框架，包括第一章绪论、第二章城乡融合的理论基础、第三章中外城乡关系的演化历程。本部分阐述了本书的研究背景、目的意义、国内外研究进展，辨析了城乡融合的概念、基础理论与内在机理，梳理了中外城乡关系演化历程及黄河流域城乡关系变迁背景。

第二部分着重从中观尺度分析了黄河流域城乡融合现状、水平与驱动因素，包括第四章黄河流域城乡融合现状与问题、第五章城乡融合水平测度与发展策略、第六章城乡融合发展的驱动力。研究发现，黄河流域城乡融合发展趋势明显，乡村追赶城市，差距逐渐缩小；但黄河流域在要素融合、社会融合和生态融合等方面存在较大的提升空间，可以通过发挥城市优势带动农村发展。2000—2019年黄河流域城乡融合水平有大幅提升，低水平城乡融合区域显著减少，高水平、较高水平与中等水平融合区域显著增多，下游地区始终是城乡融合的高值区域。可以将黄河流域划分为经济—社会主导型、要素—空间主导型、要素—空间制约型、经济—空间制约型和经济—要素制约型等五种城乡融合发展区。从城乡融合发展的主要驱动因素看，产业结构、政府财政支持与市场化水平能够正向促进城乡融合。

第三部分主要基于微观调查数据分析了黄河流域城乡融合的现状、类型及居民主观感知，包括第七章城乡融合现状的微观考察、第八章城乡融合的微观着力点：市民化感知分析。研究发现，黄河流域部分地区尚存在城乡发展差距较大、城乡资源分布不均衡、存在融入障碍等现象，不同镇（街道）城乡融合水平受区位、资源禀赋等影响明显，可划分为中心城区辐射、资源禀赋带动、地方政策推动等发展类型。从市民化感知角度看，不同区域城乡融合状况来源于居民动机、机会和能力三方面的综合影响，城乡之间、乡村内部建设的不均衡降低了居民融合信心与动力，低收入、高支出的城镇生活预期减弱了居民融合意愿。

第四部分结合城乡融合发展的国际经验和中国实践提出了黄河流域城乡融合发展的针对性对策建议，包括第九章城乡融合发展：国际经验与中国实践、第十章研究结论与建议。本部分比较了欧美、日韩等国城乡融合发展的路径差异，归纳了我国统筹城乡关系的实践模式，总结了国内外城乡融合发展经验，从人口、土地、资金、产业等方面提出了促进黄河流域城乡融合发展的建议。

本书得到了西北农林科技大学经济管理学院"黄河流域生态保护与农业农村高质量发展"专项调研活动、陕西（高校）哲学社会科学重点研究基地（黄河中上游生态保护与农业农村高质量发展研究基地）、国家社科基金重大项目"统筹推进县域城乡融合发展的理论框架与实践路径研究"（22&ZD113）的资助。全书由陈伟拟订撰写提纲，并与研究生李巧、张笋、师海猛、曹慧敏、谭雪莲、姚佳静、彭浩雅、丛紫辉、蒋彤、马嘉琳、董雁宇、张嘉琳共同完成了数据调研与撰写工作。

　　鉴于作者水平有限，难免存在一定的不足和值得商榷之处，敬请同行专家、学者批评指正。另外，中国农业出版社乡村振兴出版分社闫保荣社长对本书的顺利出版付出了大量辛勤劳动，谨表示衷心感谢。

作　者

2024 年 10 月于西北农林科技大学

目录

第八章　城乡融合的微观着力点：市民化感知分析

第九章　城乡融合发展：国际经验与中国实践

绪　　论

第一节　研究背景

经过改革开放 40 余年的快速发展，中国经济已步入高质量发展的新阶段，农业农村各项工作也获得了历史性成就。截至 2022 年底，全国已累计建设完成 10 亿亩*高标准农田，粮食产量由 1978 年的 30 476.5 万吨增长至 2022 年的 68 652.8 万吨，不断夯实国家粮食安全根基，牢牢端稳中国人自己的饭碗；农村居民人均可支配收入达到 20 133 元，比 1978 年的 133.6 元增加了近 150 倍。但是，城乡发展失衡、农村发展不充分仍然制约着中国经济社会可持续发展，农村"空心化"、农民增收难、农业生产资源消耗大、化学农业和面源污染严重等问题依然存在，农业农村仍然是高质量发展的短板，发展质量亟待进一步提升。

中华人民共和国成立以来，农业在国民经济发展中一直发挥着基础性作用，党和政府为实现向先进工业国的转变，将重工业放在优先发展位置，挤占了农业和轻工业发展空间，导致农业和农村发展落后。城乡二元结构体制逐渐建立，"以农助工，以乡养城"的城乡关系格局不断形成。直到改革开放后社会主义市场经济体制的建立，使城乡居民收入不断增加，城乡之间的联系也日益增多，城乡关系逐渐从有限互动向以城带乡转变。在工业化和城市化的推进下，农村剩余劳动力大量涌入城市，农村"空心化"现象加剧。随着劳动力、资金、技术等要素向城市集聚，乡村发展陷入困境，城乡之间

---

* 1 亩＝1/15 公顷。

的差距仍在逐渐拉大。

为统筹城乡发展问题，党和政府采取了多种措施，十九大提出实施乡村振兴战略，推动农业农村发展繁荣，建立健全城乡融合发展体制机制和政策体系；2019年4月发布的《中共中央 国务院关于建立健全城乡融合发展体制机制和政策体系的意见》指出，城乡融合发展体制机制到2035年要更加完善，基本实现基本公共服务均等化；十九届五中全会提出加快形成新型工农城乡关系，增强农业农村发展活力；习近平总书记在党的二十大报告中全面系统深入地阐述了中国式现代化的科学内涵，指出要始终坚持以人民为中心，向共同富裕目标稳步迈进，积极解决城乡差距、区域差异、收入分配差距，坚决防止两极分化。可见，构建和完善城乡融合发展机制、缩小城乡发展差距已成为我国经济社会亟待解决的重要问题。

黄河流域不仅承载着生态安全屏障的重要功能，而且在维持社会经济发展方面发挥重要作用。流域自上而下流经青海省、四川省、甘肃省、宁夏回族自治区、内蒙古自治区、陕西省、山西省、河南省、山东省9个省（份），连接青藏高原、黄土高原和华北平原。流域内粮食和肉类等农产品产量丰富，拥有黄淮海平原、汾渭平原和河套灌区等国家重要的农产品生产区。推进黄河流域农业高质量发展有助于提升国内农产品质量，保障国家粮食安全。虽然流域内近年来农业综合生产能力不断提升，农民收入持续增加，乡村振兴全面推进，但仍然存在一些农业农村发展和生态建设方面的矛盾和问题，严重影响农业农村高质量发展。2019年9月，习近平总书记在黄河流域生态保护和高质量发展座谈会上强调了黄河流域在我国经济社会发展和生态安全方面的重要地位，并提出要共同抓好大保护，协同推进大治理，促进全流域高质量发展。城乡融合发展作为协调城市和农村发展的重要抓手，不仅有助于推进农业农村高质量发展，也是实现中国式现代化的必然选择，是走向全面建设社会主义现代化国家的新征程的必由之路。因此，立足新时代发展背景，研究黄河流域城乡融合发展现状，明晰现阶段城乡融合的特征及问题，探索城乡融合发展目标和路径，能够为助推城乡融合高质量发展，实现第二个百年奋斗目标提供一定的经验参考。

第二节 研究目的与意义

一、研究目的

破除城乡二元结构、实现城乡融合发展是实现高质量发展、全面建设社会主义现代化国家的内在要求。分析黄河流域城乡融合现状、发现城乡融合发展的障碍与问题，并提出相应的优化路径和建议，有助于推动黄河流域城乡要素流动，实现农业农村高质量发展。具体来看，本书的研究目的主要集中在以下几个方面：

1. 评价黄河流域城乡融合发展水平

在分析黄河流域经济社会和自然条件基础上，从要素融合、空间融合、社会融合、经济融合和生态融合等方面描述分析黄河流域城乡融合现状，构建多尺度、多维度城乡融合评价指标体系，对不同时间和区域的城乡融合发展水平进行测度，并进行城乡融合发展类型区划分。

2. 识别黄河流域城乡融合发展主要影响因素

在梳理前人研究成果基础上，从产业结构、财政支持、政策制度和市场经济等方面综合考虑城乡融合发展的驱动机制，并从时间和空间双重视角分析影响黄河流域城乡融合发展的主要因素及其影响程度。

3. 分析典型区域城乡融合发展特征与成因

基于微观调研数据，选取城乡融合典型区域进行深入细致分析，探究黄河流域城乡融合在村域和镇域层面的具体特征，以期从城乡居民生产生活状态入手，识别影响城乡融合发展的障碍因素，为制定切实可行的城乡融合措施提供思路。

4. 构建城乡融合发展优化策略

基于黄河流域城乡融合发展现状及城乡居民的实际需求，结合黄河流域城乡融合发展水平及主要影响因素，分别从统一化和差异化两个角度，明晰黄河流域城乡融合发展的实现路径，提出促进黄河流域城乡融合发展的措施，为黄河流域城乡融合相关政策制定提供借鉴。

二、研究意义

城乡关系是人类社会最基本的关系（刘彦随等，2021），是城乡发展研究的核心内容之一。当前农村居民的收入、消费水平及享受的社会服务等均低于城市居民，城乡居民在多方面仍存在较大差距。党的十八大以来，城乡居民收入差距逐渐缩小，截至 2021 年，城乡居民人均可支配收入比为2.50。为缩小城乡收入差距，促进经济社会稳定与可持续发展，实现城乡融合逐渐成为各界关注的焦点。"十四五"规划指出，要坚持农业农村实现优先发展，全面推动乡村振兴，不断加快农业转移人口的市民化，提升城市品质。县域作为中国最基本的行政单元，是城乡融合发展的重要载体。本书从宏观视角出发，对黄河流域市域和县域的城乡融合发展水平进行评价分析，并基于典型地区进行实地调研，从微观视角分析流域内城乡融合现状与问题，对完善城乡融合发展的体制机制具有重要的理论和现实意义。

本书的理论意义体现在，紧密结合农业农村高质量发展与城乡融合发展的时代背景，将黄河流域视为研究对象，系统梳理了城乡融合的基本概念和理论，深刻揭示了城乡融合发展的内在机理，建立起黄河流域城乡融合发展的理论分析框架；基于市域和县域不同尺度，差异化构建评价指标体系，测算出不同区域城乡融合发展水平，完善分区研究、归纳发展模式；结合实地微观调查，划分城乡融合类型，把握城乡融合发展的着力点，进而深化与拓展城乡融合发展的研究内容；融合区域经济学、发展经济学、空间经济学、产业经济学等相关理论，增加城乡融合发展的研究深度。

本书的实践意义主要体现在，通过分析城乡融合发展的区域、尺度和维度差异，多尺度多维度测度城乡融合发展水平，客观反映了不同区域城乡融合发展程度的变化与特征；从产业结构调整、政府财政支持、政策制度牵引、市场经济拉动等多方面发现了影响黄河流域城乡融合发展的因素；基于农户视角，通过半结构式访谈深入分析城乡要素在农村和家庭尺度上的流动与组合情况，识别了城乡融合发展的主要微观障碍，有助于加深对黄河流域城乡融合发展的全面了解，为中央和地方政府制定和完善城乡融合发展的相关政策提供重要参考。

第三节 国内外研究进展

城乡融合发展研究已成为学术界讨论的热点话题，通过梳理已有文献发现，城乡融合的相关研究成果丰富，主要体现在城乡融合概念界定与发展特征、城乡融合水平测度与影响因素、城乡融合模式划分与发展路径以及城乡融合与农业农村发展的关系等方面。

一、城乡融合的基本范畴与发展特征

城乡关系在经历城乡对立、城乡一体化之后，走向城乡融合是我国社会发展必经之路。城乡融合系统是一个多层次、多功能、多要素的复杂系统，包含地域、市域、县域"三域"层次，通过城乡基础网络而连接融合（刘彦随，2018）。它是通过科学配置发展资源（王文彬，2019），从产业、设施、制度与生态环境等领域有效促进城镇与乡村之间资源要素的双向流动（许彩玲等，2019），内容涵盖城乡经济融合、城乡社会融合和城乡生态融合等多维度（何红，2018；刘春芳等，2018）。

城乡融合是一种新型城乡关系，表现为城镇与乡村的双向互动、互促互进（陈文胜，2018），进而实现城乡之间的全方位融合（姜作培，2004；许彩玲等，2019），它是城镇与乡村两个子系统的优势互补及社会整体协调的理想状态（张琳等，2012）。城乡融合是一种联动发展而非城市偏向主义、均衡主义（刘先江，2013；杨志恒，2019），其基础、核心与目标是城乡共生、共建及共享，要求在保持城镇与乡村各自发展特色的基础上，既要发挥城市的带动效应，又要发挥乡村在生态环境宜居等领域的独特吸引力（林志鹏，2018），破除城乡经济、基础设施、生态环境、社会、空间及公共服务等二元对立（高波等，2019），实现城乡之间资源要素配置、产业发展、空间交错及居民福利等方面的优化和改进（高帆，2019）。

城乡融合的发展特征具有较广泛含义，主要表现在城乡市场高度统一、城乡产业融合发展、城乡生产力合理布局、城乡功能优势互补、城乡共享高质量发展等方面（吴海峰，2021），具有城乡发展空间的统一性、融合发展方法的创新性、城乡融合发展资源的互补性以及融合发展过程的长期性等特征，是"人""地""资本"的有机融合（刘守英，2017）。城乡融合发展是对接乡村振兴战略发展的需要（汪婷，2021），通过科学配置发展资源（王文彬，2019），从产业、设施、制度与生态环境等领域融合，实现城镇与乡村资源要素流动（许彩玲等，2019），在更大范围内促进城乡融合共荣发展（陈丹等，2019），内容涵盖城乡经济融合、城乡社会融合和城乡生态融合（何红，2018；刘春芳等，2018），强调城乡互动，优化人地系统（何仁伟，2018）。城乡融合的本质是在保持城乡发展前提下，打破城乡分割、城乡对立的旧体制（杨林等，2019），在城乡发展要素自由流动、公平与共享基础上实现城乡协调和一体化发展（刘彦随，2018；何仁伟，2018），成为主导城乡关系未来发展的核心方向（叶兴庆，2018；张英男等，2019）。

二、城乡融合的测度方法与区域差异

（一）城乡融合的测度方法

针对城乡融合发展水平的量化问题，现有研究多在构建城乡协调发展评价指标体系（韩磊，2019；周佳宁，2019）的基础上，测算城乡协调度、城乡一体化指数、城乡互动能力等发展指数（杨娜曼等，2014），以此对城乡融合发展水平进行评价及分级。评价方法主要包括层次分析法（周新秀，2010）、主成分分析法（杨娜曼等，2014；周江燕等，2014）、加权线性组合法（文余源等，2008）、因子分析法（韩欣宇等，2019）等。

基于主成分分析法和层次分析法的城乡融合发展测度指标体系运用广泛。杨荣南（1997）最先构建了包括城乡经济、生活、人口、空间、生态环境 5 个维度，共 35 个具体指标在内的评价指标体系，之后有关城乡关系评价指标体系设计的研究大都沿用了该指标体系（顾益康等，2004；高波等，2017；周佳宁等，2019）；也有学者基于城乡协调发展理论框架，综合考虑投资协调、产业协调、收入协调、消费协调四个方面建立起衡量城乡协调发展水平的指标体系（王艳飞等，2016）。范昊等人（2018）建立了包含"总前提、基本表现、先期跃升条件、后期跃升条件、结果"五个逻辑层次的城乡关联-共生发展综合评价指标体系。郭磊磊等（2019）建立了包含劳动力、资本、社会环境融合发展三个维度的评价指标体系。郭岚（2017）构建了包含经济发展、基础设施、社会生活、公共服务、生态环境五个维度的评价指标体系。李瑾等（2017）则建立了包含城乡规划、基础设施、生产发展、公共服务、人民生活五个层面指标的评价体系。

近年来基于耦合协调度模型、拉开档次法等方法测度城乡融合发展的研究逐渐丰富。高晓慧（2020）从城乡发展要素、发展结构及功能三个维度构建了测度城镇及乡村两个子系统发展水平的指标体系，并据此测算了四川省21个市（州）的城乡耦合协调度。王颖等（2018）基于城乡之间的互动关联，运用耦合协调度模型测算了东北地区34个地级市的城乡协调发展水平。周佳宁等（2020）构建了包含人口、空间、经济、社会、生态环境五个层面的城乡融合评价指标后，采用动态耦合协调度模型测算淮海经济区的城乡融合水平。龚勤林等（2020）在测算工农互促有效度与城乡发展融合度的基础上，通过耦合协调度模型得出了我国31个省级行政区别单位2012—2017年的工农城乡耦合协调水平。张海朋等（2020）构建了评价城乡融合系统的指标体系，并采用耦合协调度模型测算了环首都地区城乡融合发展水平。赵德起等（2019）综合考虑了城乡融合发展前提、动力与结果三个维度，采用横纵向拉开档次法测算了城乡融合发展水平。

（二）城乡融合的区域差异

不同尺度下城乡融合发展水平存在显著差异（李爱民，2019），现有研究分别从省域尺度（赵德起等，2019；李瑾等，2017）、市域尺度（王艳飞等，2016；杨德智等，2010）、县域尺度（刘敏等，2015）对城乡融合发展的区域差异进行了相关研究。我国城乡互动融合发展区域差异明显（龚勤林等，2020），发达地区整体高于欠发达地区（赵德起等，2019），自东向西呈现出由高到低的区域分布态势（曾磊等，2002；周江燕，2014；高波等，2017），并呈收敛趋势（高波等，2017；李瑾等，2017）。其中，东部地区表现为融合模式，中部及东北地区表现为互动模式，西部地区处于向城乡互动发展模式演化与追进的过程中（范昊等，2018）。

从区域内部来看，长江经济带各省城乡融合水平受经济发展水平影响，从下游到中上游，呈现依次递减规律（刘欣珂，2020），由"高值集聚区与热点区"转变为"低值集聚区与冷点区"（王维，2017）。我国西部地区的城乡融合发展水平稳定上升，但西南和西北地区城乡融合发展水平的差距存在不断扩散的趋势（郭磊磊等，2019）。东北地区城乡协调发展显现出中心极化、城市群集聚以及区域差异性等空间特征，中心城市的主导作用凸显（王颖等，2018）。淮海经济区的城乡融合发展具有正向空间关联与局域内集聚的特征（周佳宁等，2020）。中国环首都地区的城乡耦合协调度呈北高南低、东高西低的空间格局，且区域差异在波动中有增大的趋势（张海朋等，2020）。山东省城乡融合发展呈现出"东部地区很高、中部地区较高、西部地区较低"的特征（周新秀等，2010）。上海市城乡一体化发展水平整体较高（郭岚，2017）。

三、城乡融合的发展模式与影响因素

（一）城乡融合的发展模式

提炼城乡融合发展模式将为缩小城乡差距、促进农村高质量发展提供参考。国外城乡融合模式由城市分散化、Desakota 等城乡非对称发展状态，逐步演进为城市综合体、田园城市观、区域新城化、城乡融合式、城乡一体的社会组织形态等多种模式（张沛等，2014）。已有研究主要依据土地制度、金融制度、户籍与劳动力流动、现代农业发展、基层治理等对我国城乡融合发展模式进行划分（王欣亮等，2017；郝华勇，2018；王南，2021），将城乡融合发展模式划分为城镇化带动模式（黄禹铭，2019）、乡村复兴助推模式（陈艳清，2015；李灿等，2019）、产业融合发展带动模式（李爱民，2019）、空间结构优化模式（张志，2005；车冰清等，2017）等。此外，不同地区依据各自不同的情况，也探索出适合本地的城乡一体化发展道路，如珠江三角洲的"以城带乡"模式、上海市的"城乡统筹规划"模式、北京市的"工农协作、城乡结合"模式以及以民营经济发展带动城乡一体化的苏南模式（冯雷，2010）。

与城乡融合发展相关的区域发展模式划分还涉及乡村发展、城镇化、地域功能等方面。依托乡村发展中存在的问题，天津市静海区的乡村振兴模式可分为现代农业规模化乡村发展模式、企业规模化乡村发展模式与卫星城镇

乡村发展模式（李进涛等，2019）。淮海经济区的发展模式可分成经济发展-城镇化驱动、城镇就业-政府行为制约、产业-政府行为制约模式。熊鹰参考不同乡村地域功能之间的相互作用关系，将湖南省乡村地域功能归结为农业生产-非农生产型、非农生产-居住生活型、非农生产-生态保障型等 9 种（熊鹰等，2021）。边雪等（2013）从人口城镇化、产业非农化、土地城镇化进程的相对关系角度，将城镇化的协调关系分为 6 种模式。工业化推动农民流动，形成半工半耕的结构，而在这一过程中农民作为"能动的主体"构建了"渐进城镇化"模式（夏柱智等，2017）。

（二）城乡融合的影响因素

城乡融合发展的影响因素复杂，涉及政策干预（蔡昉、杨涛，2000）、农业与信息技术发展、城镇化与工业化发展（Long et al.，2009；黄禹铭，2019）、经济增长、消费能力提高（王艳飞等，2016）、农村土地制度（蔡继明等，2019）等诸多方面。

我国经济要素流通制度、土地经营制度、教育制度等阻碍了城乡一体化发展（罗雅丽等 2005），城乡二元体制限制了人口、土地、资金、信息等要素的自由流动。陆铭等（2004）发现地区间人口户籍的转换、政府财政支出结构的调整、城市偏向型经济政策等都是拉开城乡收入差距的重要因素。城市管理者基于城市自身利益考虑而单方面制定的城乡分割政策，会不断扩大城市居民与农业农村转移人口的工资收入差距（陈钊等，2008）。经济增长是城乡均衡发展时空格局及其变化的主要驱动因素（Liu et al.，2013；廖祖君等，2019）。王艳飞等（2016）研究了 2010 年中国各省份城乡协调发展指数空间差异的影响因素，发现区域城乡协调水平的高低与地区消费能力、城镇化率、经济发展水平及对农业的投资高度相关。黄禹铭（2019）以东北三省为研究对象，探究发现农业现代化经营程度及城镇化水平与东北三省城乡协调发展呈正相关关系。张海朋等（2020）以环首都地区为研究对象，发现地区社会经济发展水平、政府政策导向、交通便捷度、乡村经济发展程度及城乡收入差距对城乡融合协调度有显著影响。谢守红（2020）以长三角地区 26 个地级市为研究对象，发现经济发展、政策法规、基础设施、地理区位、生活质量影响城乡融合发展的空间差异。周佳宁等

（2020）分析发现人、地、钱、业等是影响中国城乡融合呈多维空间格局的主要因素，人、物、资金及信息等要素流构成了区域城乡融合的驱动机制（周佳宁等，2020），城乡要素配置若偏离理想状态会阻碍城乡融合发展（刘明辉等，2019）。网络和信息技术的普及应用加快了城乡之间信息流的传递（Low et al.，2015），可以解决城乡发展的信息不对称问题（郭美荣等，2017）。

四、城乡融合与农业农村高质量发展的关系

（一）城乡融合与农业发展

城乡融合发展要求突破城乡之间产业发展的地域分割，推动城乡一、二、三产业跨界融通，形成合理的城乡产业体系（王录伟等，2021），实现城乡产业融合（陈丽莎等，2021）。这不仅有利于延长产业链及价值链，推动产业纵向延伸，促进产业集群发展，而且有利于拓展产业多功能性，推动产业横向扩展，培育新的产业领域，塑造新的产业形态，发展关联和交叉产业（张克俊，2019），从而提高农业附加值（徐晓慧，2016），改善农村落后的经济状况，有效改善农村贫困状况（李晓龙等，2019）。

城乡产业融合主要通过农村对城市产业的承接、乡村特色优势产业发展、特色产业集群建设三个方面改变农村产业发展状况。消费需求、土地流转、基础设施、生态环境等因素从不同途径作用于城乡产业融合发展（程莉等，2020），通过对生产要素的优化配置，实现生产要素的帕累托改进，改变农村产业的发展业态（李乾等，2018）。同时，通过产业整合、产业链延伸、产业交叉、技术渗透等途径促进当地经济发展（郭军等，2019）。农业产业结构调整能提升农产品竞争优势（Antle J. M，1984），对提高农民收入等有显著的促进作用（赵小风等，2019），可以通过推动产业结构转型来缩小城乡差距（吴愿，2014）。此外，城乡融合伴随着农村劳动力转移、农村土地规模化发展，将增加农产品需求，给农村带来先进科学技术和人才、雄厚的资金支持、便捷的交通设施条件（王鹏飞、彭虎锋，2013），改变农业传统发展模式，促进农业现代化发展，提高农产品产量（王飞、何丽丽，2016），促进农民收入的增加。

（二）城乡融合与农村宜居

农村和城市是一个连续的地域系统，城乡生态环境是一个不可分割的有机整体，单个区域政府难以解决城乡整体生态治理问题（钟裕民，2020）。当前我国生态文明建设中，受城乡二元结构惯性影响，城乡环境治理中权力结构与制度公平、资源要素与分配公平、参与水平与程序公平、身份地位与承认公平之间的张力日益成为城乡融合发展的阻滞（王芳等，2021）。农村作为城市的腹地，为城市源源不断地提供淡水资源、森林植被和污染物排解的空间，是保持生物多样性的重要场所。

中国农村地区中规模小、分布广、增长快、体量大、重化工等背离农村技术和农业资源优势的污染制造企业占绝对比例（李玉红，2017），农村环境问题依然较为严重。应以生态型政府为基础，形成一种"整体-利益、和谐-竞争、平衡-自利"的城乡生态善治关系，以促进乡村振兴、生态文明与城乡融合发展秩序的生成（武小龙等，2018），将城乡放在同一平台上，以统筹的思想去解决问题（沈清基，2012）。城乡融合发展可以通过与经济增长的双向、互动关系，从农业自然资源、农村环境污染、农产品质量与农民健康状况等方面推进农村生态环境建设（高波等，2019）。城乡融合通过人口增加、产业集聚和空间扩展等对区域生态产品提出需求，二者之间通过相互影响、相互作用，实现城乡融合过程中生态环境供给与需求的动态平衡。

（三）城乡融合与农村治理

当前，农村基层治理中仍然存在诸多困境，主要表现为治理主体单一、治理体制落后、治理资金短缺和公共服务缺失等（李红娟等，2021），要将城乡视为一个有机整体进行规划与建设，不断推动城乡科学布局与区域经济一体化，形成大、中、小城市和乡村相协调的城乡建设体和治理结构，健全与农村社会发展相适应的农村基层社会治理体制机制（李红娟等，2021）。

长期以来，我国多数农村由于缺少基本的公共服务设施、缺乏建设资金、缺少专业服务人员等，导致农村公共服务供给"力有不逮"，使农民对公共服务的需要难以得到有效满足。在全国近 31 422 万农业生产经营人员中，学历为初中以下的占比高达 91.7%，而年龄在 55 岁及以上的占比约为 33.6%，目前我国农村各类实用人才总数仅占农村劳动力总数的 5%（罗必良等，2019）。"缺技术、缺资金、缺项目、缺能人、缺年轻人、缺带头人"成为当前农村基层社会治理现代化面临的突出难题和现实短板（李红娟等，2021），这些都需要通过城乡融合来促进城市资金、技术、人才更多地投入农业农村发展（戴雅娜，2021），淡化城镇和乡村的边界，形成城乡统一的治理体系，实现城乡人力、信息、资金、商品等双向流动（贾玉巧，2021），推动乡村治理革命（胡惠林，2021）。

五、文献评述

当前关于城乡融合的研究成果颇丰，主要集中在对城乡融合基本范畴和发展特征界定、城乡融合测度方法、区域差异以及城乡融合的影响因素等方面，这些都为本书开展城乡融合发展研究奠定了基础，也为深入探究黄河流域城乡融合的空间格局、驱动机制、障碍识别和实现策略等提供了可能。但在以下方面还值得进一步研究：当前对城乡融合发展的研究关注点大多集中在推进策略上，较少立足于时间、空间尺度对城乡融合发展水平的空间格局及特征进行研究分析；已有城乡融合发展影响因素的研究，主要偏重于诸如经济发展水平、农村发展、政策偏向等传统因素对城乡融合发展水平的影响，但随着时间的推移，各因素的作用效果可能会产生变化；针对具体地理区域城乡融合发展的研究成果相对缺乏，尤其是关于黄河流域城乡融合发展影响因素识别与优化策略的研究尚鲜见。本书力图通过剖析黄河流域城乡经济、社会、生态、要素、空间等方面的融合现状与发展过程，判断黄河流域城乡融合发展时空格局并识别不同区域影响因素，从而为促进黄河流域城乡融合发展提出对策建议，以弥补现有研究的不足。

第四节 研究思路与研究内容

一、逻辑思路与研究框架

本书着眼于"十四五"时期黄河流域农业农村高质量发展面临的重大发展机遇与挑战，综合运用区域经济学、发展经济学、产业经济学等学科的基本理论、原理与方法，围绕城乡融合的"发展逻辑—时空格局—动力机制—

典型特征—对策建议"这一主线，以剖析城乡经济发展、社会生活、生态环境、要素流动、空间联系等方面的融合现状与发展过程为基础，以城乡融合发展时空格局判断、影响因素识别及典型区域发展现状与成因分析为核心，以提出城乡融合发展优化策略为目标。本书将黄河流域城乡要素流动、空间联系、经济发展、社会生活和生态环境现状作为切入点，掌握城乡融合的基本内涵、内在机理和演化过程；然后，基于对黄河流域城乡融合现状和不同时期城乡融合发展时空格局的分析，总结城乡融合发展的基本规律、区域特征与融合发展态势；进而从不同维度探究影响黄河流域城乡融合发展的驱动因素，并结合典型区域调研分析区域城乡融合现状，从动机、机会、能力三个视角剖析城乡融合现状形成原因；最后，从黄河流域整体及不同城乡融合类型区等角度提出促进黄河流域城乡融合发展的对策建议。上述逻辑思路为本书提供了系统的理论支撑，并构建了一个较完整的分析框架（图1-1）。

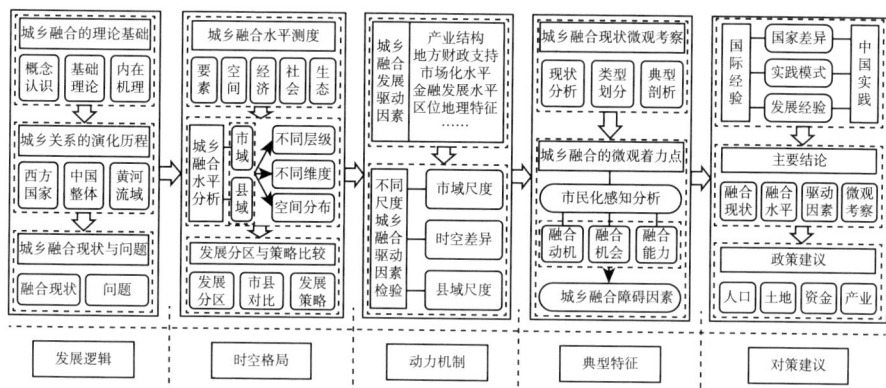

图1-1　研究的逻辑思路与分析框架

二、研究内容

本书通过梳理国内外相关文献，界定了城乡融合的内涵，并据此构建了城乡融合水平测度指标体系，客观描述了2000—2019年黄河流域城乡融合时空格局演化特征，从产业结构、政府财政支持、市场化水平、金融发展水平、区位与地理特征等方面识别主要影响因素；基于微观调研数据，分析了典型区域城乡融合现状与成因，并结合国内外城乡融合发展实践为黄河流域城乡融合提出了针对性的对策建议。具体包括以下内容。

（一）城乡融合的内涵与机理剖析

根据对国内外相关文献的梳理，界定城乡融合的内涵。基于二元结构性理论、人地关系地域系统理论、城乡等值化理论等相关基础理论，解构城乡地域系统的动态交互形态，分析人口、土地、资本和产业技术等要素在城乡之间的空间转化关系，厘清城乡融合各维度之间的关联。从城乡要素流动、城乡基础设施和公共服务差异、政策制度牵引、市场经济拉动等方面解析城乡融合的内在机理。

（二）城乡融合水平评价与时空格局演变分析

从城乡要素融合、城乡空间融合、城乡社会融合、城乡经济融合与城乡生态融合五个维度构建评价指标体系，基于熵权法、动态综合评价等方法，研究不同尺度下的城乡融合水平，探索城乡发展差异的时空特征。在把握城乡融合发展差异的基础上，依据城乡融合水平与集聚水平划定城乡融合发展类型区。

（三）城乡融合发展主要影响因素识别

针对"要素流动—市场扩张—政策引导"核心发展逻辑，从产业结构、政府财政支持、市场化水平、金融发展水平等方面分析黄河流域城乡融合发展的影响机制。运用时空地理加权回归模型估计各因素对城乡融合发展的影响程度，从城乡融合不同维度探究各因素影响程度的时空差异。

（四）城乡融合典型区域现状与微观动力考察

采用黄河流域典型区域调研数据，深入分析城乡要素在村庄和农户尺度上的流动与组合情况，总结典型区域城乡融合的基本特征，对城乡融合发展现状进行分类和模式归纳，并从动力、机会和能力三个角度分析城乡融合的微观成因，发现典型区域城乡融合发展中存在的障碍。

（五）城乡融合发展机制完善路径与政策支持

基于对黄河流域城乡融合发展现状、影响因素、典型区域、国内外实践经验的分析，首先从黄河流域整体角度提出相应的引导措施，推动构建城乡服务均等化、利益分配合理化等共享型体制机制，优化农村劳动力结构，激活乡村发展新动力；然后根据不同城乡融合发展类型区存在的问题，从

"人、地、钱、业"协调发展视角提出城乡发展策略，推动城乡资源优化配置，为城乡融合发展提供引导和支持。

第五节 研究方法与技术路线

一、研究方法

（一）描述性统计分析方法

描述性统计是指经过相应的统计处理后，利用分类、图形、表格等形式来表述数据的整体状况及数据之间关联关系的统计方法。本书对 2000—2019 年黄河流域城乡融合现状、发展水平等进行统计描述，分析判断不同区域的时空差异，掌握城乡融合水平时空变化的趋势和特征。

（二）多因素综合评价法

多因素综合评价法是采取多个指标构建系统的指标体系对评价对象进行定量评价的方法。本书采用多因素综合评价法，构建城乡融合水平的评价指标体系，结合全局熵值法和动态综合评价方法确定最终权重，进而对黄河流域市域和县域的城乡融合发展进行测度。

（三）探索性空间数据分析方法

探索性空间数据分析（Exploratory Spatial Data Analysis，ESDA），作为空间分析的先导，将地理位置作为数据的常规属性，进行数据清洗、筛选变量、检验假设等，是展现空间分布、探测空间关联模式的强大工具（Anselin L，2007）。本书利用探索性空间数据分析方法，借助 ArcGIS 软件，探讨黄河流域城乡融合空间格局特征，识别不同空间关联模式。

（四）空间计量分析方法

在空间分析中，变量的观测值包含许多不同的区域，变量间的关系或者结构往往会随着地理位置的变化而发生变化，这种因地理位置的变化而引起的变量间关系或结构的变化被称为空间非平稳性。在很多情况下，变量之间的关系或结构不仅与所处的地理位置有关，而且与所处的特定时间有关。因此，利用时间地理加权回归模型（GTWR）进行分析时，其估计参数随时空演变而发生变化，这是一个变参数模型，能够有效识别城乡融合发展影响因素在时间和空间双重维度上的异质性。

（五）抽样调查方法

抽样方法是指在含有 N 个个体的总体中逐个不放回地抽取 n 个个体作为样本的一种方法。问卷调查是以书面提出问题的方式搜集资料的一种研究方法，研究者将所要研究的问题编制成问题表格，以邮寄、当面作答或者追踪访问方式填答，从而了解被测试者对某一现象或问题的看法和意见。本书采用分层抽样方法，在调研地点按照城乡融合程度高、中、低的圈层差异，每个圈层按照衰减距离随机抽取 3 个行政村进行访谈，共计选择 27 个行政村进行实地访谈调研，基于调查数据的客观性，采取对农户一对一访谈的形式，由调查员根据农户回答的结果将选项及文字内容填入问卷中。

（六）MOA 模型

MOA 模型最早来源于工业心理学家的理论研究，随后被广泛地应用于其他领域，M、O、A 分别代表动机、机会和能力。动机是人体主观能动性的表现形式之一，可以激活个体的潜能。机会主要表现为阻碍或促进个体行为的外源性因素，以时间性和有利性为主要特征。机会同时也会因不同人、不同事、不同地点而产生不同的结果。能力是一个相对稳定的个体特征，主要反映在个体掌握知识、技术的难易、快慢、深浅等方面，预示了人们在活动中可达到的水平。三者之间的相互作用共同助推了行为的产生。市民化是衡量城乡融合的一个关键指标，本书通过调研数据分析融合动机、融合机会和融合能力对市民化的影响程度，有利于从微观视角提出促进城乡融合的可行建议。

二、技术路线

本书所遵循的技术路线如图 1-2 所示。

三、数据来源

本书所使用的数据包括宏观统计数据和微观调研数据。具体数据来源如下。

总体方案设计 ----- 研究方案 → 文献梳理 → 数据收集

内容1：城乡融合的内涵界定与理论演化

内涵界定
- 城乡经济融合
- 城乡要素融合
- 城乡社会融合
- 城乡生态融合
- 城乡空间融合

理论演化
- 二元结构理论
- 极化涓滴效应
- 人地关系理论
- 城乡等值理论

内容2：城乡融合的机理分析与发展历程

机理分析
- 要素流动
- 市场经济
- 政策制度
- 基础设施
- 公共服务

发展历程
- 城乡分离
- 城乡失衡
- 城乡融合

内容3：城乡融合的现状概述与问题剖析

现状概述
- 要素
- 经济
- 社会
- 空间
- 生态

问题剖析
- 城乡要素配置不合理
- 城乡产业融合程度低
- 城乡公共服务不均衡
- 城乡人居环境差距大

理论机理分析

内容4：城乡融合的水平测度与发展策略

水平测度
- 尺度差异
- 层级差异
- 维度差异
- 时空特征

发展策略
- 经济社会主导型
- 要素空间主导型
- 经济要素制约型
- 要素空间制约型
- 经济空间制约型

内容5：城乡融合驱动因素研究
- 产业结构
- 地方财政
- 市场化水平
- 金融发展
- 地理特征

内容6：城乡融合的微观考察与实践

典型区域研究
- 中心城区辐射型
- 资源禀赋型
- 地方政策推动型
- 融合困难型

市民感知调查
- 融合动机
- 融合机会
- 融合能力
- 融合障碍

实证数据支撑

内容7：城乡融合的经验总结与政策建议

可行实践模式
- 产业融合模式
- 辐射带动模式
- 城乡互动模式
- 要素集聚模式

具体政策建议
- 人口方面
- 土地方面
- 资金方面
- 产业方面

政策建议提出

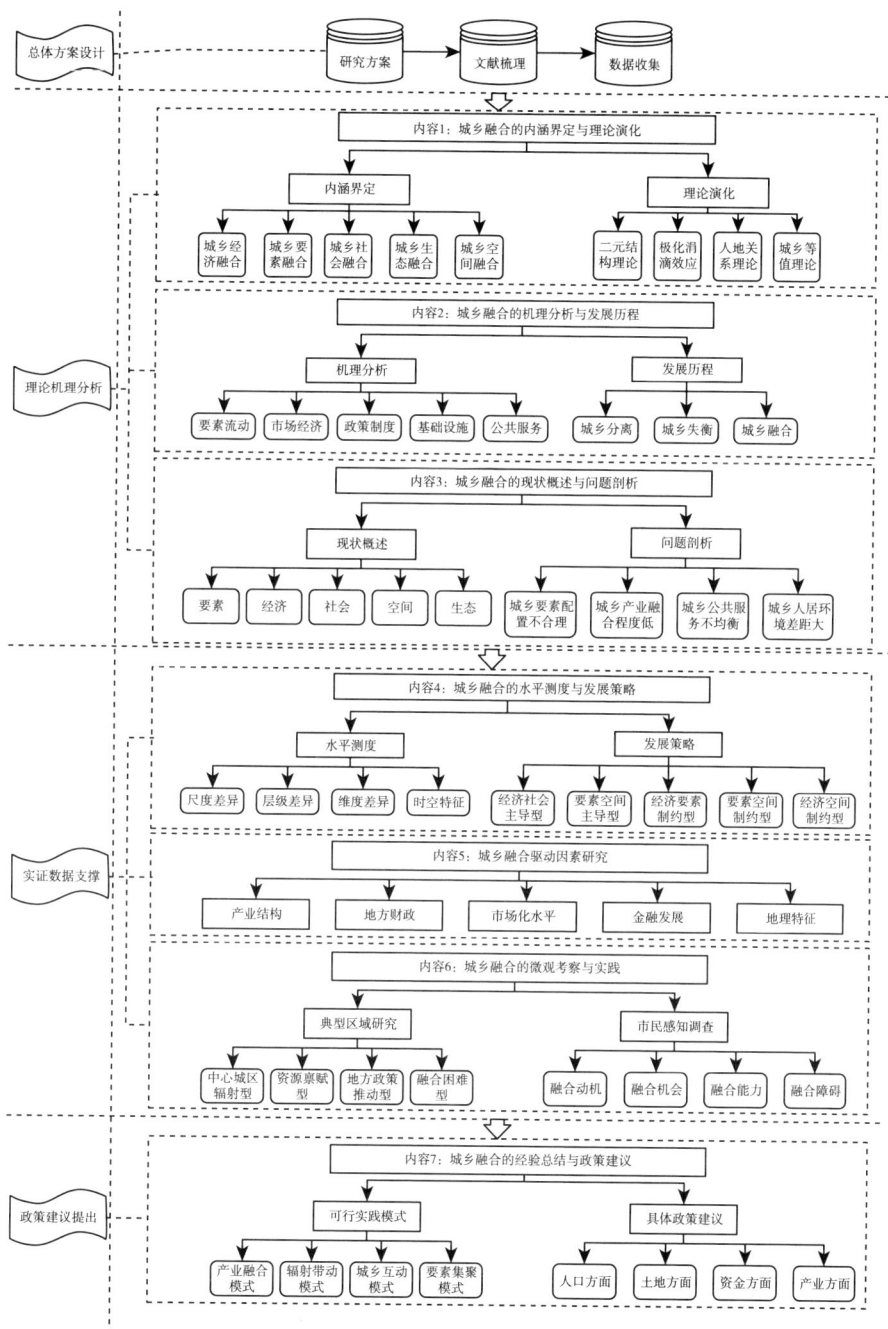

图1-2 技术路线

17

（一）宏观统计数据

宏观统计数据主要包括统计数据、遥感影像数据和生态环境数据。其中，统计数据主要来源于研究区社会经济统计年鉴、各县区国民经济和社会发展统计公报、政府年报等；遥感影像数据主要来源于中国科学院地理科学与资源研究所人地系统主题数据库、地理空间数据云网站（http：//www.gscloud.cn）；生态环境数据主要来源于地球大数据科学工程数据共享服务系统网站。

（二）微观调研数据

调研数据来源于课题组 2021 年进行的"黄河流域农业农村高质量发展：城乡融合"主题调研，根据城乡发展水平、沿黄距离、农业产业结构等特征选择铜川市和榆林市作为城乡融合典型调查区域，随后运用多阶抽样方法在两个地级市中随机抽取县（区）作为一级调查单元，再抽取镇（街道）作为二级调查单元，最后每个镇（街道）抽取行政村作为最终的调查单元，调研区域涵盖 2 个市的 3 个县、9 个乡镇（街道），获得样本 427 份。问卷内容涉及农户基本情况、教育医疗、养老与住房保障、文体娱乐、交通出行、政府服务、收入消费、人居环境、城乡居民主观意愿等。

第六节　章节安排

本书各章安排和主要内容如下。

第一章　介绍了本书的背景、目的及意义，梳理了研究思路与研究内容，总结了研究方法与技术路线。

第二章、第三章　通过剖析相关概念与理论，界定城乡融合的内涵，剖析城乡融合内在机理；基于城乡关系演化特征，分别梳理了西方国家、中国及黄河流域不同区段的城乡关系演化历程。

第四章　从要素、空间、经济、社会、生态五个方面对黄河流域城乡融合的现状进行了描述性分析，掌握黄河流域城乡融合不同维度的现状和特征，发现了在城乡融合过程中存在的主要问题。

第五章　从市域和县域两个尺度，构建多维度城乡融合水平评价指标体系，测度了黄河流域的城乡融合水平，分析了城乡融合在时间、空间上的阶段性特点，在分析融合水平以及时空分布特征基础上，划分了五种城乡融合类型区。

第六章　从产业结构调整、市场活力等方面分析城乡融合的驱动机制，利用空间计量模型估计各因素对城乡融合的影响程度及其时空差异，并剖析各驱动因素对城乡融合的影响路径。

第七章、第八章　从微观视角考察城乡融合的现状，掌握调研区域城乡融合的类型与典型特征，分析城乡融合的微观动机、能力与机会，发现城乡融合的主要微观障碍因素。

第九章　对城乡融合发展的国家差异和国内实践模式进行总结后，归纳黄河流域可以借鉴的城乡融合发展经验。

第十章　对本书进行总结，并提出促进城乡融合发展的建议。

城乡融合的理论基础

　　城乡融合是城乡关系发展的新阶段，是多方面、多层级的全面融合。系统梳理城乡融合的相关理论基础将为下文开展黄河流域城乡融合时空格局演化研究、影响因素识别及发展路径设计等提供重要支撑。本章首先阐述了城乡融合概念的来源，在充分辨析城乡融合与城乡统筹、城乡一体化、乡村振兴与新型城镇化等相关概念的基础上，界定本书城乡融合的内涵；其次，系统梳理了与城乡融合相关的基础理论；最后，基于城乡融合的内涵与具体表现形式从多维度剖析了城乡融合的内在机理。

第一节　城乡融合的概念认识

一、概念缘起

　　"城乡融合"这一概念最早由恩格斯提出。1847 年，恩格斯在《共产主义原理》一书中指出，通过消除旧的分工，利用生产教育、变换工种等方式共享大家创造的福利，以及城乡之间的融合，使全体社会人员的才能得到全面发展。在恩格斯看来，消除工农阶级差别、人口分布不均等是城乡融合的基本标志。1859 年，马克思出版《政治经济学批判》一书，首次对"乡村城市化"的概念进行了阐述。马克思提出，现代城市化的发展应是乡村城市化，而不是古代的城市乡村化。此后，恩格斯在《反杜林论》中论述了城市与乡村的关系，指出通过资源合理配置、城乡人口均衡分布、构建劳动联合体等方式来实现全体人民的自由全面发展。基于马克思与恩格斯的一系列论述可以发现，城乡分离阻碍了社会发展，而城乡融合才是社会发展的最终形态。通过大力发展社会生产力，消灭私有制，废除旧式分工，发展教育和科技，实现城乡之间资金、土地、劳动力的自由流动与合理配置，增强城乡互动，促进城乡融合。此外，恩格斯也曾指出当城市和农村将其各有的生活方式的优点结合起来，同时固有的生活方式的缺点不存在的时候，城市与乡村的分离将会消除。而斯大林认为，城市与乡村能够具备同等的生活条件是城乡融合的重要标志。基于以上关于城乡关系的论述梳理，可以发现"城乡融合"这一概念源于对城乡关系的思考，主要表现为：城乡分离与对立的局面消失，城乡人口均衡分布；城乡生活方式逐渐趋同，城乡差距缩小；私有制被彻底废除，社会主义公有制建立；城乡工农紧密结合，发展互惠互促；异化劳动被彻底消除，进而实现人的自由而全面的发展。

二、相关概念辨析

城乡融合与城乡统筹、城乡一体化、乡村振兴、新型城镇化等概念之间存在交叉与重叠，厘清并区分相关概念之间的关系，是清晰界定城乡融合概念的前提。

城乡统筹、城乡一体化与城乡融合三者既有区别，又有联系，是对城乡关系认识的不断深化的过程。2003年，党的十六大报告最早提出了城乡统筹发展，指出要让工业反哺农业、城市带动农村，逐步构建以工促农、以城带乡的发展机制，有效促进城乡协调发展。之后，党的十八大报告中提出城乡一体化发展，将工业和农业、城市和乡村、城镇居民和农村居民视作一个整体，做到统筹谋划、综合研究，扭转城乡二元割裂的经济结构。党的十九大提出实施乡村振兴战略，建立完善的城乡融合发展体制机制与政策体系。2019年，国务院印发的《关于建立健全城乡融合发展的体制机制和政策体系的意见》中，同时提到了"城乡统筹""城乡一体"与"城乡融合"，且将城乡发展、城乡一体化共同纳入城乡融合的基本框架。不难发现，三者之间并不是相互替代的关系，而是互补共存，三者之间既有区别又有联系。

从区别来看，城乡统筹、城乡一体化发展战略的实施都是基于城市视角，用城市的理念去改造农村，用城市的文明统领农村文明，农业、农村依然处于从属、被领导的地位，与城市地位并不对等，农村发展更多依赖城市"供血""输血"，缺乏内生发展动力。而城乡融合强调城与乡的双向互动，将乡村与城市置于同等重要的地位，注重强化乡村的"造血"功能，促进乡村经济社会自身发展能力的提升（魏后凯，2020）。从联系来看，城乡统筹、城乡一体化和城乡融合发展的目标和理念是一致的，都是将城乡看作有机的统一体，都强调通过要素的自由流动、合理配置，推动城乡协调发展，最终实现共同富裕的战略目标；都是为了解决城乡发展不平衡、乡村发展不充分的问题，从而推动经济社会的协调发展。

乡村振兴和新型城镇化则是分别服务于农村和城镇的两种发展战略，是促进城乡高质量发展的重要途径。其中，乡村振兴是中国为解决"三农"问题而提出的具有中国特色的发展战略。党的十九大明确了乡村振兴的基本内涵，即产业兴旺、生活富裕、乡风文明、生态宜居和治理有效。通过融合农村经济、社会、生态等多个层面，实现农民增收、农业增产、农村增美，有效解决"三农"问题，实现农业农村现代化，助力城乡融合。而城镇化指的是，伴随一个国家或地区社会生产力的提升、科学技术的进步、产业结构的升级等，社会从以农业主导的乡村型社会转向以非农产业主导的工业化、现代化城市型社会的发展过程。而新型城镇化是以城乡统筹、城乡一体、产业互动、节约集约、生态宜居、和谐发展为基本特征的城镇化，是大中小城市、小城镇、新型农村社区协调发展、互促共进的城镇化。总体来看，乡村振兴和新型城镇化是缩小城乡差距、化解城乡矛盾、实现城乡融合发展的必然路径，也是城乡融合的重要内容。

三、内涵界定

城乡融合是实现中国式现代化的必经阶段，是立足于中国城乡关系的演化历程，基于新时代发展理念，在城乡统筹、城乡一体化基础上演化而来的城乡关系发展的新阶段，是城乡统筹、城乡一体化的升级，不是城市和农村二者简单的此消彼长，也不是城市和农村的趋同化。城乡融合以破解城乡二元结构、实现城乡联动协调发展为目标，以乡村振兴和新型城镇化战略协同为导向，通过改革政府城乡投入机制、城乡社会福利机制、城乡户籍制度等，引导城乡要素双向流动，促进城镇化辐射带动和农村自身活力激发，最终实现城乡经济、社会、生态环境等多维度的全面融合。

城乡融合既可视为一种形态，也可以看作一种过程。从形态的定义来看，城乡融合是介于城市与乡村的中间过渡地带，是有别于城市和乡村完全形态之外的第三者，是城乡关系转型过程中所出现的一个新阶段、新形态。这一阶段不仅会转换原有的社会经济结构，同时也将重组原有的城乡空间结构。从过程的定义来看，城乡融合是指各种要素在城乡之间的流动和配置，左右着城乡之间的要素结构布局，从而深入影响城乡发展水平，表现为一种动态发展的过程。县域是联结城乡的基本单元，构成了城乡融合的重要载体，同时也是城乡间多种经济要素与主体实现价值和效用的载体（熊钧等，2020）。城乡要素之间客观存在的梯度差异促成了城乡之间要素流动和互补的态势，基于资源要素在城乡之间的流动与配置，达到城乡等值化发展的目标（宁志中等，2020；王向阳等，2020）。

因此，城乡融合既是一种形态，也是一种过程。同时也是综合性的、多维度的，具体表现为以资源要素流动为主线，通过经济、社会、生态、空间搭建起有效的城乡联系，表现为城乡居民收入差距缩小、乡村人口回流明显、乡村产业结构日益多样、城乡居民生活方式逐渐趋同（图 2-1）。

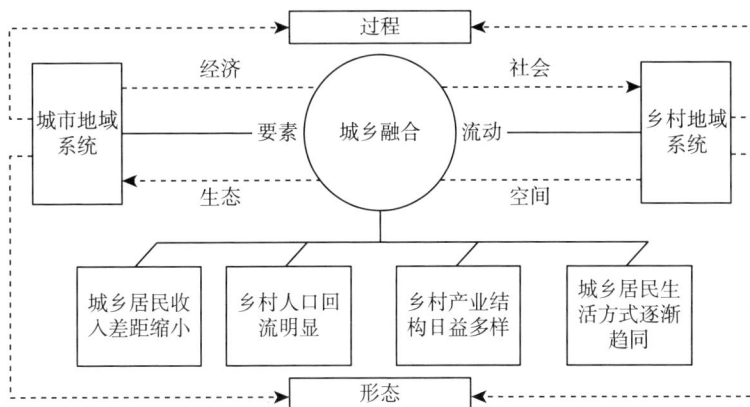

图 2-1 城乡融合内涵

第二节　城乡融合的基础理论

一、二元结构性理论

二元结构的概念和理论由荷兰社会学家 Burke J. H. 于 1953 年在其著作《二元社会的经济学和经济政策》中最早提出，随后其他西方学者相继提出相关的二元结构理论，其中影响最大的是美国经济学家刘易斯提出的二元经济结构理论（Lewis，1954）。刘易斯指出，发展中国家存在两大经济部门，一是以农业为主的传统部门，主要依赖土地、劳动力进行生产，同时存在大量的剩余劳动力，边际生产率递减，边际劳动生产率低下，劳动报酬也极低；二是以工业为主的现代部门，主要依赖资本、机器和技术进行生产，劳动力供给具有无限弹性，劳动的边际产出决定了劳动工资率，劳动报酬远远高于传统农业部门的报酬。由于两大部门存在明显的劳动报酬差距，农业部门的劳动力为追逐更高收入不断流向工业部门。同时随着农业部门劳动力的减少，劳动工资率不断提高，两大部门之间的劳动力收入差距逐渐缩小。拉尼斯和费景汉在此基础上提出了传统农业部门与现代工业部门均衡发展的思想（Ranis et al.，1961），主张在发展工业的过程中，重视乡村和农业的发展。农村不仅为工业发展提供了大量廉价劳动力，还提供了大量物质生产资料，应该通过科学技术来提高农业生产率。随后，哈里斯和托达罗将二元经济结构理论与城市就业问题进行了结合（Harris et al.，1970），指出劳动力转移不仅仅取决于收入差距，城市失业也不能仅仅依靠扩大工业部门规模来解决，应该发挥农业对经济发展的重要作用，缓解城乡就业不均衡的问题。同时指出要增加农村基础设施和基本公共服务供给，缓解劳动力在城乡之间的单向流动，缩小城乡差距。

作为世界上最大的发展中国家，二元经济结构是中国经济社会的一个主要特征（高帆，2005）。基于二元经济结构理论，袁志刚等（2011）研究了劳动力错配对全要素生产率的影响，城乡二元结构的存在导致产业部门间就业结构失衡，劳动力错配现象明显，影响城乡经济的可持续发展。魏后凯（2016）基于二元经济理论分析了中国城乡一体化进程中存在的主要障碍，指出要加快破解农村发展难题，促进城乡要素双向、合理流动，缩小城乡发展差距。李勇（2017）指出"城市-乡村"二元经济结构和不断扩大的城乡收入差距是制约新常态时期中国经济持续增长的重要瓶颈，提倡打破传统的以牺牲农业部门资本为代价的资本积累模式，推进城乡二元结构转化和城乡协调发展。二元经济结构理论为研究城乡问题奠定了基础，指出了城乡收入差距以及农村劳动力转移的理论根源，为城市带动农村、工业带动农业，缩小城乡发展差距，推动城乡融合指明了方向。

二、极化-涓滴效应理论

极化-涓滴效应理论由著名经济学家赫希曼（1958）提出，主要用于研究国家内各区域间的经济关系。通常区域经济发展是一个非平衡的过程，"极化效应"与"涓滴效应"表示经济发达地区对欠发达地区带来的不利和有利的影响。一般来说，城市和农村分别对应经济发达地区和经济欠发达地区。一方面，城市地区由于具有高技术、高工资、高利润等发展优势，会吸引农村地区的资源、人力和资本等生产要素向城市集聚，造成农村发展动力的缺失，促使其经济发展逐渐衰退，拉大城乡差距；另一方面，农村劳动力逐步流入城市，能够有效缓解农村地区的就业压力，当各种生产要素向城市集聚到达一定程度时，城市地区会逐渐增加对农村地区的产品购买和投资，先进技术、管理方式、思想观念和行为方式等进步因素也会逐渐流入农村地区，也将提高农村边际劳动生产率，拉升消费水平，从而在一定程度上缓解城乡之间的差距。在区域经济发展过程中，国家会对经济布局不断优化调控，促进经济发达区域的带动作用，充分发挥经济发达区域的涓滴效应。因此，发展中国家应该充分认识到城乡在区域经济发展过程中是相互促进、相互制约、相互影响的，要充分利用城市的辐射带动作用，不断缩小城乡发展差距，实现区域均衡发展。

中心城市通过持续吸纳和吸引农村区域的财富、人力和资源，促进了自身扩张和繁荣（程开明，2011；史官清，2015）。同时，城市的发展能够促进农业新技术的产生和扩散，不断提高农业全要素生产率（李宾等，2016）。农业农村现代化的实现不仅取决于系统内部的效率提升，还将受到系统外部环境的作用，城市中心区域会通过极化与涓滴-效应影响农村地区（蔡书凯等，2017）。极化-涓滴效应理论详细阐述了城乡经济之间相互依存、相互制约的关系，城市发展需要农村资源要素的供给，农村发展也得益于城市的带动。因此，该理论有利于阐明城乡之间经济互动的关系，还将为城乡融合研究提供基础支撑。

三、人地关系地域系统理论

人地关系指的是人类活动和地理环境间的作用关系。首先，在两者关系中，人占据主动地位，且具有能动性，能够认识、利用与保护地理环境；对应地，地理环境是人类赖以生存的空间基础，也为人类活动提供物质保障。其次，人地关系还具有显著的地域差异性，不同地域环境会表现出不同的结构与矛盾，所以有必要基于地域类型去协调人地关系。自然环境与人类社会形成了不同的子系统，但两者仍具有千丝万缕的关联，应将两者视为统一整体进行看待，基于不同地域系统的基本特征进而制定有关优化策略。总而言之，人地关系地域系统是一种由"人"与"地"在特定区域互相影响、互相关联而形成的动态结构（吴传钧，1991），是以研究人地关系为中心的地域系统，目的是促进系统内各要素在结构与功能上实现平衡，进而协调区域内、区际间与代际间的人地关系，促进人地关系地域系统实现整体最优。

刘彦随（2020）基于对人地关系地域系统理论的理解，从新时代城乡发展转型的背景出发，将其区分为城市地域系统、乡村地域系统及城乡融合系统。龙花楼等（2021）依托人地关系地域系统理论，研究了土地利用转型和城乡融合发展的深层关系，提出土地利用转型能够以效率提升、价值显化、要素流通与结构优化四条路径助力城乡融合发展。黄河流域自西向东跨越三大阶梯，具有青藏高原、内蒙古高原、黄土高原、华北平原、山东丘陵等多种地形，流域内气温、降水、植被、人口、产业等地理要素千差万别，地域性十分明显。该理论为黄河流域城乡融合研究提供了系统性分析逻辑，有助于全面认识黄河流域人地关系存在的矛盾与问题，为城乡融合区域性和阶段性分析提供了重要依据。

四、城乡等值化理论

"城乡等值化"概念源于二战后德国巴伐利亚州的城乡等值化实验（李文荣等，2012）。该实验通过土地整理、村庄更新等方式，使农村经济与城市经济平衡发展，减少农村人口向城市迁移，实现在农村拥有与城市相同水平的生活质量，缩小城乡差距。它是德国农村发展的普遍模式，并于1990年起成为欧洲共同体农村政策的主要方向。城乡等值化理论强调城乡系统共生语境下城乡发展"不同类但等值"。具体地说，城乡建设要立足于农村，结合农村地域特色、体现农村特色价值，而不是通过城市化的方式改变农村的形态与面貌。这是承认农村和城市在社会形态、生产生活方式等方面存在差别的基础上，通过大力发展农村经济，加强农村基础设施和公共服务设施建设，健全社会保障体系，逐渐消除城乡差别，提升农村居民的整体生活质量，使其在农村生活和在城市生活一样舒适方便，真正实现农民在农村居住只是环境选择，当农民只是职业选择的理想追求。

赵新娟等（2008）在借鉴德国城乡等值化模式的基础上，从农村社会保障、农民医疗教育、农村基础设施建设等方面提出了促进城乡协调发展的措施。谭文兵（2014）分析了城乡等值化对城乡土地供需和土地市场的影响，指出通过城乡等值化发展，农村的土地自然供给能转化成经济供给，农村的土地资源得以有效盘活，土地的区位因素影响会逐步减小。周佳宁等（2020）基于等值化理念，对中国城乡融合内涵进行了多维重构并作了时空尺度审视，进而从"人、地、钱、业"四方面分析了城乡融合的影响因素。根据这一理论，城乡融合发展要注重从农村发展不充分这一现实困境出发，为农村融入困难提供解决思路。

第三节　城乡融合的内在机理

一、城乡融合各维度关联关系

在高质量发展背景下，单一维度的城乡关系考察并不能完全表征新时期城乡融合发展的现状，应从经济、社会、生态等多维视角构建城乡"经济-

社会-生态-空间-要素"的交互融合体系。当然，各维度并非孤立存在，而是与其他维度相互影响、相互作用，统一于城乡融合这一整体。

城乡要素融合指的是人口、土地、资本、技术、信息等生产要素，能够自由畅通地在城乡间双向流动，逐步达成城市与乡村共发展、齐进步的目标。要素的充分流动是实现城乡融合发展的基本要求。因此，需以要素融合为基础，促进城乡空间、经济、社会与生态的多维融合。

城乡空间融合是城乡融合发展的重要方面，是城乡空间结构优化的抽象表达（车冰清等，2017），主要体现在城乡规模、交通通达程度和城乡空间扩张等方面。城乡空间融合能够提升城乡地域系统的统一性和连续性，便于城乡之间物质输送和信息交流（王颖等，2018），推动了城乡经济融合。

城乡经济融合是在分工条件下实现城乡生产要素合理流动与配置，边际报酬趋于均等，生活和消费趋向等值，劳动生产率趋向协同（周江燕等，2014）。城乡之间经济产业结构的优化调整，不仅有利于缩小城乡收入差距，还将促进城乡生态环境的改善与融合。

城乡社会融合强调城乡公共服务（文化教育、医疗卫生、社会保障等）和基础设施（供排水、电、天然气、路网等）的均等化（刘彦随，2018）。乡村完善的基础设施和公共服务资源能够吸引城市优质的人口、资金等生产要素回流，促进城乡要素融合与经济融合。

城乡生态融合表现为城乡生态本底逐渐夯实、生活环境持续改善、资源利用趋于高效等（杨志恒，2019）。促进城乡生态融合有利于改善区域资源环境承载力，为其他维度的融合提供一个良好的自然本底（图 2-2）。综上，城乡要素、空间、经济、社会、生态融合是一个有机整体，能够充分表征新时期城乡融合发展的本质。

二、城乡融合多角度内在机理

城乡融合的内在机理实质是城乡融合发展的动力机制，主要包括城乡要素流动、城乡基础设施差异和公共服务差异、政策制度牵引、市场经济拉动等方面（图 2-3）。城乡要素流动具有层次性，有单向流动，也有双向流动。城乡单向流动会使农村地区的优势生产要素聚集到城市，加快城

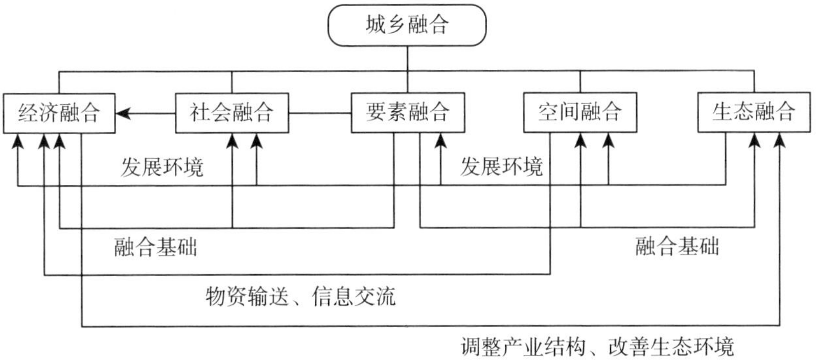

图 2-2　城乡融合各维度关联

市经济发展，表现为城乡之间的"极化效应"。但是，城市经济的发展也会为农村地区带来"涓滴效应"，从而带动农村地区发展，最终实现城乡共同发展。而城乡要素双向流动则是将城市和农村放在同等地位，不存在从属关系。通过打破相对发达的城市与相对发展滞后的农村之间的要素流动壁垒，让生产要素自由流动和优化配置，让生产要素合理在农村和城市分布，促进城乡经济的协调共生发展，不断缩小城乡之间的差距，让城乡真正融为一体。

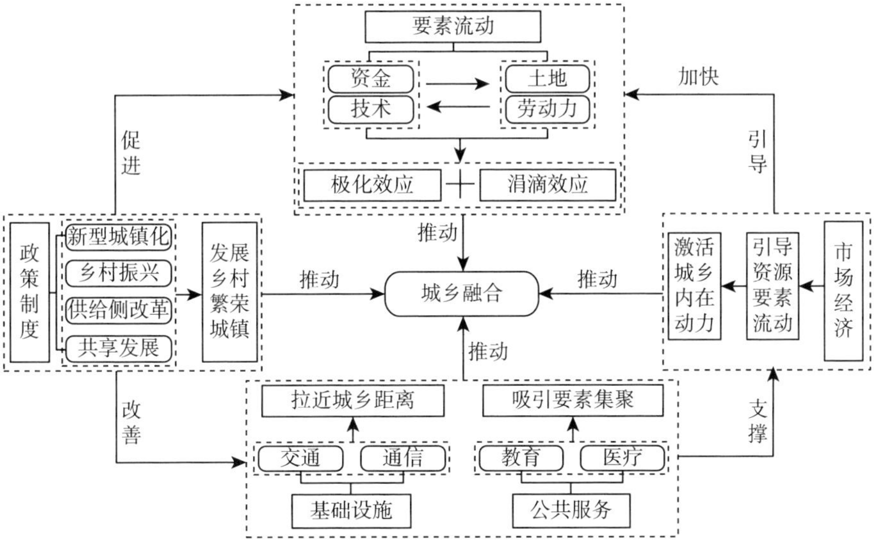

图 2-3　城乡融合内在机理

完善的基础设施建设是城乡融合发展的基础，尤其是公路、铁路等交通基础设施的建设可以有效推动人、财、物三者的流动与结合，降低物资运输成本，提高运输效率。网络、通信等基础设施的建设能够有效拉近城市与乡村的距离，显著提高人们的生活水平与信息获取速度，缩小城乡之间差距，吸引更多资金进入乡村，促进乡村振兴，推动城乡融合发展。城乡教育、医疗、卫生等公共服务的均等化能够更有效地带动其他生产要素流动，消除要素流动的障碍。城乡公共服务均等化改善了居民生活质量，提高了居民生活的便捷程度，能够吸引更多的人口，从而引致更多的资源，实现城乡共同发展。

从新型城镇化到乡村振兴，从供给侧改革到共享发展，中央政策关注的重点始终在缩小城乡差距、发展乡村经济、完善乡村基础设施、实现基本公共服务均等化等方面，着力解决发展不平衡、不充分问题。通过政策制度协调不同利益群体，不断完善城乡融合发展体制机制，助推城乡融合发展。随着工农部门之间的生产率差距逐渐缩小，城乡生产要素无限供给和要素投入规模效应现象开始消失，要素供需结构的匹配成为地区经济增长的重点，市场在资源配置中发挥决定性作用，引导资源要素在城乡之间双向流动，成为激活城乡融合发展的内生动力。

第三章

中外城乡关系的演化历程

第一节　西方国家城乡关系演化历程

　　纵观世界历史，任何一个国家或地区的城市与乡村都是经历了从分离到融合，从不协调到协调的动态发展过程。从西方国家视角来看，城乡关系的演化过程主要表现为城市和乡村的更替与交融（图3-1）。城乡之间的互动带来了社会进步，城乡差距的逐步缩小是西方文明成熟的标志之一。

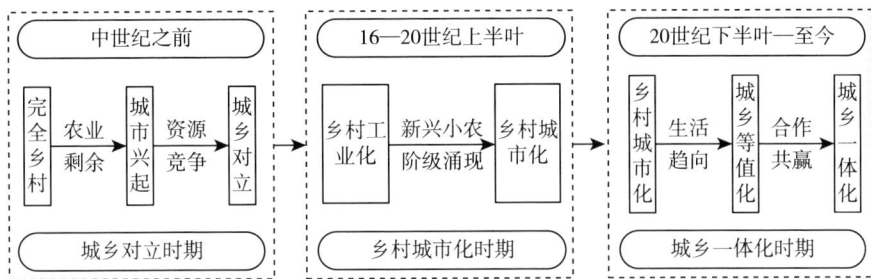

图3-1　欧洲城乡关系演化

一、城乡对立时期（中世纪之前）

　　11世纪之前，乡村在整个欧洲占据主体地位，几乎没有城市的存在。伴随着农村的迅速发展，生产力水平得到了极大的提升，农业生产开始呈现过剩状态，农村劳动力开始呈现出非农趋势，城市也随之兴起。城市是一种新兴事物，与具有封建特性的农村之间的矛盾与冲突是不可避免的，城乡对立的局面开始形成。农村对城市的榨取与剥夺主要体现在政治方面，大大小小的封建地主生活在庄园和城堡里，是农村社会的代表，对城市起着支配的作用。而城市对农村的榨取和剥夺则主要体现在经济方面，乡村封建的农本经济受到城市商品经济的冲击和瓦解，形成支配农本经济发展的最终局面。因此，直到中世纪结束，随着城市的兴起和不断壮大，城市和农村之间的矛盾逐步加剧，城乡出现了对立状态。

二、乡村城市化时期（16 世纪—20 世纪上半叶）

直到中世纪末期和近代早期，行会等封建因素对城市生产关系和生产力的进一步发展造成了阻碍，部分商人资本以及熟练工匠开始向乡村转移，乡村工业由此得到发展。虽然乡村工业的大部分财富都流向了城里，但是乡村工业化的发展使乡村得到了变革的机会。以工业劳动为主业、农业生产为副业的新兴小农阶级开始涌现，对农村的发展起了很大的促进作用。在为工业生产供应原料时，农业生产已开始向商品经济发展，并为城乡日益增加的非农人口提供基本的生活资料保障。18 世纪，随着工业革命的发展，欧洲甚至整个世界都经历了一场现代化、城市化的发展，而农村城市化是衡量一个国家或区域现代化水平的重要指标。

三、城乡一体化时期（20 世纪下半叶之后）

两次世界大战结束之后，欧洲的乡村城市化进程开始加快，乡村的生活方式逐渐向城市靠拢，甚至趋同。此外，由于城市的扩张式发展，一些大中城市郊区的乡村随之变为了新的城区，大城市中越来越多的卫星城也选择在乡村建设。随着乡村城市化进程的加快，更多城市企业在农村安家落户，新型工业园在农村兴起，乡村居民的生活水平和城市之间的距离也在不断缩小。与此同时，随着乡村环境的改善，清新的空气和宜人的风景使更多的城市居民到乡村旅游、度假和观光，乡村经济随之发展起来。自此，欧洲已经初步建立起了城乡融合的模式，城乡在这一过程中形成了良好的发展和互动。

第二节 中国城乡关系演化历程

自 1949 年中华人民共和国成立以来，中国的经济、政治、社会、文化等方面发生了巨大变化。在国内外环境、国家发展战略、制度变迁等因素的影响下，城乡关系的发展亦经历了由"城乡分离"的二元结构时期（1949—1978 年）到"城乡失衡"的城市导向时期（改革开放后—21 世纪初）再到"城乡融合"的协同发展时期（21 世纪初至今）（图 3-2）。了解我国城乡关系发展的阶段特征，有助于明晰中国城乡关系的发展走向。

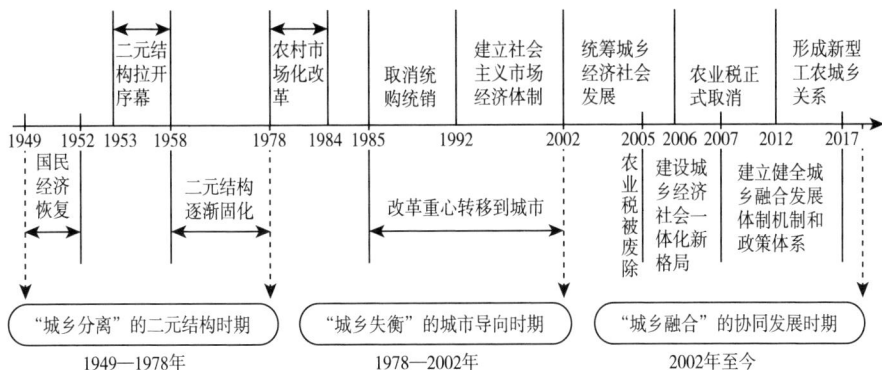

图 3-2 城乡关系的演化历程

一、"城乡分离"的二元结构时期（1949—1978 年）

在人类发展的历史进程中，一个由农业大国向工业大国过渡的过程中，城市与农村之间的二元经济结构是一个不可避免的过程。对于中国来说，"城乡分离"格局的形成主要源于政府对城乡发展的战略与制度选择，城、乡在人为的、强制性的政府管制之下，被严重地分割开来，而且逐渐由地理割裂发展到经济、政治、社会等领域的共同割裂，从而形成一种具有中国本土化特色的城乡二元发展格局。

在中华人民共和国成立之初，为促进国家经济的恢复与发展，扭转中国社会与经济发展滞后的局面，国家把发展农业作为根本，把工业作为发展的重心，兼顾城市与农村的统筹发展，使城市与农村之间的关系得到比较协调与和谐的发展。这一时期，城乡之间的各种生产要素可以自由流通，城乡人口也可以较为自由的流动。与此同时，为了促进工农业的平衡发展，政府采取了一系列的政策来降低工农业之间的"剪刀差"。这些措施有助于恢复和发展农村商品经济，提高农村生产力，缩小城乡发展差距。经过三年的恢复发展，城乡关系基本呈现工农共进、协调发展态势，旧中国城市对农村盘剥的城乡关系逐步向新型城乡关系转变。然而，中国是一个典型的以农业为主的国家，其工业化程度还相对滞后，工业在国民经济中的比例依然还很小。为迅速完成从一个落后的农业国到一个发达的工业国家的转型，在苏联的"社会主义工业化"模式的影响下，国家采取了"以重工业为主"的方针，建立了单一的公有制和计划经济体制，并逐渐形成了农助工业、农助城市、城乡分离的"二元结构"。

从1953—1957年中国开始实行"一五"计划开始，我国的城乡二元经济体制也由此拉开序幕。在国民经济恢复的三年时间里，中国的国家建设稳步推进，工业化建设进程不断加快，大量农民选择进入城市打工。由于农业人口的大量减少，农民的粮食生产出现了问题，城市粮食供应出现波动，影响了社会稳定。为保障粮食稳定供给，维护社会稳定，政府开始实行户籍管理制度，限制农民自由向城市流动，城乡之间要素流动出现了阻碍，城乡开始出现分离。同时，为了解决粮食供应短缺这一现状，中共中央于1953年10月通过了《中共中央关于粮食统购统销的决议》，同年11月，政务院通过了《关于实行粮食的计划收购和计划供应的命令》，并在此后的两年内逐步形成了对农产品的统购统销制度。用统一收购、统一供应的方式，对农产品的价格进行了严格的控制，同时也对农民的种粮热情造成了一定的影响，严重影响了农业生产力的正常发展，加剧了城乡发展差距，城乡逐渐成为封闭的发展单元。

1958—1978年，城乡分离的二元结构逐渐固化。这一时期，我国开始了"大跃进"和"人民公社化运动"。经济集体化、生产集中化、生活政治化、管理行政化的人民公社制度对农村实行从生活到生产的全面管理，生产资料由国家统一发放，因此农民与土地紧紧联系在一起。平均主义的分配方式使得我国农业发展面临"干多干少一个样"的困境，极大降低了农民的生产积极性，农业生产发展滞后于人口发展，城乡（特别是农村）居民的温饱无法得到有效保障。与此同时，城乡二元的户籍制度进一步加强，以约束农村人口的自由流动，并强制将城市和乡村的居民分为农籍和非农籍，城乡被分割为两个完全不同的群体。由于城乡单元的划分，社会资源在城乡之间的分配也严重不公，城乡之间的教育、医疗、基础设施、公共服务等都存在较大差距，城乡之间问题增加，城乡关系由封闭逐渐走向对立。

二、"城乡失衡"的城市导向时期（1978—2002 年）

在城乡关系由封闭逐渐走向对立的基础上，以城市导向为主的"城乡失衡"现象逐渐显现，这种城乡关系的出现同样与战略方向的选择与政策手段的执行密不可分。城市导向往往体现在政府行政部门长期制定并推行有利于城市发展的政策，而忽略农村的发展，从而使得国家或区域的整体发展偏向于城市和工业部门，进一步拉大了城乡发展差距。这一阶段城乡关系的发展主要源于前期农村率先实行市场化改革，也因后期农村改革停滞而城市改革兴起，从而出现城乡失衡。

1978—1984 年，农村市场化改革稳步推进。在这一阶段，党和国家的工作中心从以阶级斗争为主转向了经济建设，而传统的计划经济制度也在逐渐放松，市场化改革应运而生。农村家庭联产承包责任制首先在农业领域展开并取得了显著成效，粮食产量快速增长，粮食短缺问题基本得到有效解决。在解决了粮食稳定供应问题的基础上，1985 年政府取消了农产品统购统销制度，鼓励农民家庭自主调整资源投入，开展多样化经营，农副产品流通体制也得到相应改革。农民的生产积极性得到极大程度提升，农业生产力稳定提高，越来越多的农村剩余劳动力可以进入非农领域进行生产，独具特色的乡镇企业开始出现，城乡居民收入差距出现下降。

1985—2002 年，政府将改革的重心转移到城市，政策逐渐向城市倾斜，农村改革趋于停滞。1984 年 9 月，中共中央十二届三中全会提出了以增强企业活力为中心环节、以城市改革为重点的经济体制改革，作出"社会主义经济是有计划的商品经济"的重要论断。这一时期，国家把大量有利的社会资源都投入城市建设，为城市经济社会发展创造有利条件。1992 年，党的十四大确定中国经济体制改革的目标是建立社会主义市场经济体制。非公有制经济得到发展，健康有序的市场竞争机制逐渐形成，城市工资水平得到提高，社会保障制度更为完善，城市居民生活水平显著提升。同时，市场机制的作用带来了城乡之间对资源的争夺，城市凭借良好的区位和政策倾斜获取了大量资金、土地、劳动力等生产要素，导致城乡差距进一步拉大。在改革重心转移的背景下，城市得到迅速发展，农村发展迟滞，城乡失衡的态势进一步加剧。

三、"城乡融合"的协同发展时期（2002 年至今）

与"城乡分离"和"城乡失衡"两个阶段的城乡关系相比，"城乡融合"倾向于城市和农村良性互动发展。在这一时期，城乡关系的目标是将城市与农村作为一个整体，并将其纳入一个系统，对其进行统一的规划，从而打破了城乡分立或城乡失衡的发展模式，进而使城乡关系向着互动关联的方向发展。在城乡之间，以强化各种要素资源的双向流动与合理分配为方式，让城市与农村、工业与农业、城市居民与农村居民能够进行充分的交流与互动，从而促进城乡一体化与共同发展。从 2002 年开始，中国城乡发展就开始了一个新的发展时期，即"城乡统筹""城乡一体化"和"城乡融合发展"。

2002 年，党的十六大在全国范围内提出了统筹城乡发展，对城乡居民利益进行了全方位的调节，从而破解了"二元结构"固化问题。自此以后，为了促进农业的发展，政府制定了一系列的惠农、利农政策。党的十六届三中全会提出"统筹城乡发展、统筹区域发展、统筹经济社会发展、统筹人与自然和谐发展、统筹国内发展和对外开放"，其中"统筹城乡发展"居于首位，明确指出了推进城乡协调发展、促进城乡和谐发展、实现城乡居民共同富裕的道路；2005 年，在十届全国人民代表大会常务委员会第十九次会议上，通过了废止《中华人民共和国农业税条例》的决定，2006 年，农业税被正式取消，使得农民的负担减轻，收入得到了提高；2007 年，党的十七大在对社会主义新农村建设工作进行论述和部署时明确提出，打破城乡二元结构、加快农业农村发展、促进农民收入增长，需要构建起以工促农、以城带乡的社会主义新农村建设长效机制，通过促进城乡经济社会发展一体化新格局这一根本途径进行实现；2012年，党的十八大指出，要加大统筹城乡发展力度、促进城乡共同繁荣、促进城乡要素平等交换以及公共资源均衡配置，推动建立"以工促农、以城带乡、工农互惠、城乡一体"的新型工农城乡关系；2017年，党的十九大提出建立健全城乡融合发展体制机制及政策体系，加快推进农业农村现代化建设；2022年，党的二十大再次强调要着力推进城乡融合和区域协调发展，推动城乡经济实现质的有效提升和量的合理增长。不管是城市支援农村、工业支援农业，还是对农业农村自身建设进行强化，其目的都在于促进城乡关系逐步由城乡分离、城乡失衡转变为城乡融合，使得城乡之间的要素流动变得更加顺畅，城乡间的差异逐步减小。

第三节　黄河流域城乡关系变迁背景

一、上游城乡关系变迁背景

根据水利部黄河水利委员会的划分标准，黄河上游段是指从青海省巴颜喀拉山北麓的卡日曲发源，到内蒙古自治区托克托县河口镇之间的河段，全长3 472千米，流域面积38.6万平方千米，流域面积占全黄河流域面积总量的51.3%，主要流经青海省、甘肃省、宁夏回族自治区和内蒙古自治区四个省区。

（一）人口变化

1998年，黄河流域上游共有城市20个，建制区县101个，地区人口3 645.80万人，非农人口954.35万人，城市化水平26.18%，总人口与非农人口分别占黄河上游四省份总数的62.70%、57.84%。其中非农人口超过100万的有兰州市、包头市两座城市，非农人口数量在50万~100万的有呼和浩特市、西宁市两座城市，非农人口数量在20万~50万的有银川市、乌海市、石嘴山市、天水市、白银市5座城市，非农人口数量在10万~20万的有武威市、临河区、金昌市、平凉市、东胜区、临夏市6座城市，宁夏中部的吴忠市、青铜峡市、灵武市三市非农人口数量均未达到 10 万以上（李鸣骥等，2001）。

2020 年第七次人口普查数据结果显示，黄河流域上游共有城市 19 个，建制区县 137 个（吴成永等，2022）。黄河上游地区的城镇化水平偏低，城市群发育较慢，基本处于发育雏形阶段，在全国城市群中的定位较低（属于地方级/区域级城市群和培育型城市群），对流动人口的吸引力不强，与长三角城市群、京津冀城市群、成渝城市群等区域一体化发展中心相比，黄河上游地区的地级市、区域中心城市均没有达到人口超 500 万的特大城市规模，人口在 20 年间并没有形成规模显著的净流入，上游兰西城市群、宁夏沿黄城市群、呼包鄂榆城市群等尚没有完全发育形成有效的城乡区域联动、区域集聚和辐射带动等效应。

（二）民族分布

黄河流域上游是一个多民族、多文化交融荟萃的地方，被誉为"中华民族传统文化的大熔炉"，自古以来，羌、氐、大月氏、戎、匈奴、汉、鲜卑、吐谷浑、藏、突厥、吐蕃、回鹘、党项、蒙古等民族先后角逐进退于此，在几千年的民族历史演变过程中，逐渐发展成为一个多民族多元文化的交汇区域。目前，区域内主要分布有藏族、土族、羌族、回族、东乡、撒拉、保安、蒙古族等多个民族。行政区划中包括宁夏回族自治区、内蒙古自治区两个民族自治区，三个民族自治州及 9 个民族自治县。长期以来，地区内多种民族文化与汉族文化共生，形成了藏传佛教文化（藏族、土族、蒙古族）、伊斯兰教文化（回族、东乡族、撒拉族、保安族）、汉族儒释道文化等多种文化类型。丰富的文化种类在地域上表现为人文景观的多样性，在空间上文化类型相互交错分布，在黄河流域上游形成了以三种宗教文化为特征，游牧文化社会与农耕文化社会两种社会体系并存的文化地域综合体。

多民族分布的区域特色塑造了黄河流域上游的特色城乡关系。一方面，黄河流域上游农业产业特色明显。青海段河源区具备高原生态旅游、畜牧业、藏族特色手工艺、藏药、牛羊肉、奶业、毛绒、饲草料等特色优势产业的发展条件；宁夏段银川平原河流、湖泊、灌溉渠系是宁夏沿黄城市带的自然特色、优质粮食、清真牛羊肉、绿色有机蔬菜、马铃薯、奶产业、生态渔业、特色果品等产业优势明显，人文特色表现为鲜明的开放性、民族文化多样性和交融性。另一方面，多民族分布地区大多经济基础薄弱，科技、教育落后，地方财政收入不足，需要依靠国家财政补贴。农牧区与中心城市的物、能、信息流不畅或由于距离衰减作用而趋弱，再加之中心城市自身的功能局限性以及各地县镇本身尚不具备形成该地经济中心的各种条件，从而使地区城镇分布稀疏、低收入人口多、经济不活跃成为黄河流域上游经济发展的重要特征。

（三）社会发展

黄河流域上游特大城市和大城市较少，经济普遍落后，其农村地区是全国收入最低的区域之一。国务院印发的《全国主体功能区区划》将黄河上游大部分地区划为限制开发区域和禁止开发区域，只有呼包鄂地区、宁夏沿黄地区以及兰州—西宁地区被列为国家重点开发区域。2011 年青海省、甘肃省、宁夏回族自治区和内蒙古自治区的贫困发生率分别为 28.5％、34.6％、18.3％和 12.2％，2018 年青海省、甘肃省、宁夏回族自治区和内蒙古自治区的贫困发生率下降至 2.5％、5.8％、3.0％和 1.1％，2020 年实现全面脱贫，国家脱贫攻坚战极大地改善了当地农村生产生活条件，提高了农村公共服务水平。

1998 年，黄河流域上游中心城市及环中心城市外围县镇城市化水平达到 46.75％，而核心城市外区域城市化水平只有 7.58％，其中部分县镇非农业人口不足 1 万人。在城镇中，城市非农人口占到地区非农人口的 74.22％，地区小城镇建设相对不发达，各小城镇的城市化水平较低，县镇平均非农人口规模仅为 2.25 万人。区域内城市化发展不平衡问题极为突出。从各省份来看，内蒙古黄河段城市化水平最高，达到 43.24％，青海段为 27.47％，宁夏段为 28.37％，黄河上游甘肃段城市化水平最低，为 19.06％。究其原因，黄河上游内蒙古段与青海段均分布有省份内的最大城市，而且各省份黄河流域地区经济发展程度相对较好，故城市化水平相对较高，而甘肃段内虽然也分布有黄河上游最大城市兰州市以及其他一些中小城市，但段内辐射弱，外围地区大部分属于"老、少、边、穷"地区，城市化水平非常低，如临夏回族自治州城市化水平为10.04%，定西市仅为7.92%，由于这些地区城市化水平过低从而降低了黄河上游甘肃段整体城市化水平。

黄河流域上游中心城市的能级不高，带动作用有待加强。兰州市和海西市及其周边受辐射区域是两个主要增长极，兰州市的影响力远远大于海西市，而作为青海省政治、经济、文化、教育和科技中心的西宁市处于我国近西部和远西部的结合部，位于陇海线西部，依托省内丰富资源，是西部中心城市经济辐射的"二传手"，可以发挥承东启西、南引北联的重要作用。海西地区形成了以格尔木为中心的格尔木-德令哈-大柴旦-冷湖工业经济带和同德-兴海-刚察-祁连-门源畜牧业经济带，此经济带是这一地区的重点投资开发区域。位于黄河上游的银川平原区，地下水资源储量大，埋藏浅，水资源充足，具有独特的自然风光和旅游资源，又有包兰铁路贯穿城区，具有良好的经济和社会发展带动作用。内蒙古河套地区的呼和浩特市、包头市、鄂尔多斯市三市是资源富集区，被誉为内蒙古自治区的"金三角"。其中，鄂尔多斯市矿藏50多种，煤炭、天然气储量丰富，天然碱、食盐等资源众多，包头市被称为"草原钢城"，呼和浩特市是内蒙古自治区的省会，是联系中国腹地与蒙古国、俄罗斯等国家的主要通道，是一座具有较好工农业基础的北部边境开放城市。

（四）交通道路

黄河流域上游城镇与交通线的分布具有"交通线依托城镇而构成，城镇依托交通线而发展"的特征。目前主要的运输方式为铁路运输、公路运输两种形式。区域内铁路网包括包兰线、中宝线中卫-平凉段、陇海线兰州-天水段、兰州-武威段、兰青线兰州-西宁段、京包线包头-呼和浩特段以及区间铁路线干塘-武威段、包头-东胜段等，路网密度相对较低。截至2018年，甘肃省、青海省、宁夏回族自治区和内蒙古自治区分别拥有4 245、2 386、1 131和133 700千米的铁路运营里程。随着兰新和宝兰两条高速铁路的建成，甘肃省和青海省两省进入了高速铁路的时代，甘肃省高速铁路的总里程已经达到了1 200多千米。现已建成的有兰新高铁、宝兰高铁、从乌兰察布到呼和浩特东部的张呼高铁，兰渝高速铁路也已通车。公路目前有 109、110、209、210、211、309、310、312、316 等多条国道，总长约 52 578 千米①。2019 年甘肃高速公路通车里程达到 4 453 千米；青海高速公路通车里程达 3 451 千米；宁夏回族自治区已实现所有县城通高速公路，全区高速公路通车里程达 1 788 千米；内蒙古自治区高速公路通车总里程突破 6 000 千米。可见，近年来该区域交通网络正在加速构建中，但与中下游地区相比，道路网尚未完全形成，纵向延伸路网少，区内公路多为大城市间的横向路网联系。

黄河流域上游交通廊道对城乡发展的支撑不足。交通廊道与京津冀地区、长三角地区、东部沿海口岸、边境口岸等区域的连接能力较弱，交通廊道和基础设施对沿黄中心城市和城市群发展的支撑作用亟待提升。主要的中心城市有海西市、兰州市、西宁市等，由于黄河上游的特殊地理条件以及生态特殊性，沿交通线形成的开发轴主要有：西宁-兰州开发轴，涉及城市有白银市、兰州市、西宁市；宁夏开发轴，包含乌海市、石嘴山市、银川市、吴忠市、青铜峡市等城市。

二、中游城乡关系变迁背景

黄河中游地区是从黄河头道拐到花园口水文站之间的一段，该区域内有号称"八百里秦川"的陕西关中平原和号称"塞上谷仓"的内蒙古河套平原，是我国农业、畜牧业和能源的主要生产基地，对于维护国家的粮食安全有着举足轻重的地位，也是"一带一路"倡议、新时代西部大开发、黄河流域生态保护与高质量发展的重中之重（祝艳波等，2021）。根据水利部黄河委员会的划分标准，黄河流域中游包括自内蒙古托克托县河口镇至河南省荥阳市桃花峪的相关行政区域，流经内蒙古自治区、山西省、陕西省、河南省四省份，本部分将主要概述陕西省、山西省两个主要流经省份 19 个地级市的城乡相关背景。

黄河流域陕西省段主干流全长 719 千米，流域面积达 13.3 万平方千米，辖有 80 多个县（市、区），占陕西省 65% 的辖区面积、78% 的人口和 86%

---

① 数据来自《2020 年中国交通统计年鉴》。

的经济总量，涉及关中地区 5 市 1 区、陕北地区 2 市和陕南地区 1 县，即西安市、铜川市、渭南市、宝鸡市、咸阳市、杨凌示范区、榆林市、延安市和商洛市的洛南县，主要支流有渭河、延河、南洛河、无定河、清河、窟野河、秃尾河等，其中渭河作为第一大支流，横穿关中平原，为华夏文明发祥地之一。而黄河于陕西省境内流经的黄土高原则是流域生态保护的重点区域。黄河于山西段流程 965 千米，流域面积约 9.7 万平方千米，在山西省境内有 18 条大支流与上千条小支流，流经了山西省的忻州市、吕梁市、临汾市、运城市 4 市所辖 19 县。

（一）人口变化

根据 2020 年第七次人口普查资料，陕西省常住人口为 3 952.9 万人，较 2010 年新增 220.16 万人，年均增速 0.57%，居全国第 16 位。15 岁及以上人口的平均受教育年限提高 0.9 年，每 10 万人中有 19 397 人拥有大学及以上学历，具有大学文化程度的人口相比 2010 年提升 74%，排名全国第 6。全省常住人口中，0～14 岁少儿人口为 685.22 万人，占人口总数的 17.33%，65 岁以上老年人口为 526.66 万人，占人口总数的 13.32%，少儿人口和老年人口数量均保持持续增加态势。陕西省人户分离人口数量占全省常住人口总量的 33.56%，这一数据相比 2010 年提高了 17.77%；流动人口数量占全省常住人口总量的 23.46%，相比 2010 年提高了 10.23%。常住人口中，城镇人口为 2 476.97 万人，占 62.66%；乡村人口为 1 475.93 万人，占 37.34%。对比 2010 年人口普查数据，城镇人口增加 771.04 万人，乡村人口减少 550.88 万人，城镇人口比重提升 16.96%，城镇化进程推进平稳有序，城镇化建设成果显著。

山西省常住人口为 3 491.56 万人，对比 2010 年人口普查数据，减少 79.65 万人，年平均增长率为−0.23%。0～14 岁少儿人口 570.99 万人，占人口总数的 16.35%；65 岁及以上老年人口为 450.47 万人，占人口总数的 12.90%。对比 2010 年数据，0～14 岁少儿人口的比重下降 0.74%，65 岁及以上老年人口的比重上升 5.33%。山西省常住人口中，人户分离人口为 1 289.12 万人，这一数据相比 2010 年增加 612.65 万人，增长了 90.57%。城镇人口为 2 183.15 万人，占人口总数的 62.53%；乡村人口为 1 308.41 万人，占人口总数的 37.47%。对比 2010 年人口普查数据，城镇人口增加 467.10 万人，乡村人口减少 546.74 万人，城镇人口比重提升 14.48%。

（二）民族分布

黄河中游是一个由汉、回、藏、蒙古、东乡、土、撒拉、保安、满 9 个民族组成的多民族区域，以汉族为主体，人口数量占全国总人口的 90%。陕西省作为华夏民族早期开发的区域，省内民族特点表现为种类多、人数少、大杂居、小聚居和回族占数多，常住人口中汉族人口为 3 930.63 万人，占 99.44%，其他各民族人口为 22.27 万人，占 0.56%，在地域分布上具有大分散、小集中、城镇多、农村少的特点。山西省以汉族为主要民族，其他民族有回族、满族、蒙古族、彝族、苗族、土家族等 53 个，共有民族人口 12 万余人，占全省总人口的 0.35%，人数不多但民族多样性很强，其中以回族为主且大多数相对聚居。

（三）社会发展

黄河流域中游城市密集、人口众多、经济基础相对薄弱，且正处于城镇化高速发展阶段（戴铁军等，2017），土地资源集中于平坦川道两侧的河谷阶地，农业灌溉条件较好，设施农业发达，农业园区化、复合产业化趋势渐显。农村居民点大多位于较大支流附近，向城镇聚集趋势较强，但镇村普遍规模小、布局散、体系结构低效松散，对周边乡村地区辐射带动不足，资源难以形成合力，成为制约地区镇村空间转型发展的主要因素。2000—2018 年黄河流域中游土地城镇化总体处于低水平，且呈由中心城市以及经济发达地区向外围递减的分布特征，其中，低水平区县所占比例从 81.14% 减至 74.56%，分布于中游大部分地区，较低水平区、较高水平区以及高水平区的县区所占比例虽有所提升，但增幅均较小，整体仍以低水平区为主（赵雪雁等，2021）。

1999 年，黄河中游流域主要省份总人口约为 6 763 万人，其中非农人口约为 885 万人，仅占总人口的 13.09%。在城镇中，陕西省非农人口占地区非农总人口的 59.14%，核心城区非农人口规模高达 57 万人，而部分县域非农人口不足万人，区域城镇化差异显著。城乡发展差距悬殊，城镇居民人均可支配收入约为农村人均可支配收入的 2.79 倍。到 2021 年，中游流域非农人口占比达到 63.53%，城乡居民人均可支配收入比为 2.60：1，相较于 20 世纪末，城乡差距有缩小态势，农民生活水平有了较大提升。在长江中游地区，各区县之间的产业结构基本一致，大多数区县在第二产业中所占的比例超过 65%。神木、福谷等地的第二产业占比达到了 75%，人均 GDP 超过了 21 万元，煤矿、煤化工等行业在全县的发展中处于领先地位。而地处黄土高原区县的产业基础却非常薄弱，绥德县的产业发展水平仅为 11%。在农业方面，主要以杂粮生产为主要农业生产方式，在第三产业方面，主要以林果业和农产品初加工为主要内容，而旅游业还处在发展的初期（徐礼志等，2022）。

中游产业发展迅速，据《2019 年知识产权五局统计报告》显示，西安市、太原市获得的国家发明专利数量分别为 9 023、1 732 项，创新发展势头向好，但其与东南沿海的重要中心城市相比，仍有较大差距（任保平等，2021）。关中城市圈作为我国西部大开发的中心和龙头，对我国西北工业的发展以及区域经济的协调具有举足轻重的意义。但中游地区仅有西安市一个人口过千万的超级大城市，城市等级不完整，经济产量差异明显。与此同时，在九大国家级中心城市中，西安市是唯一一个 GDP 未突破千亿元的城市，与其他中心城市相比，龙头带动不强，城市能级亟须提升（程丽辉等，2020）。

（四）交通道路

陕西省是我国八大铁路枢纽、八大航空枢纽之一，也是非常重要的公路枢纽。2013 年 11 月 28 日开通的中欧班列"长安号"从陕西省西安市出发，至中亚和欧洲，覆盖了哈萨克斯坦、德国、波兰、比利时等 45 个丝绸之路沿线国家和地区。不仅对沿线的经贸交流起到了很好的推动作用，同时也在新冠疫情防控期间，更好地稳定了国际供应链，是践行人类命运共同体的一个鲜活载体。截至 2021 年底，陕西省公路通车总里程达到 18.34 万千米，公路密度达到 89.2 千米/百平方千米，高速公路通车里程超过 6 000 千米，铁路运营里程达到 6 424 千米；延安、安康机场搬迁建设完成，榆林机场二期改扩建工程完工，公路、铁路、航空运输密度不断提升。而城镇交通基础设施、规模均优于农村，城乡不同区域间存在较大差异（董龙飞，2022）。山西省与陕西省交界部分是黄土高原，这一区域的公路多为柏油路，包括国道108、209、307、309等和多条乡道、省道。山西省积极贯彻落实"村村通"工程，建设"四好"公路2.2万千米，约占山西省公路总里程的17%，全省民用汽车达816.31万辆，公路通车里程14.46万千米。2018年累计完成公路固定资产投资463.5亿元，同比增长59.1%，农村公路固定资产投资累计完成264.1亿元，同比增长94.4%，全省通公路村比重达99.93%，通油路村比重达99.54%，农村公共交通运输服务管理水平进一步提升，农村道路优良率达到76.41%（赵杨，2019）。

三、下游城乡关系变迁背景

黄河流域下游从河南省郑州市桃花峪开始，至入海口结束。全长786千米，流域面积占黄河总量的3%，区间增加的水量占黄河水量的3.5%。下游流经河南省、山东省两个省份，山东省占黄河流域总面积最小，仅有1.6%。

（一）人口变化

黄河流域下游地区是一个人口规模相对较大、分布相对密集的区域。与中上游地区相比，下游具有更好的交通条件、更高的经济发展程度、更小的低收入群体等特点。在过去的十几年里，黄河下游的人口数量一直在不断增加。根据2020年第七次全国人口普查数据，河南省常住人口共9 936.6万人，占全国人口的7.04%，与2010年第六次全国人口普查时的9 402.4万人相比，增加534.2万人，增长5.68%，年平均增长率为0.55%，比2000年到2010年的年平均增长率0.16%上升0.39个百分点。其中，常住人口数量排在前五位的是郑州市、南阳市、周口市、商丘市和洛阳市，分别占全省常住人口的12.68%、9.78%、9.08%、7.87%和7.10%，2010年排在前五位的是南阳市、周口市、郑州市、商丘市、驻马店市。人口向经济发达城市进一步集聚。此外，城镇常住人口为5 507.9万人，占55.43%；乡村常住人口为4 428.7万人，占44.57%。对比2010年数据，城镇人口增加1 885.9万人，乡村人口减少1 352.3万人，城镇人口比重提高 16.91％。上述数据表明河南省近年新型城镇化进程推进稳定，城镇化建设进展成果显著。

山东省常住人口为 10 152.7 万人，对比 2010 年第六次人口普查时的 9 579.3 万人，十年累计增加 573.4 万人，增长 5.99％，年平均增长率为 0.58％。十年以来山东省人口增量位居全国第四，增长态势保持持续平稳。其中，山东省 16 个地级市中，有两个地级市人口超过 1 000 万人，分别是人口总数 1 101.8 万人的临沂市和人口总数 1 007.2 万人的青岛市，其中青岛市常住人口首次突破 1 000 万。对比 2010 年数据，青岛市、济南市、日照市三市的人口总量在全省排位分别上升 1 个位次，济南市、青岛市两市的人口聚集能力增强，进一步强化了区域中心城市的核心位置。此外，山东省常住人口中，城镇人口为 6 401.4 万人，占人口总数的 63.05％；乡村人口为 3 751.3 万人，占人口总数的 36.95％。对比 2010 年人口普查数据，城镇人口增加 1 639.3 万人，乡村人口减少 1 065.9 万人，城镇人口比重提升 13.34％。在过去的十年中，山东省正稳步推进农村流动人口的市民化进程，走新型城镇化之路取得了显著的成绩，与上一个十年城镇化水平提高 11.56％相比，常住人口城镇化水平提升速度明显加快。

（二）城乡关系

黄河流域下游的山东省和河南省乡村发展水平高于全国平均水平，山东省农村医疗水平高、交通发达和信息化水平高，农村居民每万人拥有医生数高出全国平均水平 20％，农村居民每百户拥有公交车辆数高出全国平均水平约 60％，农村居民每百户拥有计算机数高出全国平均水平约 52％（张爱婷等，2022）。

从城乡发展融合度来看，黄河流域下游省份均低于全国平均水平，但城乡融合度高于黄河中上游省份，山东省和河南省城乡融合水平略好于其他省份。从城乡发展的协调性、城乡综合发展指数和城乡发展耦合度方面来看，山东省高于全国平均水平。从城乡要素融合来看，黄河流域下游地区现代化技术融入较差，农业机械总动力投入远远低于全国平均水平，山东省和河南省虽然是农业机械总动力最多的省份，但也仅为全国平均水平的

10%左右；山东省城市化水平与全国平均值相近，而河南省的城市化则略有落后；黄河流域下游各省份农业支出占财政支出的比例均高于全国平均水平，说明各地政府对农业较为重视，资金投入力度较大；基础设施是城乡融合的条件，山东省的基础设施城乡融合较好。由此可以看出，与黄河中上游相比，在黄河下游各省，特别是在山东省，其城乡发展的协调性与融合性相对更高，城镇发展水平较高，能够对乡村的发展形成良好积极的辐射带动作用。

黄河流域城乡融合
现状与问题

城乡融合是实现黄河流域农业农村高质量发展的重要抓手。本章基于宏观视角，从要素、空间、经济、社会、生态五个方面对黄河流域的城乡融合现状进行描述性分析，掌握现阶段黄河流域不同维度的城乡融合程度和特征，发现在推进城乡融合发展过程中存在的主要问题。

第一节　黄河流域城乡融合现状

一、城乡要素融合

（一）人口城镇化率稳步提高

近20年来，黄河流域城乡人口结构发生大幅变动。到2020年，黄河流域的总人口数为42 140万人，城镇人口和农村人口分别为25 081万和17 059万，其中常住人口的城镇化率为60.57%。黄河流域总人口从2000年的39 784万增长至2020年的42 140万，人口持续增长，其中，城镇人口数量增长明显，2000年城镇人口数为11 643万人，至2020年城镇人口增加了一倍；农村人口数量不断减少，2000年农村人口数量为28 141万人，至2020年减少了近40%（图4-1）。2000年，黄河流域农村人口数量是城镇人口数量的2.42倍，城镇化率仅为33.43%。随着农村人口逐渐涌入城市，黄河流域城镇化水平不断上升，并在2014年超过50%，城镇人口数量逐渐超越农村人口。可以看出在快速工业化和城镇化过程中，黄河流域大量农村人口通过居住迁移、外出务工等方式，由农村涌入城市，而从事农业的人口比重不断下降。

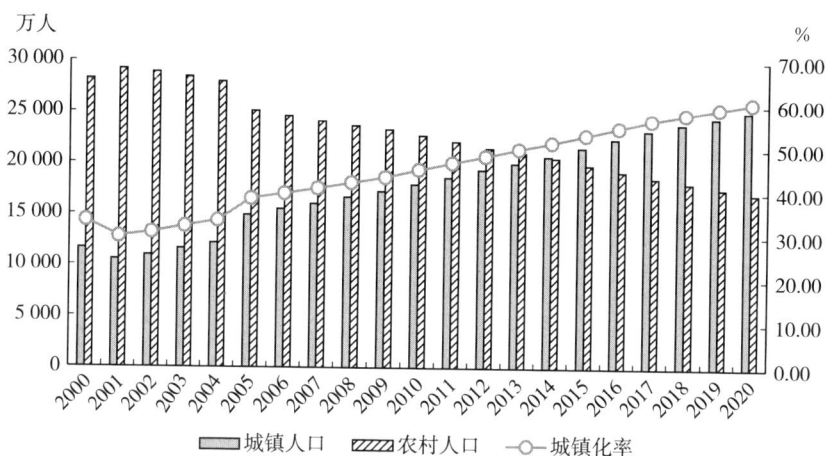

图 4-1 黄河流域城乡人口规模

从空间分布来看，黄河流域不同省份间的人口要素流动差异明显。其中，山东省、河南省和四川省的人口数量最多。2020 年，黄河流域人口规模最大的省份为山东省，达到了 10 152.7 万人的人口总数（图 4-2）；其次是河南省、四川省；位于中游地区的陕西省、山西省人口总数分别为 3 955万、3 490 万人；而上游地区的甘肃省、内蒙古自治区、青海省、宁夏回族自治区人口较少，其中，青海省人口数仅为 593 万人，是黄河流域人口规模最小的省份。人口城镇化率的空间分布与人口数量的空间分布存在差异。2020 年城镇化率最高的省份为内蒙古自治区，其城镇化率高达 67.48%，宁夏回族自治区和陕西省次之。山东省和河南省人口较多，城镇化率分别达到了 63.05% 和 55.43%，处于黄河流域中下水平。城镇化率最低的省份为甘肃省，仅为 52.23%。可以看出，黄河流域内人口多分布在中下游或经济较发达的地区，这些地区城乡人口规模大，农业生产基础好，农村人口依然占有较大比例。

（二）城乡土地要素使用不均衡

土地作为人类生产生活的主要载体和城乡一体化进程中一个不可忽视的因素，在黄河流域发挥着极其重要的作用。2020 年，城市和村镇建成区面积分别为 17 409.27 和 2 080.83 平方千米（图 4-3），其中，城市建成区面积是乡镇的 8.37 倍，二者存在巨大的差异。从时间变化来看，黄河流域

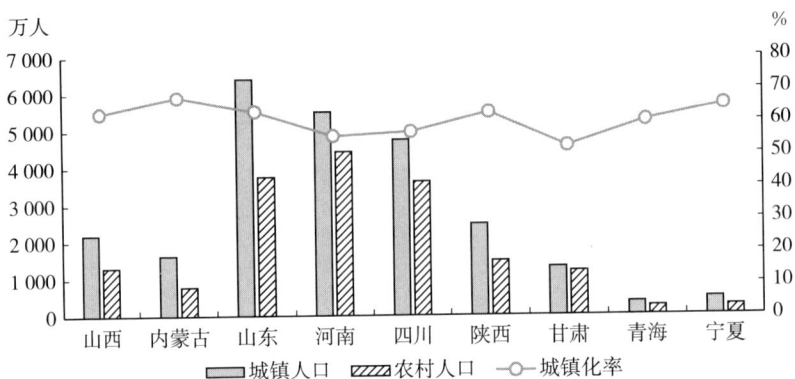

图 4-2 2020 年黄河流域各省份城乡人口规模

城市建成区面积不断扩张。2006 年，城市建成区面积为 8 941.65 平方千米，到 2020 年增加到 17 409.27 平方千米；相比之下，村镇建成区面积不断减小，从 2006 年到 2020 年，共减小了 1 151.17 平方千米。城乡建成区面积的差距逐渐拉大的原因在于城镇化过程中，政府重点关注城区的开发和建设，对农村地区重视不足，没有充分考虑乡镇在经济发展中对农村的辐射作用。

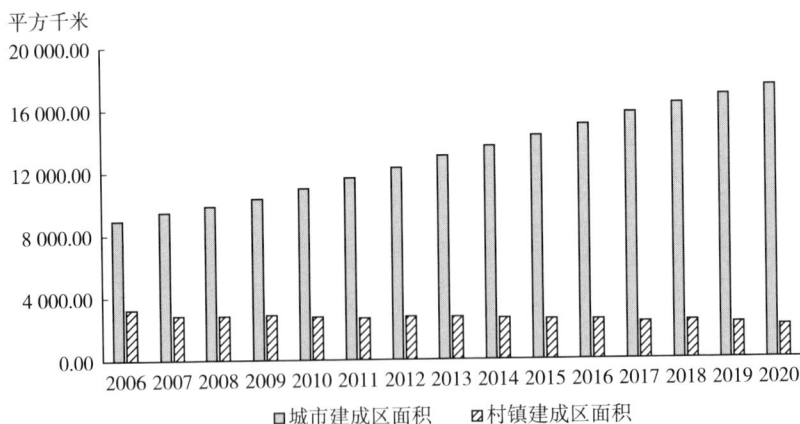

图 4-3 黄河流域城乡建成区面积

从空间布局来看，山东省建成区面积最大，城乡建成区面积差异也较大，城市建成区面积有 5 646.34 平方千米（图 4-4），占城乡建成区总面积的 98.49％，村镇建城区面积仅有 86.35 平方千米；另外，四川省和陕西省的城市建成区面积分别占各自城乡建成区总面积的 93.41％和 99.05％，城乡空间发展差距悬殊；河南省的村镇建成区面积达到 880.13 平方千米，是黄河流域乡镇建成区面积最大的省份。可以看出，黄河流域城乡土地要素流动和空间开发相差较大，下游的山东省表现最为明显，在一定程度上构成城乡融合的一大障碍因素。

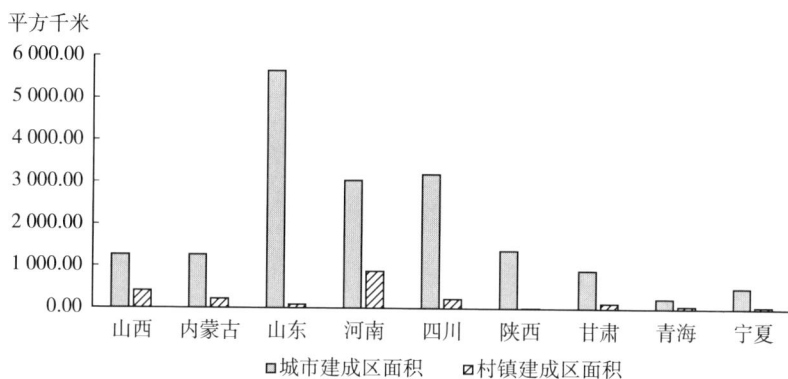

图 4-4　2020 年黄河流域各省份城乡建成区面积

（三）城乡固定资产投资差别大

资金是促进城乡发展的重要因素之一，其在基础设施建设、产业发展等城乡建设活动中的重要性不言而喻。截至 2017 年，黄河流域城镇和农村固定资产投资平均水平分别为 20 615.20 亿元和 375.30 亿元，城乡间的投资比达到近 55∶1。在城镇化的大背景下，为推动城市地区的发展，黄河流域投入了大量的资金，但对农村地区的投资却相对较少。从时间维度上看，尽管城镇和农村固定资产投资金额都呈现不断增加的趋势，但城镇的固定资产投资增速要远快于农村。以 2002 年为例，城镇固定资产投资金额为 920.21 亿元，而农村则为 110.16 亿元（图 4-5），城镇投资规模是农村的 8.35 倍。而自此以后，随着城镇化进程的加速，城镇固定资产投资的力度和速度均明显增加，从 2002 年到 2017 年，城镇固定资产投资增长了 21.40 倍，而农村固定资产投资仅增长了 2.41 倍。在资金投入不足的情况下，城乡间的发展差距也越来越大。

从空间维度看，黄河流域各省份的城镇固定资产投资均占社会固定资产

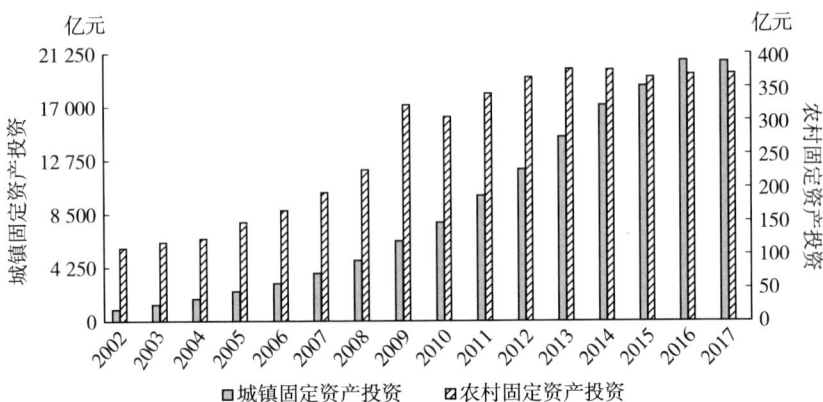

图 4-5 黄河流域城乡固定资产投资

投资总量的 94% 以上，但是不同省份存在一定差异。其中，山西省的农村固定资产投资占总投资的 5.27%（图 4-6），是黄河流域中农村投资所占比例最大的省份，宁夏回族自治区、四川省次之，分别为 2.37% 和 2.09%。其他省份的占比均小于 2%，其中，内蒙古自治区的农村固定资产投资占比最小，仅为 1.32%。可见，黄河流域各省份的城镇固定资产投资都远大于农村，这在一定程度上使得城乡之间的基础设施建设、居民生活质量、生活环境等方面的差距越来越大，阻碍了城乡产业、基础设施、福利等的融合发展。

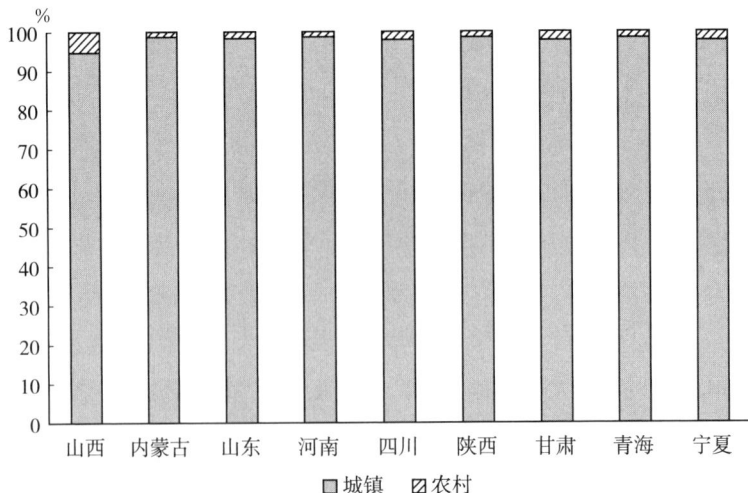

图 4-6 2017 年黄河流域各省份城乡固定资产投资占比

（四）城乡通信覆盖程度趋增

随着电子信息技术的发展，人们可以通过互联网实现信息资源的获取和发送，互联网技术已成为目前实现信息要素流动的重要媒介和手段。截至2020年底，中国的互联网普及已经发展到令人瞩目的水平。2020年，中国农村网民规模为3.09亿人（图4-7），占全国网民总数的33.7%，较上一年实现了0.87亿的增长。而农村的互联网普及率为55.9%，比起2019年增长了9.7%；与之相比，城市网民的总体规模更大，城市网民规模为6.08亿人，占全国网民总数的66.3%，较上一年仅增长了0.01亿人。同时，城市的互联网普及率为79.8%，比上年增长了4.3%。从这些数据可以看出，城乡之间的互联网使用情况差异较大，城市网民规模是农村网民规模的近两倍，同时城市互联网普及率明显高于农村。但是从增速来看，农村网民增长速度显然更快。具体来看，我国城市网民规模从2006年的1.14亿人增长至2020年的6.08亿人，增长了4.3倍；而农村网民规模从2006年的0.23亿人增长至2020年的3.09亿人，实现了更大幅度的增长。随着农村地区互联网普及工作力度的不断加大，城乡之间的差距正日益缩小。

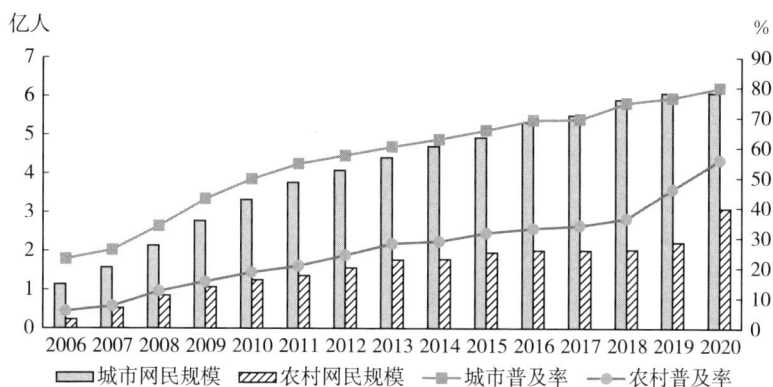

图4-7 2006—2020年中国城乡互联网规模

山东省、河南省、四川省的网民规模相比黄河流域其他省份更多，且增长幅度较大。其中，山东省2016年的网民数量为5 207万人（图4-8），是黄河流域网民规模最大的省份，其次是河南省、四川省。而青海省、宁夏回族自治区在2016年的网民规模分别为320万人、339万人，处于相对较低水平。可以看出，黄河流域下游和经济较发达地区的网民规模较大，其次是中游，最后是上游。从互联网普及率来看，黄河流域大部分省份在 2016 年达到 50％以上，其中，山西省达到 55.50％，青海省达到 54.50％，而河南省、四川省、甘肃省的互联网普及率较低，在 40％左右。城镇化率与互联网普及水平具有较强的相关性，在河南省、四川省、甘肃省等城镇化率较低的省份，互联网普及水平也相对较低。

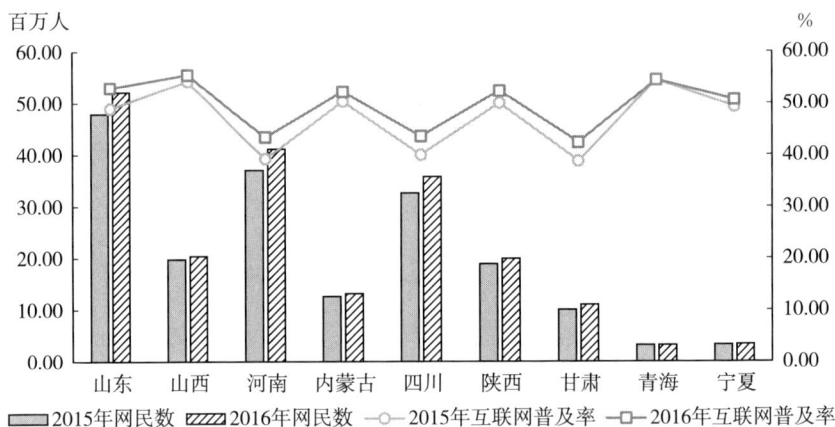

图 4-8　2015—2016 年黄河流域各省份互联网规模

　　广播和电视作为传统媒介，在信息的传递方面同样发挥着不可忽视的作用。2020 年，黄河流域广播节目覆盖率达到 99.35％（图 4-9），相比 2019 年增长 0.37％，其中，农村广播节目覆盖率达到 99.10％；电视节目覆盖率达到 99.55％，相比上年增长 0.29％，其中，农村电视节目覆盖率达到 99.38％。黄河流域的广播和电视节目基本上实现了全覆盖，农村覆盖率略低于整体水平。广播和电视节目覆盖率在 2010—2020 年实现较大程度的提升，2010 年，广播节目覆盖率为 94.96％，其中，农村覆盖率为 93.18％；电视节目覆盖率为 96.69％，其中，农村覆盖率为 95.48％，电视节目覆盖率略高于广播节目。随着信息技术的快速发展及不断向农村延伸，黄河流域广播和电视节目覆盖率逐渐提高，城乡之间的差距也逐渐减小。

　　2020 年，黄河流域内各省份的广播和电视节目覆盖率整体较高，均超过 98％（图 4-10），上游部分省份的广播和电视节目覆盖率相对较低。宁

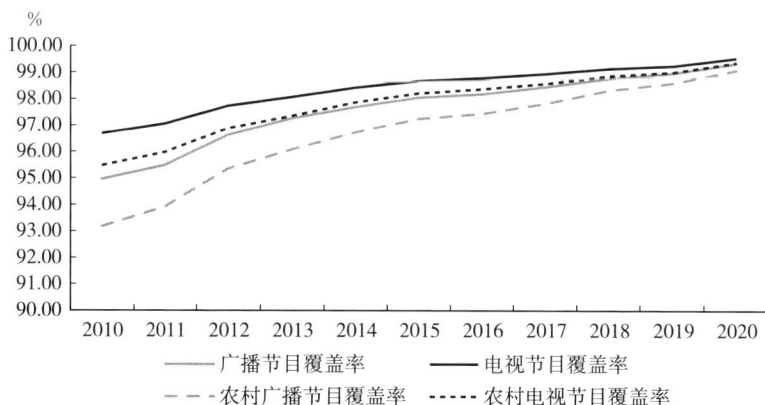

图 4-9　黄河流域广播电视节目覆盖率

夏回族自治区的覆盖率最高，四川省和青海省的覆盖率相对较低。另外，山西省、四川省、青海省的广播节目覆盖程度在城乡之间表现出相对较大的差距，城乡信息融合水平有待进一步提高。

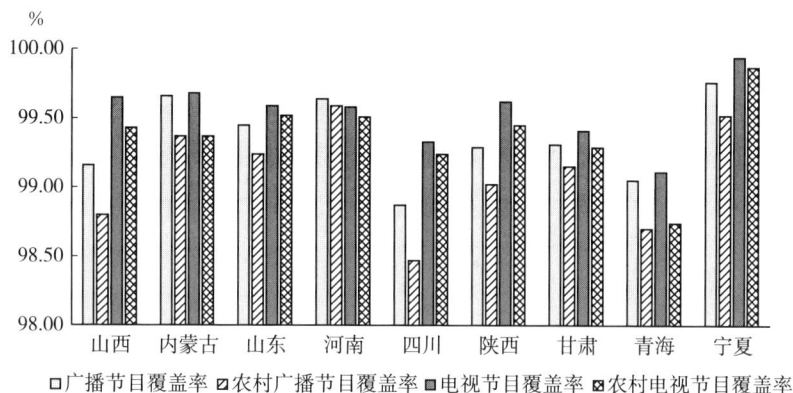

图 4-10　2020年黄河流域各省份广播电视节目覆盖率

二、城乡空间融合

（一）道路规模不断提升

城乡融合发展中城乡之间的空间联系尤其重要，公路作为城乡之间最主要的交通运输途径，其里程数是观测城乡空间融合水平的重要指标。2003

年，黄河流域的等级公路里程数为 454 901 千米，2020 年等级公路里程数达到 1 697 978 千米，相比 2003 年增长了 2.73 倍；其中，高速公路里程 52 083 千米，一级公路里程 38 303 千米，二级公路里程 142 248 千米。2020 年数据显示，高速公路里程占等级公路总里程的 3%，一、二、三、四级公路分别占 2%、9%、10% 和 76%（图 4 - 11），高级公路占比整体偏低，四级公路占比很高。

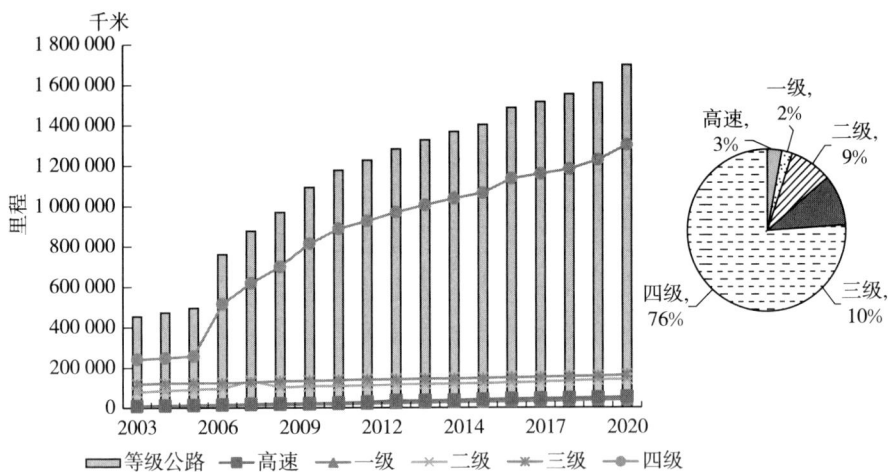

图 4 - 11 黄河流域等级公路里程

2005 年以前，黄河流域等级公路里程数增长缓慢，2005—2010 年实现了较大幅度的增长，2010 年以后增长幅度有所减小。具体来看，各等级公路里程数均呈现增加趋势，其中四级公路里程数增加最为明显。四级公路里程的增长趋势与等级公路合计数增长趋势基本保持一致，而其余等级公路里程增加趋势相对平稳。从 2003—2018 年，高速公路、一、二、三、四级公路里程分别实现了 4.02、3.73、0.71、0.33、3.89 倍增长，较大的低级别公路占比在一定程度上有助于加强区域内城乡之间的空间联系。

从空间维度看，2020 年，四川省的公路里程数最大，为 394 371 千米，且表现出较快的增长趋势，黄河流域下游的山东省、河南省公路里程数也较大；相比之下，黄河流域上游青海省和宁夏回族自治区的公路里程数较小，分别为 85 131 千米和 36 901 千米（图 4 - 12），且增长速度相对缓慢。等级公路空间规模分布基本与公路里程总数分布情况一致，但是山西省的等级公路里程数略大于甘肃省。四川省仍然是等级公路里程数最大的省份，其次是山东省和河南省，青海省和宁夏回族自治区的里程数相对较小。具体来看，四川省虽然等级公路里程合计数最大，但是其高级公路占比最小，相比之下，等级公路合计数最小的宁夏回族自治区的高级公路占比最大（图4-13）。

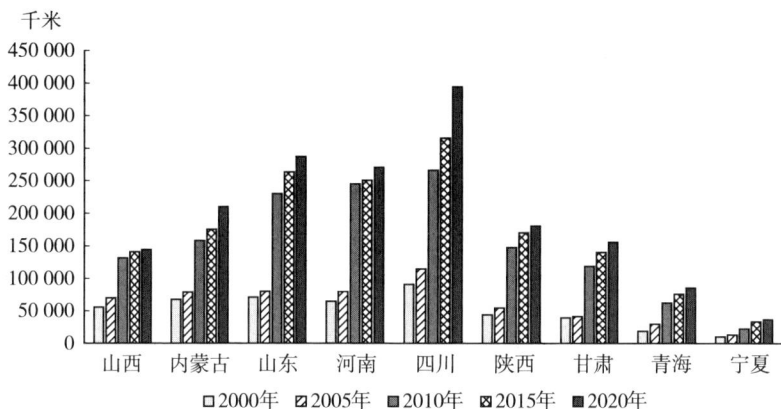

图4-12 黄河流域各省份公路里程数

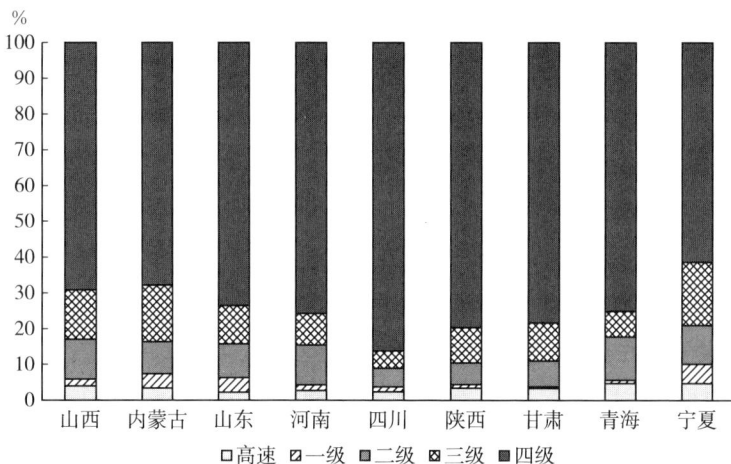

图4-13 黄河流域各省份等级公路里程

（二）交通通达度不断加强

随着城镇化进程的推进，黄河流域的公路密度逐渐增大，公路通达度逐渐提高。2018 年，黄河流域的公路密度为 77.33 千米/百平方千米，相比 2017 年增长 0.84 千米/百平方千米，同时，行政村的公路通达度为 99.99％（图 4 - 14），基本实现全覆盖。2010 年，黄河流域的公路密度为 65.11 千米/百平方千米，到 2018 年增长了 12.22 千米/百平方千米。公路通达度在前期增长迅速，后期基本保持稳定。2010 年，黄河流域的行政村公路通达度为 99.32％，到 2015 年，公路通达度已增长至 99.90％以上。黄河流域城乡之间已实现地理可达，交通通达度较高，有助于城乡之间要素流动和信息交流。

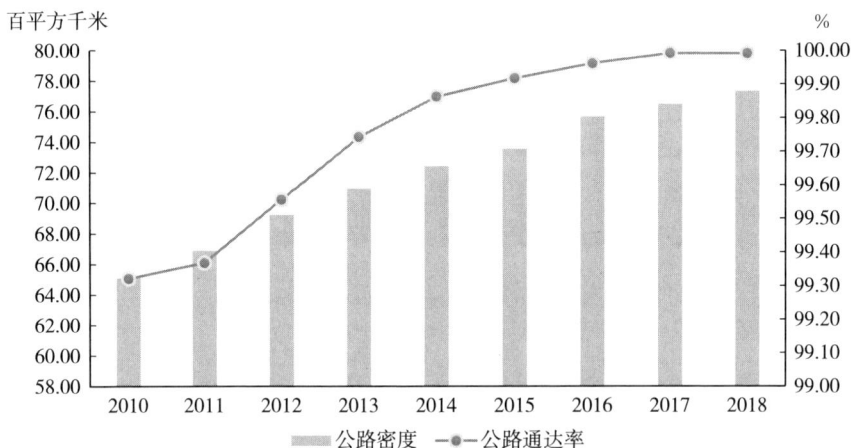

图 4 - 14　黄河流域公路通达情况

从空间维度看，近年来黄河流域公路密度逐渐增大。2018 年，山东省和河南省的公路密度最大，分别达到 175.92 千米/百平方千米和 160.83 千米/百平方千米（图 4 - 15）；其次是山西省和陕西省，分别为 91.70 千米/百平方千米和 86.15 千米/百平方千米；内蒙古自治区和青海省的公路密度相对较低，分别为 17.13 千米/百平方千米和 11.39 千米/百平方千米，仅为山东省的 10％左右。内蒙古自治区的公路通达度为 99.93％，相比其他省份还略有差距，还应继续加强公路建设，提高城乡之间的交通通达程度。

三、城乡经济融合

(一)经济总量稳步提升

黄河流域经济发展水平不断增长，2020 年，黄河流域地区生产总值为

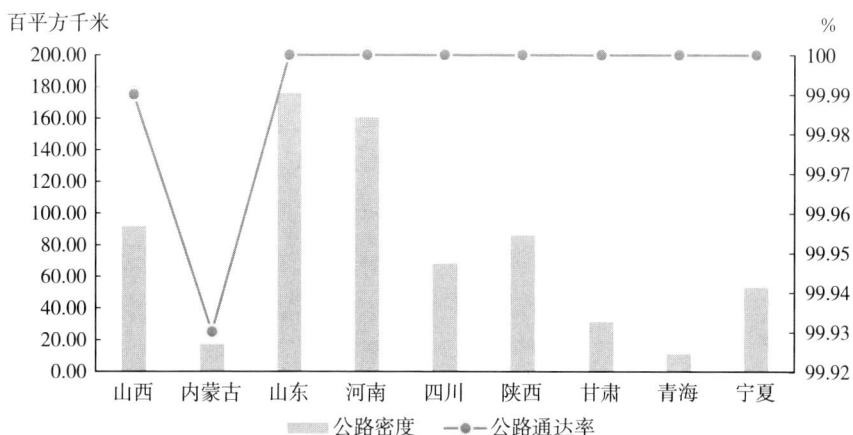

图 4 - 15　2018 年黄河流域各省份公路通达情况

253 861.61 亿元（图 4 - 16），相比 2019 年增长 6 453.95 亿元，增速为 2.6％；人均地区生产总值为 57 326 元/人，比 2019 年增长 3.35％；其中，农林牧副渔总产值为 42 141.92 亿元，相比上年增长 4 772.67 亿元，增速为 12.77％。黄河流域地区生产总值从 2000 年的 23 908.61 亿元增长至 2020 年的 253 861.61 亿元，增长了 9.62 倍；人均地区生产总值由 5 456 元/人增长至 57 326 元/人，增长了 9.51 倍；农林牧副渔总产值由 7 477.34 亿元增长至 42 141.92 亿元，增长了 4.64 倍。可见，近 20 年来，黄河流域经济发展较迅速，其中，农林牧副渔业也得到较快发展，但相比整体经济发展来说速度相对缓慢，因此需进一步重视农业产业的发展，实现产业兴旺。

从空间维度看，山东省、河南省、四川省的地区生产总值增长速度较快（图 4 - 17），且总量较大；陕西省、山西省虽然生产总值相比下游地区较低，仍表现出较平稳的增长态势；处于上游地区的内蒙古自治区、甘肃省、青海省、宁夏回族自治区的地区生产总值增长相对缓慢。人均地区生产总值的空间分布与地区生产总值表现出较大差异。山东省、内蒙古自治区、陕西省的人均地区生产总值相对较高，在 2020 年分别达到 72 151 元、72 062 元、66 292 元（图 4 - 18），另外可以看到内蒙古自治区和山西省的人均地区生产总值在 2005—2010 年以及 2015—2020 年增长迅速，在 2010—2015 年增长相对缓慢，其他地区则保持相对平稳的增长趋势。四川省、河南

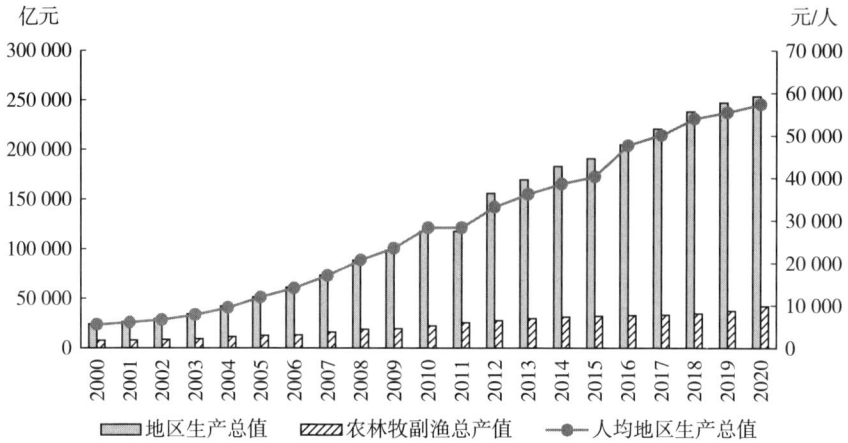

图 4-16 黄河流域经济发展情况

省、宁夏回族自治区、青海省、山西省的人均地区生产总值相差不多，处于 50 000 元以上水平，而甘肃省的人均地区生产总值为 35 995 元，处于相对落后的地位。

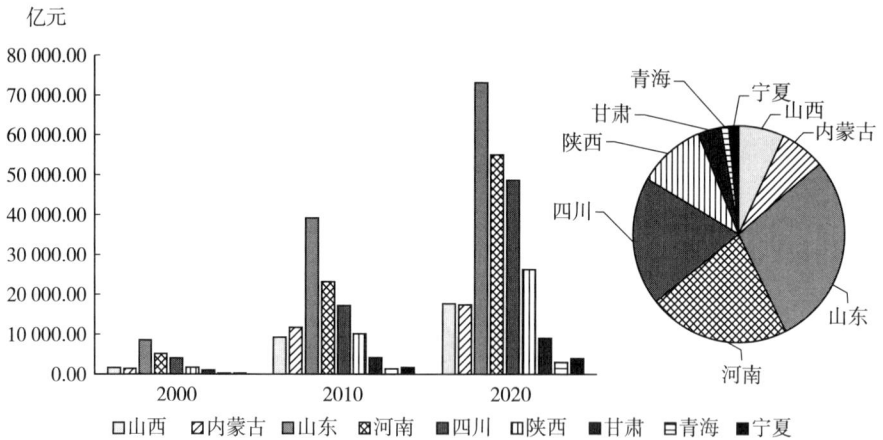

图 4-17 黄河流域各省份地区生产总值

山东省、河南省、四川省的农林牧副渔总产值相对较高且增长速度快，在 2020 年分别达到了 10 190.58 亿元、9 956.35 亿元、9 216.40 亿元（图 4-19），是其他地区发展水平的 2 倍以上；陕西省、内蒙古自治区的农林牧副渔总产值分别为 4 056.61 亿元、3 472.36 亿元，发展水平适中，表

亿元

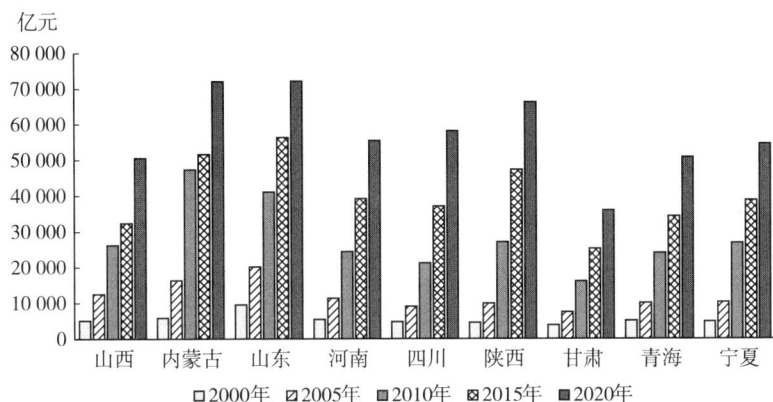

图 4-18　黄河流域各省份人均地区生产总值

现出快速发展趋势；甘肃省、山西省的农林牧副渔总产值在 2 000 亿元左右，增长速度相对稳定；青海省、宁夏回族自治区的农林牧副渔总产值不足1 000 亿元，且增长速度相对缓慢。黄河流域农林牧副渔总产值的空间分布情况与地区生产总值分布情况相似，不同省份表现出不同的特征，下游及四川省的总量大且增长速度快，中游总量适中且增长速度稳中向上，上游地区尤其是青海省、宁夏回族自治区的总量小且增长缓慢。

亿元

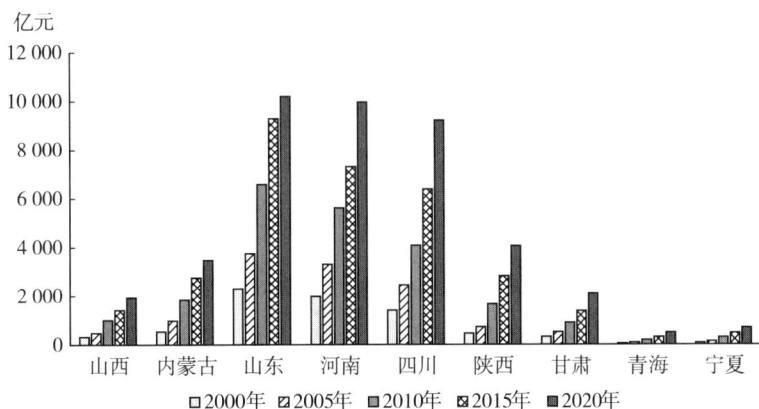

图 4-19　黄河流域各省份农林牧副渔总产值

（二）三次产业发展不平衡

2020 年，黄河流域第一二三产业增加值分别为 2 598.21 亿元、11 174.36

亿元、14 434.28 亿元（图 4 - 20）。其中，第一产业增加值占地区生产总值的 9%，高于同期全国 7.7% 的整体水平，相比上年增长 279.29 亿元，增幅为 12.04%；第二产业增加值占比 40%，高于同期全国 37.8% 的整体水平，相比 2019 年减少了 63.60 亿元；第三产业增加值占比 51%，低于同期全国 54.5% 的整体水平，相比上年增长 501.41 亿元，增幅为 3.60%。近 20 年间，黄河流域的三次产业增加值变化趋势不同。第一产业在 2000 年的增加值为 521.35 亿元，至 2020 年实现增加值 2 598.21 亿元，增长了近 4 倍，第一产业保持相对缓慢但稳定的增长速度，且 2020 年的增幅大于近 20 年的平均水平，呈现出稳中向好的发展态势。第二产业在 2000—2012 年保持着较快的增长速度，增加值从 2000 年的 921.88 亿元到 2012 年的 9 244.44 亿元，增加 8 322.56 亿元；在 2012 年以后，第二产业增加值增长相对缓慢，甚至在 2018 年后出现了小幅减少。第三产业在早期增长相对缓慢，在 2010 年以后保持着较快的增长速度，并在 2016 年超过第二产业成为黄河流域增加值占比最大的产业。总体来看，黄河流域的第一产业保持缓慢增长态势，第二产业由快速增长转变为小幅下降趋势，第三产业仍保持较快的增长势头。

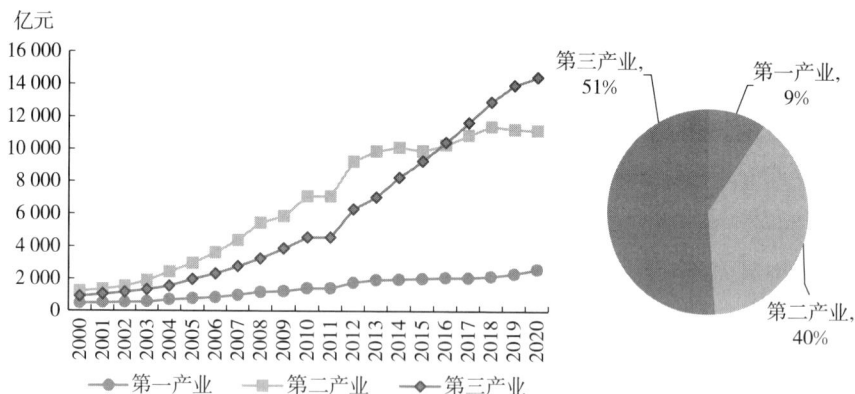

图 4 - 20　黄河流域三次产业增加值变化

　　2020 年，山东省、河南省、四川省的第一产业增加值规模相对较高，超过 5 000 亿元（图 4 - 21），甘肃省、内蒙古自治区、四川省的第一产业增加值占比相对较高，超过 10%，山西省的第一产业占比最小，仅为 5.36%。

从第二产业来看，黄河流域中游的山西省、陕西省第二产业增加值占比相对较高，分别达到 43.48% 和 43.40%，主要源于其较丰富的矿产资源支撑了第二产业的发展，甘肃省的第二产业占比最小，仅为 31.63%。从第三产业来看，甘肃省、山东省的第三产业占比相对较高，分别为 55.08% 和 53.54%，而河南省和陕西省的占比相对较低。总的来说，甘肃省虽然增加值总量较小，但是第一产业和第三产业占比较高，第二产业占比较低，其城乡产业融合水平相对较高。

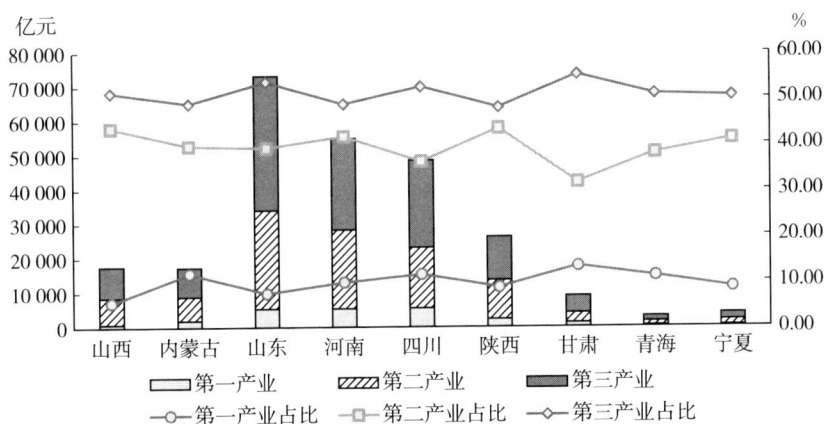

图 4-21　2020 年黄河流域各省份三次产业增加值

（三）居民生活水平逐渐提高

2020 年，黄河流域城乡居民收入和消费水平呈现不同的变化趋势。从收入水平来看，城镇居民的人均可支配收入为 37 310.10 元（图 4-22），比上一年增长了 1 386.86 元，农村居民的人均可支配收入相对较少，为 14 569.76 元，比上一年增长了 1 002.33 元，城镇人均可支配收入约是农村的 2.56 倍。从消费水平来看，城镇居民人均消费支出为 23 496.01 元（图 4-23），农村人均消费支出为 12 095.00 元，城镇居民人均消费支出是农村的 1.94 倍。纵观近 20 年来的变化，随着黄河流域实现高速发展到高质量发展的转变，城乡居民生活水平也得到了显著的提高。数据显示，2000 年城镇居民人均可支配收入仅为 5 236.28 元，却在近 20 年来高速增长至原来的 7.13 倍；而 2000 年农村人均可支配收入为 1 842.20 元，到 2020 年显著增长至原来的 7.91 倍。值得一提的是，在增速上，农村人均可支配收入的增长速度也超过了城镇，说明城乡收入差距正在日益缩小。此外，城镇居民人均消费支出虽然不断增加，但在 2020 年出现小幅度减少，整体增长了 4.51 倍；而农村居民人均消费支出在近 20 年内始终呈现增加趋势，整体上增加了 7.85 倍。从这些数据可以看出，黄河流域的城乡居民消费水平呈现不断增长的趋势，且二者之间的消费差距正在逐渐减小。

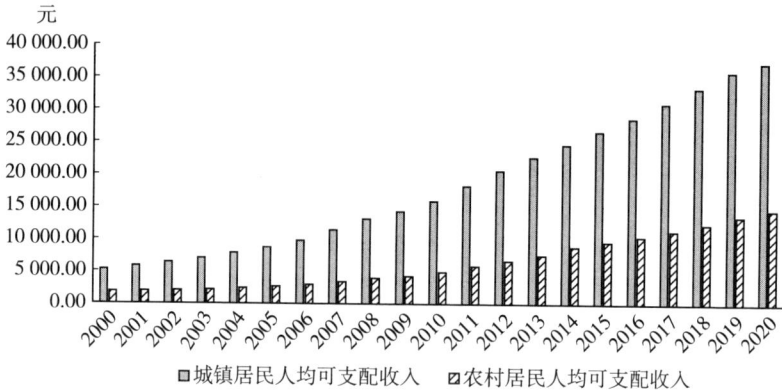

图 4-22 黄河流域城乡居民收入情况

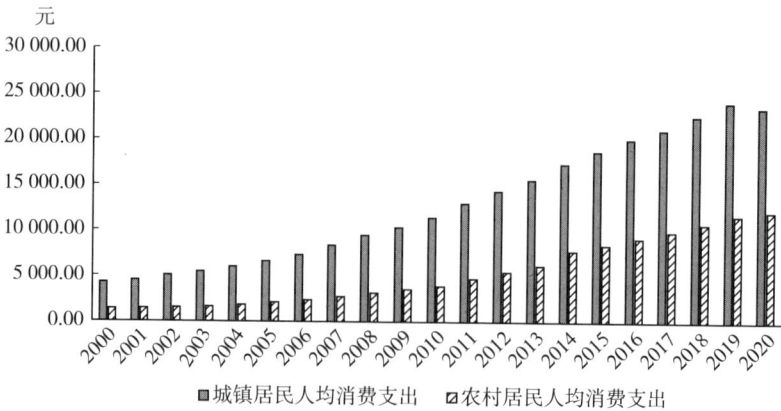

图 4-23 黄河流域城乡居民消费情况

黄河流域上游的内蒙古自治区和下游的山东省城乡居民人均可支配收入较高（图 4-24）。内蒙古自治区和山东省城镇居民人均可支配收入都在 4 万元以上，农村人均可支配收入都在 16 500 元以上，但两个省份的城乡居民收入比分别为2.50∶1和2.33∶1。相比之下，河南省的城乡差距最小，其城镇居民人均可支配收入是农村的2.16倍；甘肃省的城乡差距最大，其城镇居民人均可支配收入是农村的3.27倍。在城乡居民消费情况方面，山东省的城镇居民人均消费支出最高，为27 291.1元（图4-25）；农村居民人均消费支出最大的省份是四川，为14 952.6元。与此同时，河南省和四川省的城乡居民消费差距较小，城镇居民人均消费支出仅为农村的2.16倍；而甘肃省和山东省的城乡居民消费差距较大，达到了2.48倍。整体来看，虽然黄河流域的城乡居民生活水平差距在不断减小，但在山东省、甘肃省等地仍需重点关注城乡居民生活水平的共同提升。

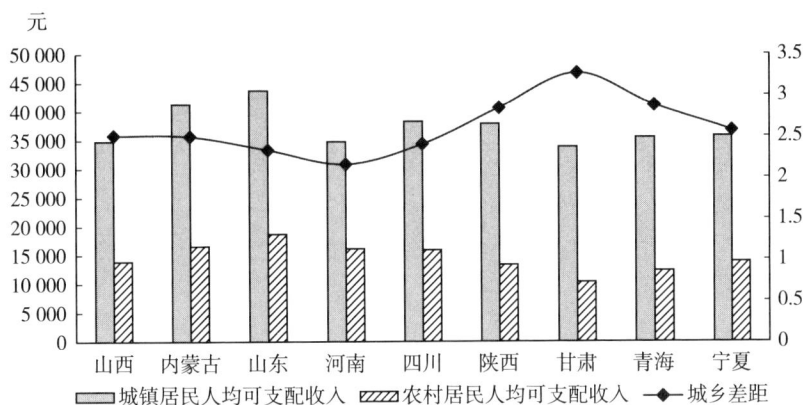

图4-24 2020年黄河流域各省份城乡收入情况

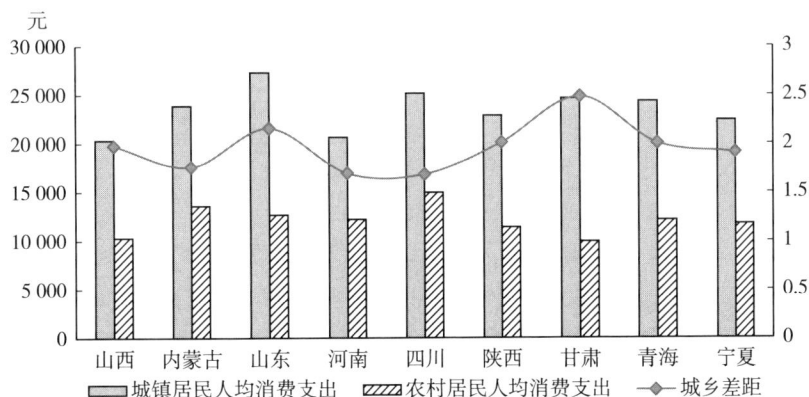

图4-25 2020年黄河流域各省份城乡消费情况

四、城乡社会融合

(一)农村在读学生比例不断下降

黄河流域城乡在校学生数量差异明显。从初中学校来看,2020年,城市在校学生数量为1 360.79万人(图4-26),占总数的87%,相比2019年增长29.28万人;农村在校学生数量为197.53万人,占总数的13%,相比上年减少7.53万人。进入21世纪以来,黄河流域初中学校城乡在校学生数量差距逐渐拉大。2001—2004年,初中学校城乡在校学生数量相当,甚至个别年份初中学校农村在校学生数量略高于城市。但随着城镇化进程加快、教育资源不断向城市集中及初中学校布局调整等,城市在校学生数量呈现大幅增加趋势,而农村在校学生数量出现较大规模的减少,由2000年的1 314.58万人减少至2020年的197.53万人,缩减84.97%。一方面反映出快速城镇化下,大量农村人口以进城务工、村庄撤并等方式融入城市,随迁子女逐渐向城市迁移,受教育条件得到一定改善;另一方面也可以看出当前教育资源整体向城市区域集中的过程中,对农村区域的布局相对不足。

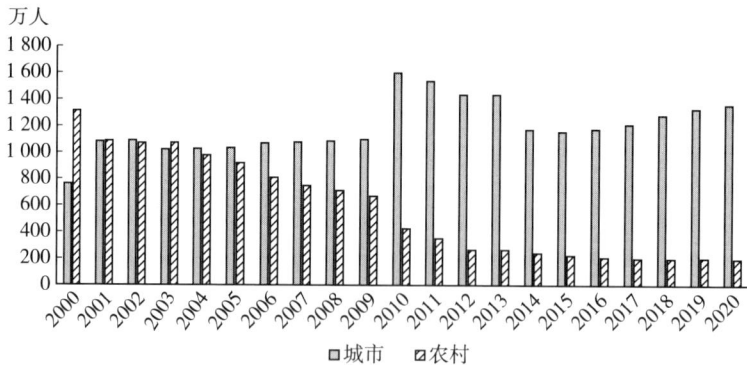

图4-26 黄河流域城乡初中在校学生数

从空间维度看,河南省初中在校学生总量最大,同时农村在校学生数量也最多。青海省、河南省、甘肃省的农村在校学生占比相对较高,分别为18.57%、17.62%和16.33%(图4-27);而内蒙古自治区、陕西省、山东省的初中学校农村在校学生数量占比相对较少，分别为 5.03%、6.51% 和 8.86%。总体来说，上游地区的初中学校农村在校学生数量占比相对较高，为了确保所有人都能公平地享受公共教育资源，地方政府应该通过制定、调整公共政策来促进基础教育均衡发展，推动农村中小学整体办学水平的提高，缩小城乡教育差距。

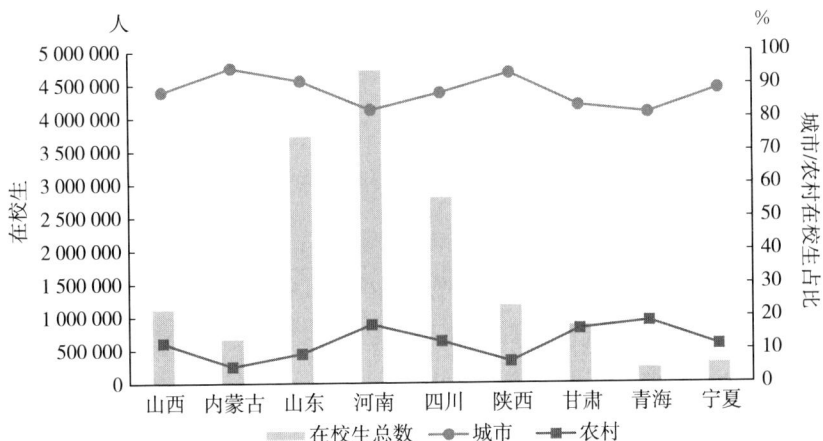

图 4-27 2020 年黄河流域各省份城乡初中在校学生情况

（二）城乡医疗卫生条件差距缩小

2020 年，黄河流域平均每千人口可以共享 6.72 张医疗卫生机构床位，其中，每千个城市人口可以共享 9.53 张床位，每千个农村人口可以共享 4.95 张床位（图 4-28），整体来看，城乡之间的医疗资源还存在一定差距。2011 年，黄河流域每千人口医疗卫生床位数为 3.93 张，其中，城市每千人口可享有床位 6.81 张，农村每千人口可享有床位 2.92 张，城市的人均医疗卫生床位是农村的 2.33 倍。随着时间的推移，黄河流域的医疗卫生条件不断改善，其中，城市每千人口医疗卫生机构床位数在 2016 年之前持续增加，而在此之后基本保持在每千人口 9.5 张左右；农村每千人口医疗卫生机构床位数呈现缓慢增加趋势，近 10 年来增加了 2.03 张，城乡比缩小为 1.93:1；黄河流域城乡之间的医疗卫生条件差距逐渐减小。

从空间维度看，各省份的城乡医疗卫生水平差异明显。山西省、河南省、内蒙古自治区、青海省的每千城市人口可享有的床位数相对较多，分别

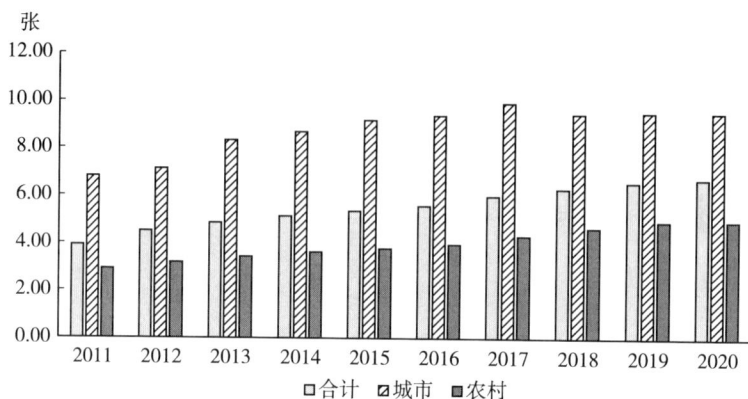

图 4-28 黄河流域每千人口医疗卫生机构床位数

为 11.48 张、11.05 张、10.64 张、10.47 张（图 4-29），但是每千农村人口可享有的床位数相对较少，分别为 4.30 张、4.35 张、4.95 张、5.01 张，城乡差距较为明显；相比之下，山东省、四川省、陕西省的医疗卫生条件在城乡之间的差距较小。

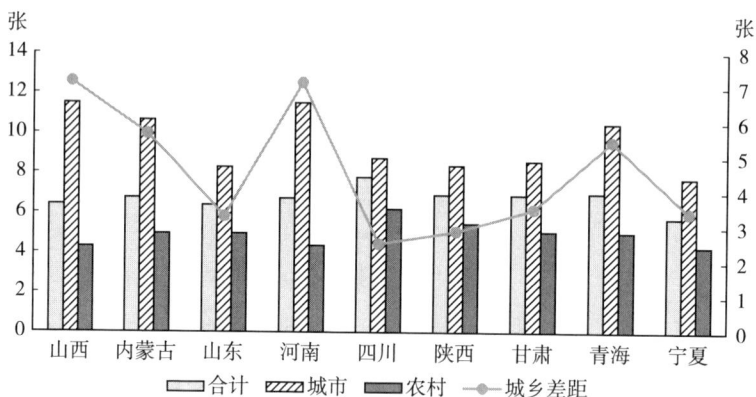

图 4-29 2020 年黄河流域各省份每千人口医疗卫生机构床位数

（三）城市就业机会逐渐增多

在黄河流域的就业情况中，2019 年，黄河流域的就业总人数达到了 24 992.4 万人，城镇的就业人数达到了 11 066.8 万人，农村的就业人数达到了 13 925.6 万人（图 4-30），其中第三产业就业人数最多，为 9 613.3 万人，占到总就业人数的 38%，第一产业和第二产业次之，分别为 8 664.8

万人、6 707.3 万人，占到总就业人数的 35％和 27％。第三产业提供了大量的就业机会，吸纳了最多的就业人数，且城镇就业人数明显少于农村。可以看出，在黄河流域，第一产业吸收了相当多的劳动力，而在经济发展过程中，第一、第二产业又有大量冗余的劳动力被转移出去，第三产业也逐步占据了主导地位，但是就业人数占比仍然低于全国 47.4％的平均值。

从时间维度看，黄河流域就业人口总数有所增加。其中，城市就业人数由 2000 年的 5 581.85 万人增加至 2019 年的 11 066.80 万人，增加了近 1 倍；农村就业人数在 2010 年后出现了小规模减少，2010 年之前农村就业人数在 16 400 万左右，2012—2019 年农村就业人数减少了 2 553.96 万。在城市化和经济发展的带动下，黄河流域的农村居民逐渐向城市转移，寻求更好的就业机会和薪资水平。从产业结构的角度来看，第一产业的就业人数逐年减少，在 2000 年到 2019 年期间从 12 566.41 万人减少到 8 664.80 万人（图 4 - 31），减少了 31.05％；而第二产业的就业人数在 2011 年之前不断增加，随后保持在 7 200 万人左右，但是在 2018 年以后有小幅度减少；相比之下，第三产业的就业人数增长呈现出更加平稳的趋势，从 2000—2019 年就业人数增长近 1 倍。2000 年，一、二、三产就业人数占比分别为 57％、20％和 23％，在过去 20 年中，该地区的劳动力结构已经从以第一产业为主导逐步向以第三产业为主导转变。

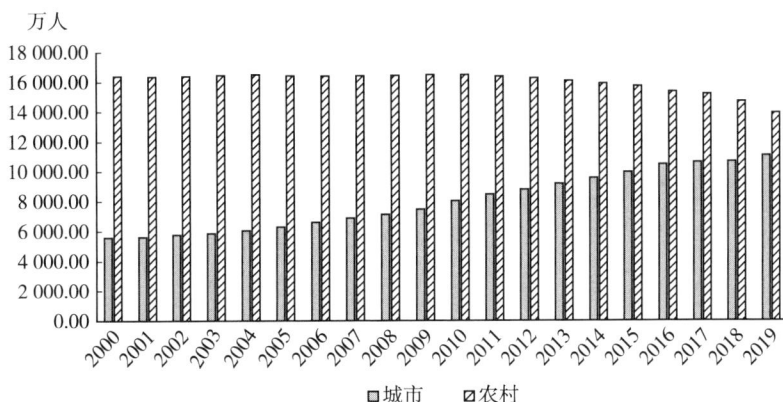

图 4 - 30　黄河流域城乡就业人数

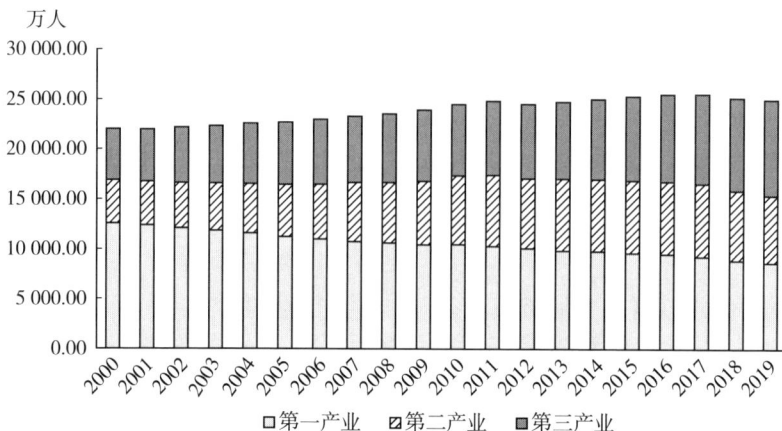

图 4-31　黄河流域三产就业人数

从空间维度看，2019年，山东省、河南省、四川省的就业人数相对较多，分别为 5 987.9 万人、6 562.0 万人、4 889.0 万人，其中，山东省的城市就业人数略多于农村就业人数（图 4-32），农村就业人数占比为 48%，而河南省、四川省的农村就业人数显著多于城市，占比分别为 67% 和 65%；甘肃省虽然就业人数相对较少，但是农村就业人数占比为 58%；内蒙古自治区和陕西省的农村就业人数占比相对较低，分别为 39% 和 38%。从三产就业人数来看，黄河流域内大部分省份的就业人数分布都表现为第三产业＞第一产业＞第二产业（图 4-33），山东省和甘肃省除外。山东省作为工业大省，其二产就业人数仅次于三产，一产就业人数最少；甘肃省的一产就业人数最多，甚至超过了二三产就业人数之和。

五、城乡生态融合

（一）城市污水垃圾处理能力不断增强

近20年来，黄河流域污染物处理能力与过去相比有了大幅提升，城市生态环境趋优。2020年，黄河流域9省份城市污水处理能力达到 4 447.2 万立方米，比2010年的 2 447 万立方米增加了 81.74%；而城市生活垃圾处理能力可达 7 874.7 万吨，比2000年的 3 153.62 万吨增加约 149.7%。

黄河流域9省份的污水处理能力存在显著差异。如图 4-34 所示，城市

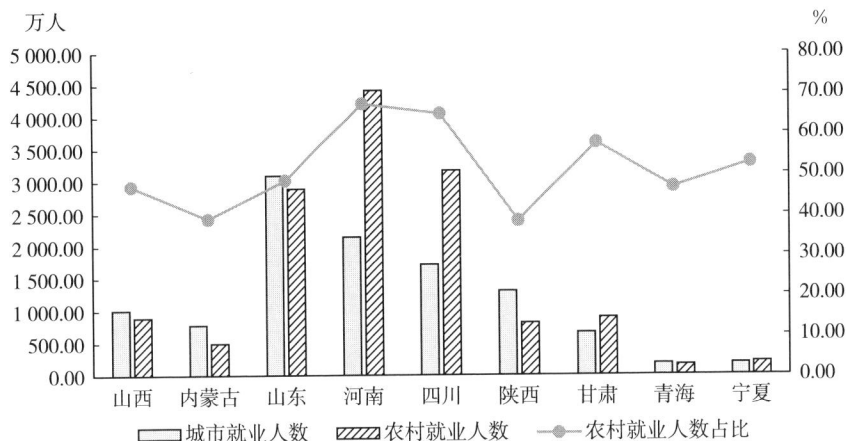

图 4-32 2019年黄河流域各省份城乡就业情况

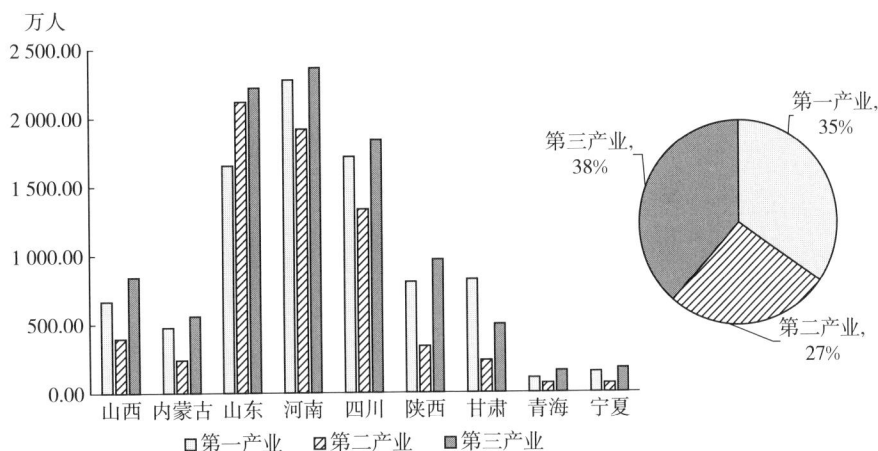

图 4-33 2019年黄河流域各省份三产就业情况

污水处理能力较强地区主要分布在黄河流域中、下游区域，如山东省、河南省、四川省、陕西省，这些省份经济社会发展都相对较好。山东省的污水处理能力最强，是青海省的22.27倍。然而，青海省的城市污水处理能力增幅最大，约为2010年的3.12倍，其次是四川省，约为2010年的2.22倍，增幅最小的为宁夏回族自治区，幅度为47.33%。黄河流域上游经济欠发达地区由于体量小、基底较弱，增长幅度较快，而下游经济相对发达地区污水处理总量大，增幅较小。

万立方米

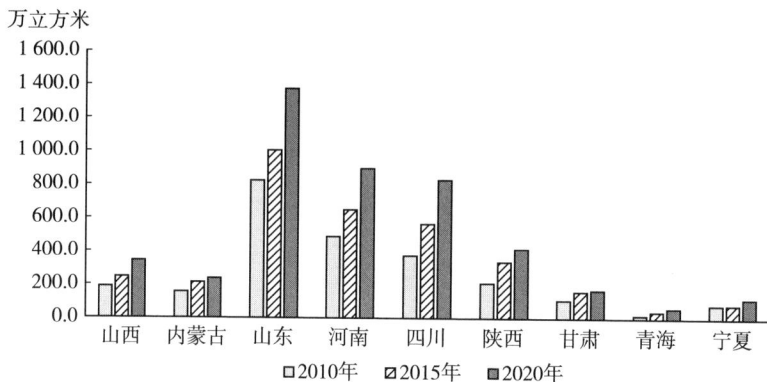

图 4 - 34　黄河流域各省份城市污水处理能力

黄河流域城市生活垃圾处理能力变化与城市污水处理能力变化规律相近，城市居住环境不断优化。2020 年 9 省份共处理 5 854.7 万吨生活垃圾，其中，山东省占 28.59%、河南省占 19.3%，可见，经济发达地区是生活垃圾生产和处理的主战场。2000 年，城市生活垃圾处理量排前三位是山东省、山西省、河南省，2020 年，四川省超过山西省成为生活垃圾处理第二大省（图 4 - 35）。2000—2020 年 20 年间山西省的城市生活垃圾处理能力不增反降，到 2020 年，处理能力仅占 9 省份总处理能力的 7.87%。四川省是黄河流域城市生活垃圾处理能力变化幅度最大的省份，增加 2.04 倍，其次是陕西省和山东省，分别增加 1.45 倍和 1.18 倍。而甘肃省、青海省以及宁夏回族自治区的变化幅度相对较小、处理能力也偏低，三省处理能力之和不及山东省。可见，黄河流域城市生态环境有了明显改善，城市环境综合治理成效显著，城市污水以及生活污水处理能力增强，但同时也存在区域处理能力不均衡的问题。

（二）农村污水垃圾处理能力取得进展

目前，我国农村的生态环境建设已取得了明显成效，农村人居环境得到逐步提高。到 2020 年，黄河流域 9 省份农村污水厂数量达到 720 个，比 2010 年的 39 个增加了 17.46 倍；乡村生活垃圾中转站数量在 2020 年达到 2 736 个，相较于 2015 年和 2010 年有所下降。

黄河流域农村的污水处理能力在 2010—2020 年十年间，出现显著的提升，农村生态环境明显改善。由图 4 - 36 可见，农村污水处理厂数量较多的

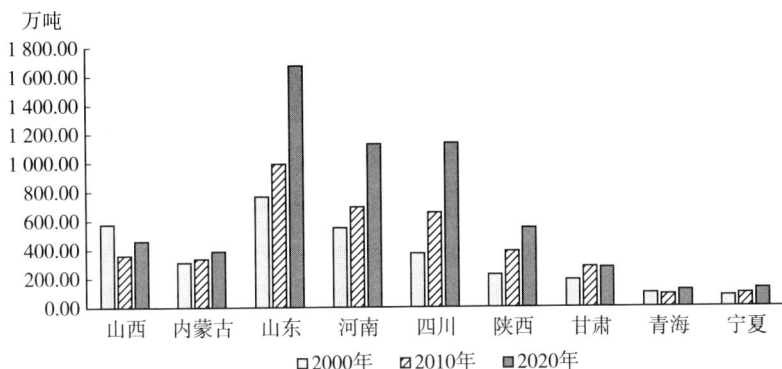

图 4-35　黄河流域各省份城市生活垃圾处理能力

地区均为经济社会发展相对较好的省份，如四川省、河南省。同时，区域差异显著。从变化幅度看，河南省农村污水处理厂数量的增幅最高，约为2010年的28倍，其次是山西省，农村污水处理厂数约为2010年的22倍；增幅最小的为陕西省和青海省，十年来几乎没有变化。整体来看，黄河流域上游经济欠发达地区由于基底较弱、经济发展较慢，农村污水处理厂数量的增幅较小；而在下游经济相对发达地区，污水处理厂数量较多，增幅较大。

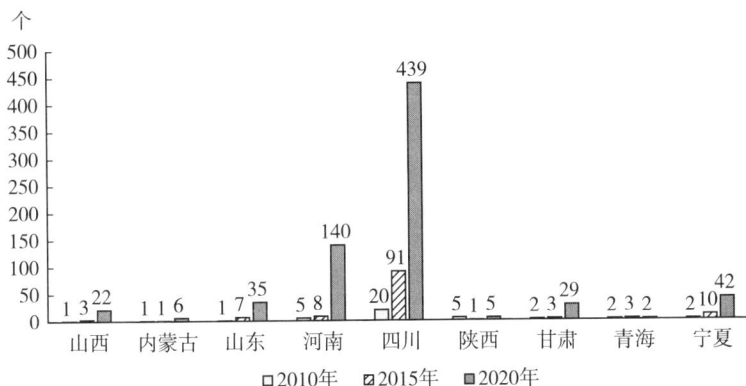

图 4-36　黄河流域各省份乡村污水处理厂个数

黄河流域内乡村生活垃圾处理能力变化与乡村污水处理能力的变化特征相近，农村生态环境有了逐步改善。2020年9省份乡村垃圾中转站共计2 736个，其中，河南省占33.37%、四川省占27.63%。2010—2020年十年来 9 省份的乡村垃圾中转站数量不增反降，尤其是陕西省和四川省，陕西省垃圾中转站数量由 2010 年的 482 个下降到 2020 年的 18 个（图 4 - 37），仅为 2010 年的 3.73%；四川省垃圾中转站数量由 2010 年的 2016 个下降到 2020 年的 756 个，仅为 2010 年的 37.5%，这与当前我国农村采用的"村收集、乡镇运输、县（区）集中处理"的垃圾收集处理模式有直接关系。

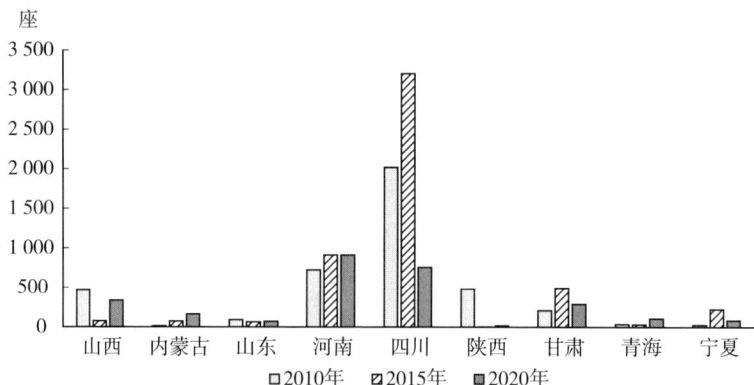

图 4 - 37　黄河流域各省份乡村垃圾中转站数量

（三）城乡生活环境存在一定差距

当前黄河流域城乡人居环境虽然均有所改善，但城市和乡村之间仍存在较大差距。2020 年，黄河流域城市的公共厕所数量为 46 737 座（图 4 - 38），而农村为 11 956 座，城市公厕数量是农村的 3.91 倍。城市公共厕所数量在 2014 年前保持相对稳定，在 2014 年以后出现较大幅度增加，而农村的公共厕所数量在 10 000 座左右波动，城乡之间差距逐渐拉大。

黄河流域各省份的城乡公共厕所数量表现出较大差异。其中，山东省、陕西省、内蒙古自治区的城市公厕数量明显多于农村，反映出这些地区在农村生态环境治理方面仍需加大力度；山西省和青海省虽然城乡公厕数量都比较少，但是二者数量基本相当；河南省是黄河流域城乡公厕数量最多的省份，其对生态环境治理的重视程度较高，但是城乡之间也存在一定差距（图 4 - 39）。

2020 年，黄河流域城市绿化面积为 87.27 万公顷（图 4 - 40），农村绿化面积为 3.37 万公顷，城市绿化面积是农村绿化面积的 25.90 倍，城乡人工生

座

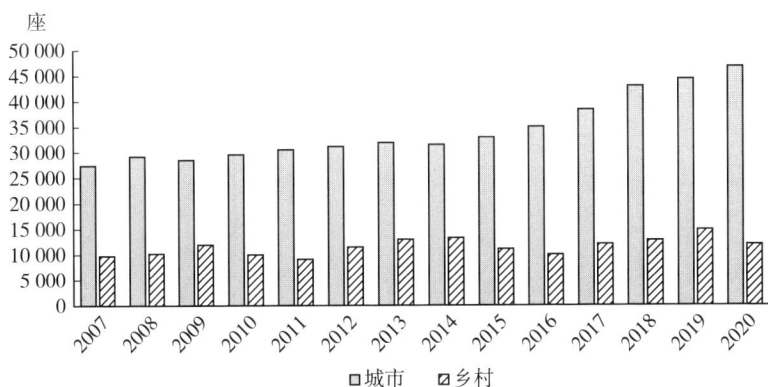

图 4 - 38　黄河流域城乡公共厕所数量

%

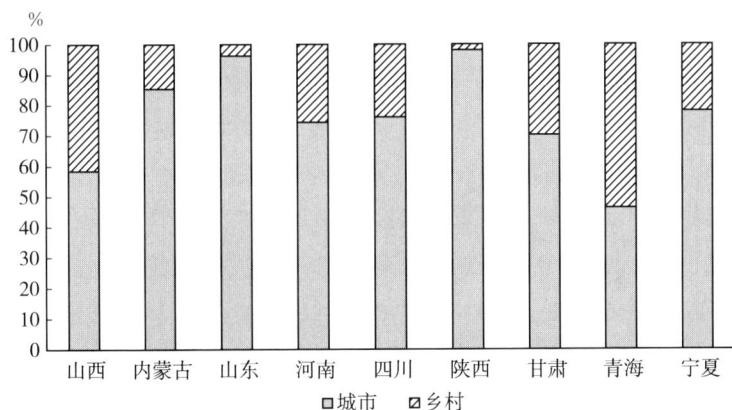

图 4 - 39　2020 年黄河流域各省份城乡公共厕所数量对比

态环境差距较大。2006 年，城市绿化面积为 35.81 万公顷，到 2020 年增加了 51.46 万公顷，实现了 1.44 倍增长；而农村绿化面积在 2011 年之前有小幅度增加，但在 2011 年之后再次减少到最初的水平。由此可以看出，城乡绿化面积差距随时间不断拉大，且城乡差距悬殊，因此需要重视农村的绿化建设。

　　黄河流域各省份的城乡绿化面积均相差较大。山东省的城市绿化面积最大，达到 29.95 万公顷，但是农村绿化面积仅有 0.19 万公顷，城市绿化面积占到总数的 99.38%（图 4 - 41）；陕西省的城乡绿化面积都比较低，而且农村绿化面积最小，仅有 73.08 公顷，城市绿化占比为 99.90%；相比之下，山西省、河南省的城市绿化面积占比相对较低，但是也在 87% 以上。

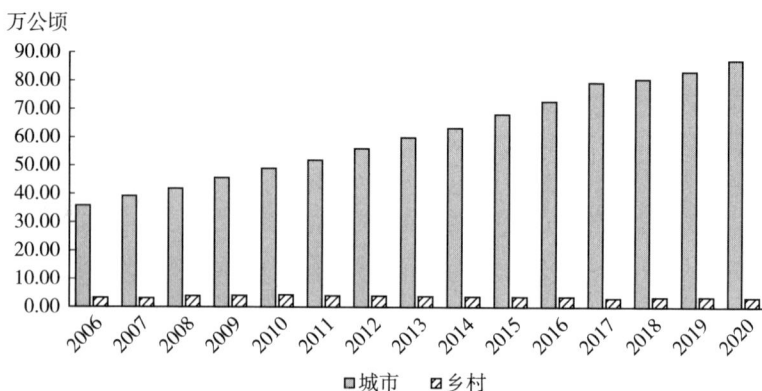

图 4-40　黄河流域城乡绿化面积

可见，黄河流域各省份需要提高对城乡生态融合的重视程度，缩小城乡生态环境改善投入差距。

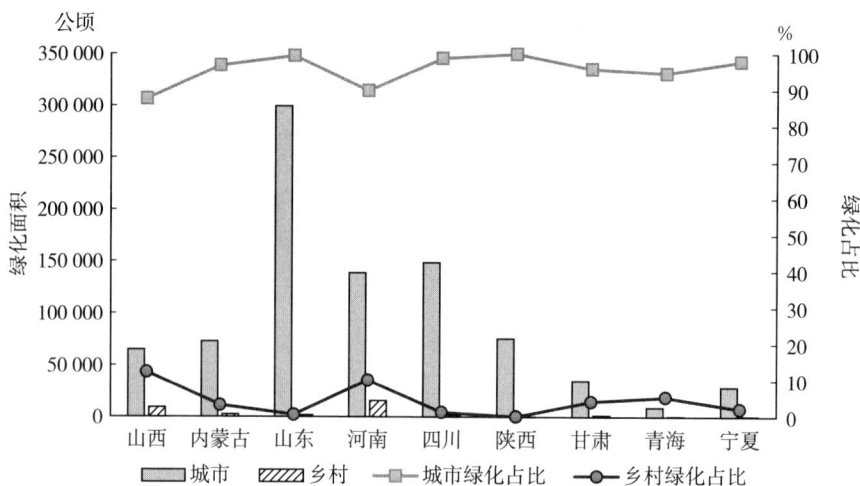

图 4-41　2020 年黄河流域各省份城乡绿化面积

第二节　黄河流域城乡融合存在的主要问题

一、城乡要素配置不合理

人口要素流动方面。首先，由于受到户籍制度的限制，现有户籍制度对农村和城镇人口的流动造成了一定的阻碍，特别是农村人口向城市转移的过程。尤其是虽然农村人口已经实现了从农村到城镇的迁移，但是因为没有城镇户口，他们不能享有与城镇居民相同的公共服务和待遇，从而限制了人口在农村与城镇间的自由迁移。其次，农村劳动力随着城镇化的不断发展大量涌入城市，可以最大限度地释放出城市的潜能。与此同时，农村劳动力的数量逐渐减少，第七次人口普查数据表明，黄河流域 60 岁及 60 岁以上的农村老人，已占到了整个国家人口总数的 26.48%，接近全国乡村老龄人口的三分之一[①]。由于留在农村的群体大多为劳动能力相对较弱的老人和小孩，而农业生产需要体力支持，因此，人口的快速城镇化不利于农业农村的发展和建设。最后，传统农业辛苦劳累、收入水平相对较低且不稳定，加上人才下乡通道尚未打通，使农村劳动力缺乏的问题无法得到解决，从而不利于农村发展。

土地要素流动方面。首先，乡村振兴背景下，需加大乡镇建成区的建设力度。当前，城乡建城区面积差距较大，乡镇建成区面积仅为城市建成区面积的四分之一左右[②]。政府部门往往重点关注城市地区土地资源的开发和利用，对乡镇地区建设用地的规划和利用不足。乡镇建成区作为基层的经济中心，其开发和建设对促进农村地区发展发挥着举足轻重的作用，政府需要重视乡镇建成区的规划和开发，提升农村居民的生活便利程度，改善生活质量。其次，耕地细碎化现象较为严重。黄河流域内农户的耕地规模较小且分布相对分散，这种情况给规模化和机械化生产带来了一定的困难，也增加了土地撂荒的可能性，从而导致土地生产效率下降，农村土地资源得不到充分利用，给农业农村的高质量发展带来了负面影响。此外，在土地流转过程中，农民的土地财产权和收益权得不到有效保障，农民在土地流转过程中无法获得应有的收益。这进一步降低了农村土地资源配置的效率，同时也不利于农民生活质量的提高。

资金要素流动方面。首先，农业农村吸引资本能力较低。基于资本的逐

---

① 由国家统计局第七次人口普查数据计算而得（http://www.stats.gov.cn/tjsj/pcsj/rkpc/7rp/zk/indexch.htm）。

② 由《中国城乡建设统计年鉴（2021）》估算所得。

利属性，资金会选择向发展速度相对较快的城市地区以及发展潜力相对较大的二三产业倾斜，农业农村的资金引入相对较小，致使农村资本要素表现为净流出，没有为农业农村发展提供坚实的资本基础。其次，农村金融借贷难度较大。由于传统农户资产总量较少、收入不稳定，且农业容易受到自然灾害影响，生产效率较低等，因此金融机构在对农户贷款时存在明显的惜贷、慎贷现象，这会导致在实现农业现代化和规模化生产时面临融资困难的问题，从而难以实现农业农村转型升级。最后，城乡固定资产投资差距悬殊。截至 2021 年，黄河流域乡镇建设投入不及城市的百分之一[①]。基于快速城镇化的社会背景，政府部门的资金明显向城市地区倾斜，这在一定程度上会进一步拉大城乡之间的差距，不利于城乡融合发展。

二、城乡产业融合程度较低

农村一二三产业的深度融合还不够。首先，当前黄河流域内的农村产业仍然是以农业为主体，而传统的农业在乡村工业中所占的比例仍然很大。传统的农业生产极易受天灾破坏，经济效益较低，与二三产业的产值相差较大。种植业是农业生产的主要支柱，然而其结构比较简单，对农业生产的发展较为不利。其次，我国的农业产业链条比较短，主要还是生产原始资料，尽管有一小部分的农业产业链条延伸到了工业领域，但因为加工企业的技术和装备比较落后，导致农产品没有进行深加工、精加工，产品的差异性不强，竞争力不强，市场份额也没有得到充分的拓展。最后，农村第三产业发展不够充分。由于农村天然的自然优势，发展农业旅游业是推动农业农村高质量发展的重要途径。但是目前黄河流域农村地区的基础设施不够健全，农村生态环境和人文功能等重要元素尚未得到有效挖掘，发展农业旅游业的条件需进一步改善。

三、城乡公共资源配置失衡

城乡公共服务不均等。扩大公共服务供给、提高公共服务水平和质量是

---

① 由《中国城乡建设统计年鉴（2021）》估算所得。

改善民生、提升居民生活满意程度和幸福感的重要途径。虽然近年来黄河流域城乡公共服务水平均有所提升，但是农村地区的公共服务质量偏低，且供给不足等现象依然存在。目前，黄河流域范围内城乡公共服务不均等主要表现在教育资源、医疗卫生条件和社会保障等方面。在教育方面，城市集中了优质教育资源，拥有更好的师资力量、更多的教育经费投入和更优质的教学条件，这吸引了部分农村家庭选择将孩子送到城市接受更好的教育。但是，这也导致了城乡教育不平衡的现象，部分农村地区的教育资源匮乏，提高了农村孩子接受教育的难度和不公平性。还有部分农村孩子选择辍学进城务工，以提高整个家庭的收入水平。在医疗卫生方面，城市拥有更多更好的医疗卫生设施和技术，能够为居民提供更好的医疗服务，得到更好的治疗效果，而农村地区由于医疗投入不足和医疗人才缺乏等，导致医疗资源的缺乏和不均衡，这是导致农村居民健康水平不高的原因之一。在社会保障方面，城市的社会保障体系更加完善，包括养老保险、医疗保险等，可以更好地为居民提供保障，而农村地区由于经济和制度的限制，社会保障水平和保障范围都较为有限，导致农村居民在退休后或者遭遇意外时，面临更大的经济风险和生活压力。

城乡基础设施不均衡。城乡之间基础设施的建设和完善是实现城乡融合发展的必备条件。近年来，黄河流域的农村基础设施不断完善，但是与城市相比还相对滞后。首先，在通信与网络普及程度方面，虽然黄河流域农村地区的互联网普及程度在近几年明显增加，但是相比城市地区还存在一定差距，到 2020 年，城乡互联网普及率相差 23.9%。互联网的使用，可以帮助农民了解和学习更加专业的生产知识和技能，帮助提高农业生产效率，同时有利于农民提升自身的知识水平和文化素养，另外，通过熟练掌握互联网运营技术，可以实现农产品线上销售，扩大农产品市场，提高农业收益，对促进农业农村高质量发展具有重要作用。但是目前黄河流域农村地区互联网普及程度相对较低，这在一定程度上制约了农村发展进程。其次，在交通网络建设方面，虽然黄河流域的公路通达程度已基本达到 100%，但是农村地区的道路等级和质量普遍较低，部分道路损坏，不利于农村居民正常出行，为城乡互联互通带来了障碍。

四、城乡人居环境差距较大

农业生产污染对人居环境产生直接影响。农业生产过程中，化肥农药等的不合理使用使得土地质量不断下降，生态环境遭到破坏，农产品质量无法得到保障，这在污染环境的同时，也对粮食安全造成威胁。随着生活质量的提高，人们对有机绿色食品的需求逐渐增加，但是当前的农业生产方式在一定程度上阻碍了绿色有机农业的发展。

农村生活环境质量有待提高。要改善农村地区的人居生活环境，加强污水处理和垃圾处理能力、增加绿化面积是必不可少的举措。虽然农村生活环境相比之前已经有所改善，但黄河流域农村地区还存在着生活污水随意排放、生活污水和生活垃圾处理设施缺乏、绿化面积较少、农村居民绿色环保意识较差等问题，对此，地方政府应加大资金投入力度，同时，农村基层组织也可通过多种协同治理方式，积极筹措资金购买和建设相关配套设施，并对农村居民进行环境保护的教育和宣传，帮助提高居民的环保意识，以提升农村地区的整体风貌，助推乡村振兴，有效缩小城乡居民的生活环境质量差距。

第三节　小　　结

本章在城乡融合内涵的基础上，从要素融合、空间融合、经济融合、社会融合和生态融合五个方面对黄河流域的城乡融合现状进行了深入的研究。城乡要素融合是其他四个维度的基础，起着举足轻重的作用。人口城镇化特征明显，且人口多分布在下游或经济较发达的地区；城乡土地要素活跃程度和利用程度差距明显，且差距在进一步拉大；农村和城市的信息要素普及率逐步增加，农村和城市之间的差距逐步缩小。空间融合方面，城市和农村的交通通达度持续提升，黄河流域内各行政村基本实现公路交通全覆盖，但是仍需要加强公路的质量建设。经济融合方面，黄河流域的经济发展表现出巨大的活力，上中下游的地区生产总值与农林牧副渔总值逐渐增加；一二三产结构还需进一步优化，第三产业发展水平亟待提高；此外，城乡居民的收入与消费水平，尽管仍有很大的差距，但也显示出了差距逐渐减小的态势。在社会融合上，有很多的农村学生到了城市就读，享受到更高的教育水平和更好的生活环境。因此，在农村地区，也应该持续地提高自己的教学水平，从而保证城乡之间能够平等地享受到公共教育资源。城乡的医疗卫生条件都得到了提高，并且这种差距在不断地缩小；城镇地区的就业人数明显上升，而乡村地区的就业人数则呈下降趋势。在生态融合方面，尽管城镇和乡村的人居环境都得到了显著的改善，但是城乡之间的差距仍然比较大，因此，需要对农村生态环境的治理给予更多的重视。近20年来，黄河流域城乡融合发展程度不断提升，城乡之间差距不断缩小，但是仍然存在城乡要素配置不合理、产业融合程度低、公共资源配置失衡、人居环境差距大等问题，需要进一步优化和改善，以实现更高程度的城乡融合发展。

城乡融合水平测度与
发展策略

　　黄河流域地跨三大阶梯，各地自然条件、经济发展水平、风俗习惯等都存在一定的差异性，城乡融合多维度评价也势必存在区域性差异。本章首先构建黄河流域多维度城乡融合水平评价指标体系，量化市域和县域的城乡融合状况；其次，利用空间分析方法识别城乡融合水平的时空演化规律，发现城乡融合在时间、空间上的阶段性特点；最后，在分析城乡融合水平及时空分布特征的基础上，划分五种城乡融合类型区，以利于稳步推进黄河流域的城乡融合发展，为下文城乡融合发展机制与路径优化研究奠定基础。

第一节　城乡融合水平测度方法

一、评价指标体系构建

（一）评价指标构建原则

　　科学构建黄河流域城乡融合水平评价指标体系是考察黄河流域城乡发展状况、衡量城乡融合水平的基础。城乡融合水平涉及经济、社会、生态等诸多方面，错综复杂，需要综合考虑各方面因素。本章在构建城乡融合水平评价指标体系时，坚持以"以人为本"为核心，遵循全面性、科学性、可比性和可操作性的原则，充分反映城乡经济、社会、生态、要素和空间五个维度的融合水平，全面、多角度、多尺度地选择指标，客观反映城乡融合水平。

1. 全面性原则

　　城乡融合是一个以"人"为主体、以经济社会发展为基础、以要素畅通流动为内容、以生态环境为保障、以空间为基底的有机整体。黄河流域城乡融合水平评价指标体系是每个部分都相互关联的整体，选择指标时要充分考虑城乡融合的各个领域，选取出能反映黄河流域城乡融合水平的指标，增加评价结果的可信度与说服力。因此，要尽可能多角度地选择对比类、状态类等指标，以更加客观地反映城乡融合水平。

2. 科学性原则

在城乡融合理念的指导下进行指标选取时，要科学评估指标是否能够充分反映黄河流域城乡融合水平，并且所选指标也需要体现科学性、合理性。既要考虑指标之间的内在逻辑关系，又要反映目标要素层对指标层的指导关系。此外，在指标选取中，既要避免出现指标体系过于宽泛、针对性不强的问题，也要避免出现指标体系出现偏颇、不能充分体现城乡融合内涵的问题，要选出代表性强且充分反映城乡融合水平的指标。

3. 可比性原则

研究样本不同，具有的特性也不尽相同。指标体系中选取的数据来源要统一规范，指标要具有普适性，以便更好地对城乡融合水平进行时间序列的纵向比较与不同区域间的横向比较。

4. 可操作性原则

研究对象会涉及诸多难以量化的主观因素，因此为了研究的需要，指标的选取要考虑到数据的可获取性、真实性和可靠性。设立的指标应可以辨别、可以比较、可以测评，并能有针对性地测度黄河流域城乡融合水平。

（二）评价指标体系的构建依据

"城乡一体化"是我国城镇化向更高层次迈进的过程，也是我国城市与农村之间发展的一种必然结果（徐宏潇，2020）。"城乡一体化"并不意味着城和乡的"消失"，而是在保持城乡形态的前提下，把农村置于与城市平起平坐的位置，让二者相互渗透，紧密联系，逐渐成为一个整体（周芳冰，2020）。城乡融合发展要遵循"创新、协调、绿色、开放、共享"的新发展理念，将城市与乡村视为整体，使其实现共同繁荣（刘玉邦，2020）。城乡融合涉及诸多领域，在构建指标时难以全面覆盖，只能在可量化、可取的视角下尽可能地选取指标。具体构建依据如下。

1. 城乡要素融合

要素流动是城乡融合发展的前提，是促进乡村发展的关键。农村经济发展基底较差，劳动力、资本、技术等要素相对滞后，生产力低下，与城市地区存在显著差距。而城乡间要素畅通流动可以为城乡经济发展提供保障；要素的双向流动增强了城乡间的联系与沟通，实现了资源的合理配置，提高了利用效率。其中，人口要素是要素融合的核心，通过劳动力的畅通流动，一定程度上可以带动其他要素的流动与变化。

2. 城乡空间融合

空间融合是其他维度融合的载体。长期以来，城乡空间上的物理分割，造成城乡产业链难以形成，农产品销售不畅通，城市对农村的辐射带动作用有限（刘玉邦，2020），严重制约经济社会发展。城乡空间融合是城市与乡村两大系统以空间为载体、要素自由畅通流动的一种融合状态。空间融合水平越高，城乡间要素流动的壁垒越小，可为乡村发展提供的服务越多。加强城乡之间的联系，有利于城市反哺农村和城乡间要素的合理配置，为城乡融合发展创造条件。

3. 城乡经济融合

城乡融合是经济发展到一定阶段的产物，城乡经济融合是经济增长的驱动力（高波，2019）。城乡经济融合有利于城市与乡村发挥各自的比较优势，促进经济高效、循环发展，促进城乡产业连通、工农互助，增加农民收入，缩小城乡居民收入差距。一方面，经济融合以产业发展为基础，城市主要以第二、第三产业为主，而乡村则以第一产业为主，城乡间产业布局的不均衡是阻碍城乡经济融合的一大重要因素（张呈秋，2021）。只有推动城乡产业互动连接，打造城乡产业发展融合圈，以城市产业发展带动农村发展，才能推动经济融合。另一方面，农村产业发展是提高农村非农就业收入的关键。通过释放农村经济活力，合理利用当地资源，发展特色产业，从根本上富农、强农、增收，进而推动城乡经济融合。

4. 城乡社会融合

城乡融合的最终目的是实现人民对美好生活的向往。实现公共服务均等化是城乡融合发展的目标之一（张呈秋，2021）。城乡之间公共服务的差异是造成大量乡村人口离开农村、流入城市的重要原因。大量适龄劳动力的流失，不利于当地农业发展及经济发展，也不利于城市地区的社会稳定。因此，缩小城乡间差距，需使乡村在教育、医疗等方面享受与城市同等的待遇，以让更多适龄劳动力投身农业农村发展中。此外，促进城乡社会融合在一定程度上可以刺激城乡居民的消费能力，对城乡经济融合有促进作用。

5. 城乡生态融合

生态环境是决定人类生存与发展的关键（刘欣珂，2020），生态保护是黄河流域高质量发展的生命底线（陈晓东等，2019）。城乡融合离不开生态融合，生态融合对于推动城乡经济与社会的可持续发展至关重要（高波，2019）。目前，由于长期分割，城乡间流通受限，农村的生态资源不能较好地流向城市。因此，推动城乡间生态环境的发展，实现生态资源要素互补尤为重要。要形成绿色、低碳的发展模式，改变城乡生态系统，促进城乡生态高质量融合，推动城市与乡村和谐共处（周江燕等，2014）。

（三）评价指标体系的基本框架

依照指标体系构建原则和构建依据，从县域和市域两个层面，构建了集经济、社会、生态、要素和空间五个维度于一体的黄河流域城乡融合水平评价指标体系。指标的选取包含了体现"城乡差异化"的对比类指标、"城乡融合现状"的状态类指标及体现"城市与乡村互动发展"的动力类指标。

1. 县域视角

县城是连接城市与乡村的枢纽，县域是城镇与乡村的结合体，以县域为主体的城乡融合是经济社会发展的重点。以县域为单元推动城乡融合，将为探索构建新型城乡工农关系提供经验，实现城乡等值化发展。本部分从五个维度选取了 15 个指标来反映县域城乡融合水平，具体如表 5-1 所示。

表 5-1　县域尺度城乡融合水平评价指标体系

指标维度	指标变量	指标代码	单位	指标属性
	人均 GDP 水平	$X1$	元/人	正
经济维度	二三产业对 GDP 的贡献度	$X2$	%	正
	城乡居民人均可支配收入比	$X3$	%	负

（续）

指标维度	指标变量	指标代码	单位	指标属性
社会维度	普通中小学在校学生数占比	X4	%	正
	每万人医疗机构床位数	X5	张/万人	正
	城乡人口密度比	X6	%	负
生态维度	CO_2 排放强度	X7	吨/万元	负
	空气质量 PM2.5 年均浓度	X8	微克/立方米	负
要素维度	土地城镇化	X9	%	正
	人口密度	X10	人/平方千米	正
	农业机械总动力	X11	万千瓦特	正
空间维度	建设用地蔓延度	X12	/	正
	建设用地内聚力	X13	/	正
	夜光灯斑块个数 NP	X14	个	正
	夜光灯斑块密度 PD	X15	个/100 公顷	正

经济维度选取了反映经济融合整体水平的状态类指标——人均 GDP 水平（X1）、反映城乡之间产业发展的动力类指标——二三产业对 GDP 的贡献率（X2）与反映城乡间居民收入差距的对比类指标——城乡居民人均可支配收入比（X3）。社会维度则选取了反映城乡公共服务水平状况的状态类指标——普通中小学在校学生数占比（X4）与每万人医疗机构床位数（X5）以及对比类指标——城乡人口密度比（X6）。在构造指标体系时，动力指标 CO_2 排放强度（X7）和空气质量 PM2.5 年均浓度（X8）用来反映生态维度融合状况。从要素维度选择状态指标土地城镇化（X9）、人口密度（X10）以及动力类指标农业机械化总动力（X11）。从空间维度选取状态类指标建设用地蔓延度（X12）、建设用地内聚力（X13）以及夜光灯斑块个数（X14）和夜光灯斑块密度（X15）反映城乡融合的空间发展变化。

2. 市域视角

市域视角下的城乡融合，是以实现城市资源下乡、乡村产品进城为目标。通过测度市域视角下的融合水平，有利于多层次思考城乡发展问题，多角度考虑政策的制定与优化。因此，本部分从五个维度选取了 13 个指标用以反映市域视角下黄河流域城乡融合水平，具体可见表 5-2。

表 5－2 市域尺度城乡融合水平评价指标体系

指标维度	指标变量	指标代码	单位	指标属性
经济维度	人均 GDP 水平	X1	元/人	正
	二三产业对 GDP 的贡献度	X2	%	正
	城乡居民人均可支配收入比	X3	%	负
社会维度	普通中小学在校学生数占比	X4	%	正
	每万人医疗机构床位数	X5	张/万人	正
	公共图书馆图书总藏量	X6	万册	正
生态维度	CO_2 排放强度	X7	吨/万元	负
	空气质量 PM2.5 年均浓度	X8	微克/立方米	负
要素维度	土地城镇化	X9	%	正
	人口密度	X10	人/平方千米	正
	农业机械总动力	X11	万千瓦特	正
空间维度	道路密度	X12	千米/平方千米	正
	年末实有公共营运汽（电）车	X13	辆	正

经济、生态与要素维度的指标选取与县域视角相同，社会维度将县域视角下的人口密度替换为公共图书馆图书总藏量，而空间维度则选取道路密度与年末实有公共营运汽（电）车来反映城乡间的交通通达度。

二、分析方法选取

（一）全局熵值法与静态综合评价

熵值法是一种根据各指标观测值提供的信息量大小来确定指标权重的方法，对指标赋权的客观性更高，不考虑人为主观因素。而熵值法只能处理二维数据，若是在截面数据中加入时间变量，则评价结果不具备可比性。因此，本节引入采用全局思想的全局熵值法评价模型。

结合全局思想以及传统熵值法的基本理论，全局熵值法的计算步骤如下：

（1）构造原始数据指标矩阵。设有 n 个评价指标对 m 个地区 T 年的城乡融合水平进行评价，X_{ij}^t 为第 t 年 i 地区第 j 个指标（$0 \leqslant i \leqslant m$，$0 \leqslant j \leqslant n$，$1 \leqslant t \leqslant T$）。

（2）对全局评价指标矩阵中的数据进行标准化处理。

正向指标：$(X_{ij}^t)' = (X_{ij}^t - \min X_j) / (\max X_j - \min X_j)$ （5－1）

负向指标：$(X_{ij}^t)' = (maxX_j - X_{ij}^t) / (maxX_j - minX_j)$ 　　(5-2)

式中，$(X_{ij}')'$ 为第 t 年 i 地区 j 指标的标准化值，$maxX_j$ 和 $minX_j$ 分别为指标 j 的最大值和最小值。

（3）计算指标比重。

$$y_{ij}^t = (X_{ij}^t)' / \sum_{t=1}^{T} \sum_{i=1}^{m} (X_{ij}^t)' \qquad (5-3)$$

式中，y_{ij}' 为第 t 年 i 地区第 j 项指标占所有地区的该项指标的比例。

（4）计算指标熵值。

$$e_j = -K \sum_{t=1}^{T} \sum_{i=1}^{m} y_{ij}^t \ln y_{ij}^t \qquad (5-4)$$

式中，e_j 是第 j 个指标的熵值，熵值越大，说明指标间的差异越小、越不重要；反之越重要。其中，$K = \dfrac{1}{\ln mT}$。

（5）计算指标权重。

$$w_j = \frac{d_j}{\sum_{j=1}^{n} d_j} \qquad (5-5)$$

式中，w_j 为第 j 个指标的权重；其中，$d_j = 1 - e_j$。

（6）计算综合评价值。

$$S_i = \sum_{j=1}^{n} w_j (X_{ij}^t)' \qquad (5-6)$$

式中，S 值越大，说明城乡融合水平越好。

使用全局熵值法对时间、区域与指标进行分析，得出最终唯一的指标值。县域和市域评价指标权重结果如表 5-3 和表 5-4 所示。

表 5-3　县域评价指标权重

指标	e_j	d_j	w_j
人均 GDP 水平	0.914 5	0.085 5	0.169 6
二三产业对 GDP 的贡献度	0.994 3	0.005 7	0.011 4
城乡居民人均可支配收入比	0.997 9	0.002 1	0.004 1
普通中小学在校学生数占比	0.991 3	0.008 7	0.017 3
每万人医疗机构床位数	0.974 0	0.026 0	0.051 5

（续）

指标	e_j	d_j	w_j
城乡人口密度比	0.999 2	0.000 8	0.001 6
CO_2 排放强度	0.999 1	0.000 9	0.001 8
空气质量 PM2.5 年均浓度	0.994 1	0.005 9	0.011 8
土地城镇化	0.964 6	0.035 4	0.070 3
人口密度	0.913 1	0.086 9	0.172 3
农业机械总动力	0.941 2	0.058 8	0.116 6
建设用地蔓延度	0.973 9	0.026 1	0.051 7
建设用地内聚力	0.990 8	0.009 2	0.018 3
夜光灯斑块个数	0.914 3	0.085 7	0.170 0
夜光灯斑块密度	0.933 5	0.066 5	0.131 8

表 5 - 4　市域评价指标权重

指标	e_j	d_j	w_j
人均 GDP 水平	0.921 6	0.078 4	0.079 5
二三产业对 GDP 的贡献度	0.996 7	0.003 3	0.003 3
城乡居民人均可支配收入比	0.994 6	0.005 4	0.005 5
普通中小学在校学生数占比	0.972 1	0.027 9	0.028 3
每万人医疗机构床位数	0.971 9	0.028 1	0.028 4
公共图书馆图书总藏量	0.878 3	0.121 7	0.123 4
CO_2 排放强度	0.974 1	0.025 9	0.026 3
空气质量 PM2.5 年均浓度	0.961 8	0.038 2	0.038 7
土地城镇化	0.869 3	0.130 7	0.132 6
人口密度	0.904 3	0.095 7	0.097 0
农业机械总动力	0.920 1	0.079 9	0.081 0
道路密度	0.798 7	0.201 3	0.204 1
年末实有公共营运汽（电）车	0.850 3	0.149 7	0.151 8

（二）动态综合评价

在处理不同时间截面的综合数据时，静态评价方法不再适用。如何将不同时刻的指标权重放入统一体系中，建立起适用于多个时刻的评价模型，是动态综合评价的重点（周一凡等，2016）。本节引入时间度以及信息熵，采用时序加权平均算子和时序加权几何平均算子的混合动态综合评价方法来反映黄河流域城乡融合水平的整体情况。

1. 确定时间权向量

动态综合评价中，数据可以看成由指标、评价对象和时间构成的三维数据。因此，在进行评价前，时间权向量通过信息熵方法进行求解。信息熵是热力学中的一个概念，信息量的增多意味着熵的减少，因而它可以用来衡量权重中包含的信息量程度。熵的定义为：

$$I = -\sum_{k=1}^{N} p_k \ln p_k \; (k=1, \, 2, \, \cdots, \, N) \qquad (5-7)$$

时间度表示在算子结算过程中，对不同时间截点的重视程度，如公式 (5-8) 所示。时间度 β 介于 0 和 1 之间，越接近 1，表明越是重视远期数据；反之，越接近 0，越重视近期数据，具体赋值见表 5-5。

$$\beta = \sum_{k=1}^{N} \frac{N-k}{N-1} w_k \qquad (5-8)$$

表 5-5　时间度 β 的赋值表

β	意义
0.1	非常重视近期数据
0.3	比较重视近期数据
0.5	同等重视所有期数据
0.7	比较重视远期数据
0.9	非常重视远期数据
0, 0.2, 0.4, 0.6, 0.8	对应上述相邻判断的中间情况

城乡融合是一个不断发展变化的过程，考虑到城乡融合发展的过程，并依据"厚今薄古"的思想以及众多学者对相关问题的研究，应重视近期数据，时间度 β 选取 0.1，采用求解非线性规划问题的方法求解时间权向量，计算方法为：

$$\max\left(-\sum_{k=1}^{N} w_k \ln w_k\right)$$

$$\mathrm{s.\,t.} \, \beta = \sum_{k=1}^{N} \frac{N-k}{N-1} w_k$$

$$\sum_{k=1}^{N} w_k = 1, \; w_k \in [0, \, 1], \; k=1, \, 2, \, \cdots, \, N, \; N=5 \qquad (5-9)$$

2. 时序加权平均算子与时序加权几何平均算子

时序加权平均算子（TOWA）与时序加权几何平均算子（TOWGA）是郭亚军（2007）等学者在 OWA 算子的基础上提出的。

令 $N=\{1,2,\cdots,n\}$，则 $\langle u_i,a_i\rangle$（$i\in N$）称为 TOWA 对，u_i 是时间诱导分量，a_i 为数据分量。

TOWA 定义为：

$$F(\langle u_1 a_1\rangle,\cdots,\langle u_n,a_n\rangle)=\sum_{j=1}^{n}w_j b_j \qquad (5-10)$$

式中，$W=(w_1,w_2,\cdots,w_n)^T$ 为与 F 相关的加权向量，且 $\sum_{j=1}^{n}w_j=1$，$w_j\in[0,1]$，b_j 为 u_i 中 j 时刻对应的 TOWA 对中的数据分量，F 为 n 维 TOWA 算子。

同理，TOWGA 算子为 $G(\langle v_1,c_1\rangle,\cdots,\langle v_n,c_n\rangle)=\prod_{j=1}^{n}g_j^{w_j}$，$g_j$ 为时间诱导分量 v_i 在 j 时刻对应的 TOWGA 对中的数据分量，G 为 n 维 TOWGA 算子。

TOWA 算子和 TOWGA 算子分别为"和性"和"积性"计算，前者更侧重系统的功能性，后者侧重系统发展的均衡性（郭亚军等，2007）。两者各有利弊，为使结果更优、克服两者缺点，可以采用 TOWA-TOWGA 混合算法（王迪等，2019）。最终评价值为：

$$Z_i=\lambda_1 F(y_i)+\lambda_2 G(y_i) \qquad (5-11)$$

式中，Z_i 为最终评价结果值，λ_1 和 λ_2 分别为 TOWA 和 TOWGA 算子所占的比例，且 $0\leqslant\lambda_1\leqslant1$，$0\leqslant\lambda_2\leqslant1$，$\lambda_1+\lambda_2=1$。

（三）探索性空间数据分析

探索性空间数据分析（ESDA）是一系列空间数据分析方法的集合，常用于空间统计分析，用来描述数据的空间分布规律，并用可视化的方式将其表达出来（韩增林，2021）。ESDA 主要包含全局空间自相关和局部空间自相关两部分内容，常用指标有 Global Moran's I、Local Moran's I、Getis-Ord Gi* 等。本书采用 ESDA 方法主要是为了更深入地分析黄河流域城乡融合的空间关联特征以及集聚格局。

Global Moran's I 指数计算公式如下：

$$I = \frac{n}{\sum\limits_{i=1}^{n}\sum\limits_{j=1}^{n}w_{ij}} \frac{\sum\limits_{i=1}^{n}\sum\limits_{j=1}^{n}(x_i-\bar{x})(x_j-\bar{x})}{\sum\limits_{i=1}^{n}(x_i-\bar{x})^2} \qquad (5-12)$$

式中，n 为空间单元个数；x_i 和 x_j 是地区 i 与 j 的城乡融合水平值，为平均值；w_{ij} 为空间权重矩阵，当单元地区 i 与 j 相邻时，$w_{ij}=1$，反之为 0。若 $I>0$，则表明为空间正相关，越接近 1，说明空间单元的性质越相似；$I<0$ 为空间负相关，越接近 -1，说明空间单元间的差异性越大；$I=0$ 为随机分布。可用标准化统计量 Z 检验空间自相关的显著度。

为了进一步分析城乡融合发展的异质性以及在不同空间上的集聚程度，本书选择 Local Moran's I 指数和 Getis - Ord Gi* 指数进行分析，计算公式如下：

$$I_i = \frac{(x_i-\bar{x})}{\sum\limits_{i=1}^{n}(x_i-\bar{x})^2}\sum\limits_{j=1}^{n}w_{ij}(x_j-\bar{x}) \qquad (5-13)$$

$$G_i^* = \frac{\sum\limits_{j\neq i}w_{ij}x_{ij}}{\sum\limits_{j\neq i}x_j} \qquad (5-14)$$

$$Z(G_i^*) = \frac{G_i^*-E(G_i^*)}{\sqrt{var(G_i^*)}} \qquad (5-15)$$

式中，$E(G_i^*)$ 和 $var(G_i^*)$ 分别为 G_i^* 的期望和方差，$Z(G_i^*)$ 是 G_i^* 的指数标准化；若 $Z(G_i^*)$ 显著为正，区域 i 为热点区；否则，为冷点区。

（四）两步聚类法

两步聚类法主要是通过似然聚类对分类变量和连续性变量进行处理。该方法是改进的 BIBRCH 层次聚类算法（Madan et al.，2016），分为预聚类阶段和聚类阶段。

1. 预聚类阶段

该阶段主要是 CF 树的构建，采用"贯序"的方式，依据 CF 树生长的思想，逐个分析数据集中点。

给定一个由 N 个 d 维数据样本组成的聚类 $\{X_i\}$，其中 $i=1,2,\cdots,$

N。CF 树可以储存聚类的所有 CF 条目，如图 5-1 所示。CF 树通过动态更新 CF 条目和调整分列点来组织数据，适应数据集的不断增加和变化。根据第一个样本，建立起根节点与相应的条目；之后逐步将样本根据距离最小原则分配到 CF 树中。节点中的每一个条目都代表一个聚类。在 CF 树生成的同时，提前在数据点的聚类密集区域会形成许多个小的分簇。

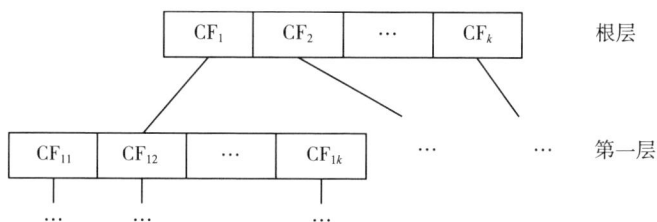

图 5-1　CF 树的结构

2. 聚类阶段

凝聚层次聚类法采取自下而上的策略将聚类的初步阶段结果中的分簇作为对象，合并分簇。在给定的 n 个子聚类中，计算出聚类矩阵，随后找出最接近的两个子聚类合并，总聚类将减少一个。然后，重新计算距离矩阵，再进行合并，直至满足条件为止。

两步聚类法通过对数似然距离测度两个聚类间的距离，聚类 i 与 j 间的距离为：

$$d(i,j)=\varepsilon_i+\varepsilon_j-\varepsilon_{(i,j)} \qquad (5-16)$$

其中：

$$\varepsilon_v=-N_v\Big(\sum_{k=1}^{K_A}\frac{1}{2}\ln(\sigma_k^2+\sigma_{vk}^2)+\sum_{k=1}^{K_B}E_{vk}\Big) \qquad (5-17)$$

$$E_{vk}=-\sum_{l=1}^{L_k}\frac{N_{vkl}}{N_v}\lg\frac{N_{vkl}}{N_v} \qquad (5-18)$$

式中，$\varepsilon_{(i,j)}$ 为聚类 i 与 j 组合聚类时的距离，K_A 和 K_B 分别为连续变量和分类变量的个数，L_k 为第 k 个分类变量的类别数，N_v 为类别数的记录数，N_{vkl} 为 v 类别中第 k 个变量取值 l 类的个数，σ_k^2 为第 k 个连续变量的方差估计值，σ_{vk}^2 为聚类 v 中第 k 个连续属性的全部样本值的估计方差。

随后利用 BIC 或 AIC 确定最优聚类数。在对城乡融合类型区进行分区时，根据各维度融合水平值以及空间集聚因素进行聚类，充分考虑变量的属性，按照地区分别对数据进行聚类。当 BIC 值和 AIC 值最小时，聚类效果最好。

三、数据来源与处理

本书使用的各评价指标原始数据主要来源于 2000—2019 年《中国县域统计年鉴》《中国城市统计年鉴》《中国城市建设年鉴》、各市县《统计年鉴》和统计公报及人口普查、抽查数据等。其中，人均 GDP 水平、二三产业对 GDP 的贡献度、城乡居民人均可支配收入比、普通中小学在校学生数占比、每万人医疗机构床位数、城乡人口密度比、公共图书馆图书总藏量、农业机械总动力、道路密度以及年末实有公共营运汽（电）车可以从相应的统计年鉴中直接或间接计算得出。CO_2 排放强度、空气质量 PM2.5 年均浓度通过遥感数据直接或间接得出。土地城镇化、建设用地蔓延度和内聚力、夜光灯斑块个数和密度可基于土地利用现状遥感解译数据和夜光数据等计算得到。

DMSP/OLS 和 NPP/VIIRS 夜光灯数据经过处理可以定量反映城乡景观格局变化。它们可在美国国家海洋和大气管理局（NOAA）下属的国家地球物理数据中心（NGDC）网站下载（http://www.ngdc.noaa.gov/）。由于传感器差异等问题，2000 年、2005 年、2010 年使用 DMSP/OLS 数据，而 2015 年和 2018 年采用 NPP/VIIRS 数据。

第二节　市域城乡融合水平分析

一、不同层级城乡融合差异

（一）整体层面

黄河流域市域层面城乡融合水平典型区域如表 5-6 所示。随着时间的推移，城乡融合的水平有一定程度的提升，表明黄河流域城乡融合发展呈现增强态势。在 21 世纪初时，黄河流域大部分地区城乡融合处于低水平或中等水平，高水平区域较少。高水平区域分布在山东省内，如济南市、淄博市。随后的时间截点处，城乡融合水平值有了显著提升，到 2005 年，高水平融合区域有所增加，如西安市融合水平由 2000 年的 0.255 7 增加到 2005 年的 0.332 2，但多数地区仍处于较低融合水平区域。2010 年，一些地区出现融合水平的回落，如阿拉善盟，2010 年为 0.166 7，较 2005 年回落了约 25.28%。通过数据分析，发现主要与 2010 年二三产业对 GDP 的贡献度下降有关。自 2002 年到 2009 年，内蒙古自治区经济高速增长连续七年全国排名第一，而这一切依赖于能源、化工、冶金等资源型产业的发展，正因如此，才使得内蒙古受到 2008 年金融危机的冲击最严重（任军，2009）。金融危机的冲击与影响使得阿拉善盟的资源型产业企业出现停工停产、企业效益下滑以及库存积压等现象，企业占用的流动资金增加，贷款困难，经济发展受到影响。而在此背景下，工人大量失业，收入受到影响，二三产业发展受限，城市反哺农村的作用下降，导致城乡融合水平有所下降。

表 5-6　市域层面城乡融合各水平典型区域

城乡融合	2000 年	2005 年	2010 年	2015 年	2019 年	动态
高水平	济南市、淄博市	西安市、乌海市、太原市、济南市	淄博市、乌海市、郑州市	淄博市、阿拉善盟、西安市	济南市、西安市、包头市	淄博市、西安市、包头市
较高水平	东营市、太原市、西安市	阿拉善盟、兰州市	东营市、泰安市、兰州市	鄂尔多斯市、包头市	菏泽市	兰州市、安阳市
中等水平	阿拉善盟、濮阳市、兰州市	安阳市、包头市、菏泽市	聊城市、濮阳市、鄂尔多斯市	阿坝县、菏泽市	阿坝县	阿坝县
较低水平	安阳市、包头市、菏泽市	固原市、阿坝县	阿拉善盟、甘孜藏族自治州	临夏市、白银市	白银市、临夏市	白银市、临夏市
低水平	阿坝县、固原市	白银市、定西市、庆阳市	白银市、临夏市	甘孜藏族自治州、定西市	陇南市、庆阳市	陇南市、甘孜藏族自治州

　　2015 年黄河流域城乡融合水平整体有了显著提升。高水平区域仍然主要分布在中下游地区，低水平融合区域有了大幅减少，2015 年低水平地区

仅为 13 个。甘孜藏族自治州融合水平由 2010 年的 0.142 6 下降到 2015 年的 0.109 8，此外，2000—2019 年 20 年内甘孜藏族自治州的城乡融合水平均较低，该地区城镇化缺乏动力，主要为藏族聚居区，与中东部地区发展的动力机制不同，甘孜地区主要以农牧业为主，缺少大城市的拉动作用，城乡间的推拉作用不显著，且农村内生动力有限（李雪萍等，2015）。自然环境的限制以及历史文化条件的差异，导致藏区的第一产业占比很高，且第二产业发展较为缓慢，第三产业发展缺乏动力，城乡发展中，经济维度的融合处于劣势地位。同样，以甘孜藏族自治州为例，在藏区附近的大城市仅有成都市，与区域核心城市的分离，导致集聚的向心作用减弱，使得该类地区经济依附性较差，同样经济增长也较慢，使得城乡融合受阻。

2019 年黄河流域城乡融合水平值再次提高。融合最高值为山东省的济南市（0.741 7），紧随其后的是陕西省的西安市（0.664 7）。这两个城市分别为黄河流域内中部与东部的中心性城市，可见，区域核心型城市在城乡融合过程中占据资源和发展优势。黄河流域城乡融合动态融合水平与 2019 年静态水平相近，整体而言，经济发展较好地区的城乡融合水平值较高，城市对农村以及城市之间的辐射带动作用发挥较好。藏族地区的融合水平普遍不佳，此外甘肃省部分地区融合水平也不佳，如陇南市和庆阳市，这些城市资源投入产出结构不合理、比例失衡，影响农业高效、可持续发展（张子龙等，2014），建设用地结构不合理、农村居民点占地过多，土地闲置率高，区域内交通通达度不够，不利于村镇建设与规划（石培基等，2011），因此融合水平不佳。

综上可见，2000—2019 年 20 年间，黄河流域市域城乡融合水平有了大幅提升，但城市间的城乡融合水平差距也出现扩大，城乡融合不均衡现象明显。

（二）不同区段

流域地区发展是全球关注的热点问题，分析黄河流域上中下游城乡融合发展水平可以为流域地区的城乡融合和农业农村高质量发展提供一定的参考和借鉴。图 5-2 反映了市域层面不同流域的融合水平，可以看出，城乡融合水平存在显著的流域差异，上中下游的融合情况显著不同，且整体都偏向生态融合，经济维度与要素维度随时间的推移，逐渐在流域间拉开差距。

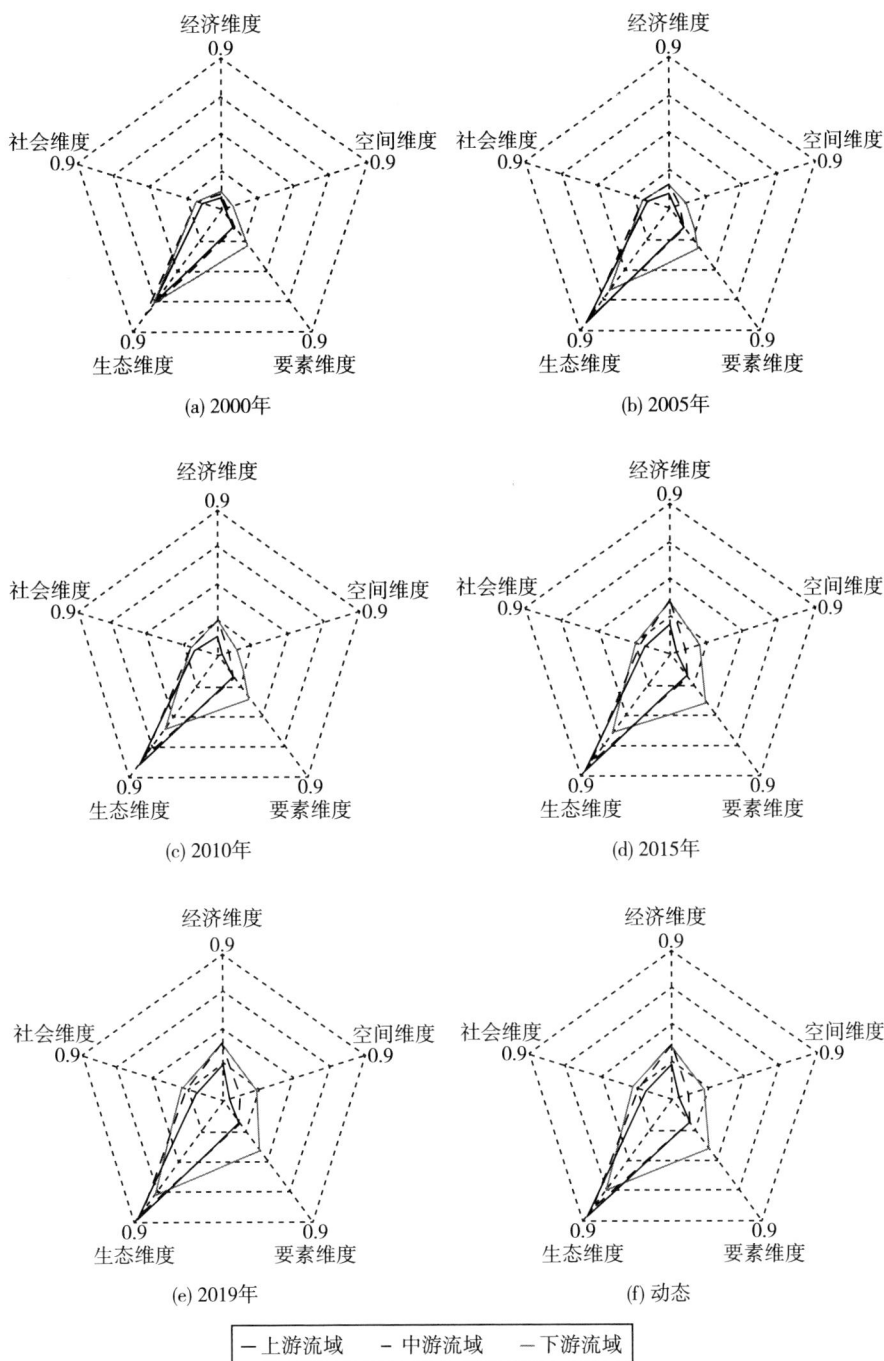

(a) 2000年

(b) 2005年

(c) 2010年

(d) 2015年

(e) 2019年

(f) 动态

—上游流域　—中游流域　—下游流域

图 5-2　黄河流域市域层面不同流域融合水平

2000 年上游地区五个维度均处于低水平融合状态，下游地区融合水平高于中上游地区。上游地区自然生态脆弱、多民族聚居且经济发展处于欠发达状态，地理复杂性特征明显（刘小鹏等，2020）。同时，脱贫攻坚完成前，上游地区贫困县占流域总贫困县数约 43%，该地区曾是我国主要的贫困人口分布区。上游地区的产业结构和竞争力也有待提高，经济融合处于劣势，其他维度融合程度也不高。而中下游地区凭借相对有利的产业结构、要素流动以及地形地势条件，城乡融合水平高于上游地区。

2005 年上中下游地区间的差距逐渐拉大。下游地区除生态融合外的其他维度融合水平呈现增大趋势。下游地区的要素融合水平开始显著高于中上游地区，而生态融合开始显著落后于上中游地区。2010 年、2015 年、2019 年以及动态层面都将 2005 年的态势更加扩大化。

下游地区的空间维度与要素维度显著高于上中游地区，平坦的地势利于城乡要素间的畅通流动与联系。下游地区人力资本以及基础要素禀赋的集聚对城乡融合具有积极的推动作用。第一产业相对发达，而第二产业与第三产业也发展迅速，经济的发展带来城乡居民收入水平的增多，城市之间的辐射带动效果显著。此外，能源消费量不断增加对下游地区的空气质量起到显著负面影响，导致生态融合水平不佳。下游地区人口密度显著高于上中游地区，较大的人口密度为城市带来了众多非农劳动力，促进了城市经济发展，并增加了农民的非农就业收入，在一定程度上利于经济与要素维度的融合。同时，人口密度的增加也通过规模效应与集聚效应影响到空气质量和生态环境（陈世强等，2020）。大量人口在城市的集聚，通过规模效应，带来能源与消费需求的增加，导致污染物排放量的增加。因此，使得下游地区成为经济、要素、空间融合水平的相对高值区，生态融合的相对低值区。

中游地区存在经济和生态两种融合的相对高值，这与县域层面存在一定的相通之处。以中部的内蒙古自治区为例，内蒙古自治区拥有独特的地理位置、资源禀赋及民族构成（王芳等，2014），呼和浩特市、包头市、鄂尔多斯市"金三角"地区位于黄河流域内，这为中游地区的经济融合发展提供助力，同样该地区社会公共服务设施较完备，城乡社会得到较好发展。广大的牧区植被覆盖度高、环境污染少，为城乡发展提供了良好的生态环境，生态融合水平相对较高。

（三）不同城市群

黄河流域高质量发展一定程度上取决于城市群的发展与辐射带动作用（马海涛等，2020）。而城市群的发展不仅仅是自身内部的经济、社会、生态环境发展，还应当是城市之间的协调关系与整个系统的高质量发展。图 5-3 为黄河流域市域层面不同城市群 2000—2019 年 20 年间的融合水平。与县域层面比较，市域层面的表现更加极化，地区间的差距表现得更加突出。市域层面更多涉及城市主体的情况，而县域层面更多从一种接近乡村本身的视角分析融合情况。雷达图的形状由起初的生态偏向逐渐向其他维度侧重，经济维度、要素维度等显现出较高的融合水平。

兰西城市群①地处中国内陆地区，占据了甘肃省与青海省约 8.3% 的面积，是黄河流域上游地区重要的生态屏障，是西部重要的跨省区城市群，地形以高原、山地、河谷盆地为主，人口分布相对稠密（张韦萍等，2020）。该城市群的城乡融合将对青海省、甘肃省等地的城乡发展起到带动作用。从图 5-3 可以发现，城市群内经济融合有了显著提升，由 2000 年的 0.072 9 提高到 2019 年的 0.227 2，其他维度融合值也均有不同程度的提升。以城乡经济融合为例，融合值的显著增加表明区域经济发展水平有了明显提升，经济的发展形成产业联动，居民收入增加、社会公共服务投入增多。地区经济的发展是城乡融合的关键。而经济的融合发展在区域经济空间中的溢出效应

---

① 兰西城市群包括甘肃省兰州市，白银市白银区、平川区、靖远县、景泰县、定西市安定区、陇西县、渭源县、临洮县、临夏市、东乡族自治县、永靖县、积石山保安族东乡族撒拉族自治县，青海省西宁市，海东市，海晏县，共和县、贵德县、贵南县、同仁县、尖扎县。

宁夏沿黄城市群主要包括宁夏沿黄河分布的银川市、石嘴山市、吴忠市、中卫市、平罗市、青铜峡市、灵武市、贺兰市、永宁市、中宁市。

关中平原城市群包括陕西省的西安市、宝鸡市、咸阳市、铜川市、渭南市 5 个市、杨凌农业高新技术产业示范区及商洛市的商州区、洛南县、丹凤县、柞水县。山西省的运城市（除平陆县、垣曲县）、临汾市的尧都区、侯马市、襄汾县、霍州市、曲沃县、翼城县、洪洞县、浮山县；甘肃省的天水市及平凉市的崆峒区、华亭县、泾川县、崇信县、灵台县和庆阳市区。

呼包鄂榆城市群范围包括内蒙古自治区的呼和浩特市、包头市、鄂尔多斯市和陕西省榆林市。

山西中部盆地城市群涵盖太原市、晋中市、忻州市、吕梁市四市 21 县。

中原城市群包括河南省的郑州市、开封市、洛阳市、新乡市、濮阳市、三门峡市、济源市，山西省的长治市、晋城市、运城市，山东省菏泽市。

山东半岛城市群包括山东省的济南市、淄博市、滨州市、东营市、泰安市。

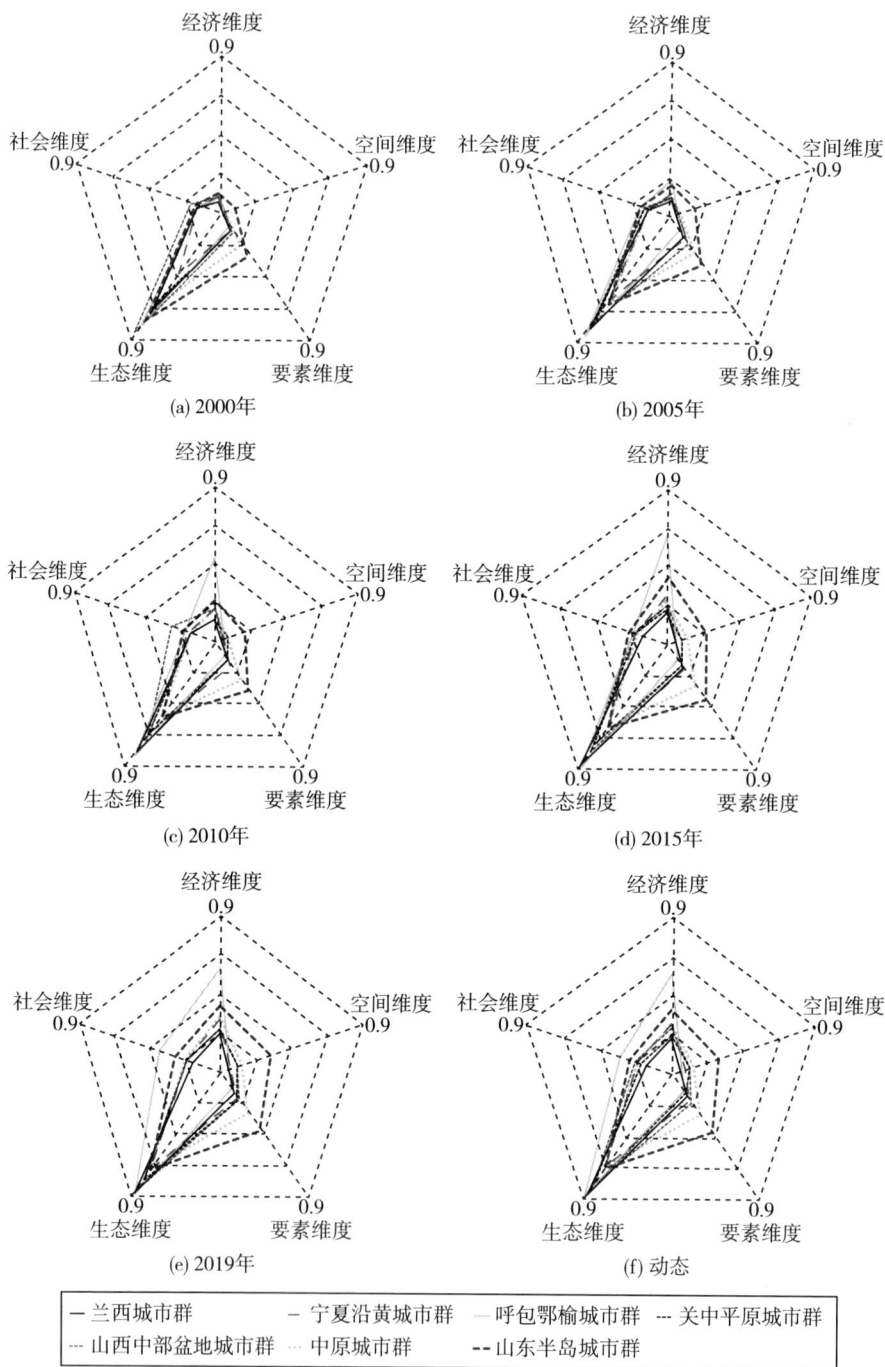

(a) 2000年

(b) 2005年

(c) 2010年

(d) 2015年

(e) 2019年

(f) 动态

— 兰西城市群　　　　— 宁夏沿黄城市群　　　…… 呼包鄂榆城市群　　-- 关中平原城市群
…… 山西中部盆地城市群　— 中原城市群　　　　-- 山东半岛城市群

图 5-3　黄河流域市域层面不同城市群的融合水平

又会促进其他维度融合以及当地的城镇化进程（陈文烈等，2021）。

宁夏沿黄城市群 20 年间的变动态势向好，多个维度融合值翻了一倍。2000 年的生态融合＞社会融合＞要素融合＞经济融合＞空间融合转变为 2019 年的生态融合＞经济融合＞社会融合＞要素融合＞空间融合。经济融合跃居第二位，区域经济发展迅速。宁夏沿黄城市群作为带动整个宁夏回族自治区发展的"发动机"，实现该区域的城乡融合发展，对促进整个宁夏回族自治区发展具有重要意义。

呼包鄂榆城市群是所有城市群中城乡融合水平变化最显著的，地域范围主要包括内蒙古自治区的呼和浩特市、包头市、鄂尔多斯市以及陕西省的榆林市。城市群内主要以能源、资源产业以及牧业发展为主。该城市群的生态融合值变动幅度不大，始终保持在高值水平，而经济和社会融合值变动显著，尤其经济融合水平值，从 2000 年的 0.109 3 增长到 2019 年的 0.596 5，增长迅猛，另外，社会融合也在 2019 年凸显。一般来说，经济融合较好的地区，社会融合也较好。经济融合较好的地区产业发展快、规模大、地方政府的财政收入增多，城乡居民收入差距缩小，可用于社会公共服务的财政支出也不断增加。

关中平原城市群的城乡融合水平在 7 个城市群中处于中间位次。关中平原城市群内，中小城市较多，大城市仅有西安市，城市规模呈现"金字塔型"结构，城市之间存在极化现象，西安市主城区、咸阳城区、长安区存在强联系的三角形城市带，而与其他的绝大部分城市联系较弱（周翼等，2019）。这种独特的城市群结构，限制了核心城市的辐射作用，导致区域间资源、要素流动不畅，一定程度上影响了区域城乡融合进程。在动态评价下，经济融合在 7 个城市群中排第 6 位，次于宁夏沿黄城市群。这与城市群地跨陕西省、甘肃省、山西省三省有一定关系，地理上的分割，导致城市间的辐射带动作用不强，造成城乡融合差异悬殊。

山西中部城市群的城乡融合态势与关中平原城市群类似，该城市群的要素融合水平在 20 年间整体变动幅度不大，但区域差距显著。从各维度情况来看，该城市群内太原市动态要素融合水平值可达到 0.234 6，而忻州市仅为 0.086 9。区域间的巨大差距，影响了区域核心城市的拉力。忻州市、吕梁市等城市的土地、人口要素的增幅较少，反映出这些城市对农村地区的拉力较小。该城市群除省会城市——太原市以外，其他城市的发展状态不佳，而周围其他城市群的核心城市，如西安市、郑州市等的拉力远大于当地区域城市，造成资源要素在本地区城乡间的流通不畅，甚至外溢。

中原城市群是我国中部地区具有相当实力的城市群，是国家未来城市发展战略中重要的一环（王发曾等，2008），处于陆路交通的重要枢纽位置，对促进中部崛起有重大意义。在黄河流域 7 个城市群中，城乡融合水平相对居于前列，要素和空间维度融合水平次于山东半岛城市群，经济维度融合水平次于呼包鄂榆城市群与山东半岛城市群，而社会融合水平居于中位，生态融合水平处于末位。中原城市群发展历史悠久，产业基础相对较好，城乡之间联动机制也较好，城市与乡村间的交通通达度高，利于要素在城乡间流动。但中原城市群内城市由于工业占比较高，工业污染较重，空气质量以及生态环境不佳，因此，城乡生态融合处于末位。

山东半岛城市群是我国北方重要的城市群之一，城市群内经济发展状况普遍较好，除生态维度外，其他维度融合水平均处于首位。这与中原城市群相似，经济的发展以环境污染为代价，经济融合与生态融合存在错位。而经济的发展又会拉动社会、要素以及空间维度的融合。

整体来看，2000 年到 2019 年黄河流域城乡融合态势趋好，但城市群间存在较大差异，下游地区的城市群普遍生态融合较差，而其他维度融合较好；而上游地区第一产业比重较大，林草覆盖度高，二三产业发展相对滞后，工业污染较少，生态融合水平较高。

二、不同维度城乡融合差异

城乡融合的目的是实现城乡之间均衡发展，缩小直至消除城市与乡村在各个维度的差距，使农村居民享受到与城市等值的各类公共服务与生活环境。从市域层面分析五个维度的城乡融合状况，利于从全局整体把握融合态势。从整体上看（图 5-4），各维度融合态势差距明显，2000—2019 年黄河流域下游地区融合水平一直处于领先地位，中原城市群和山东半岛城市群的融合状况始终处于各城市群前列，但这些地区的生态环境质量普遍较差。经济、社会、生态、要素与空间维度融合水平均有不同程度的增长，融合水平值分别由 2000 年的 0.088 6、0.146 0、0.718 8、0.167 6、0.038 9 增长到 2019 年的 0.314 2、0.215 3、0.818 2、0.229 2、0.118 6，反映出黄河流域城乡融合发展趋势明显。

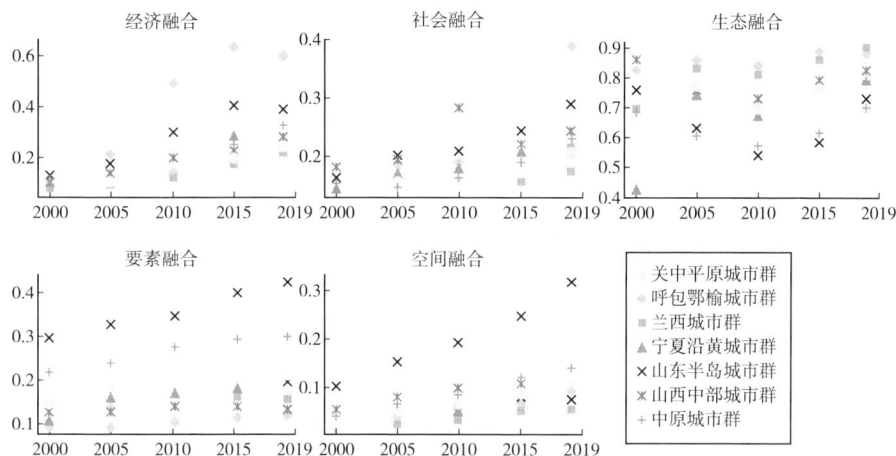

图 5-4　黄河流域市域层面不同维度的融合水平

分维度来看，城乡经济融合从 2000 年到 2019 年变化较大，2000 年低水平融合占主导，到 2019 年高水平融合不断增加，经济融合值增加了约 2.5 倍。虽然在经济融合水平上，黄河流域呈现不断提升态势，但是区域间的差距逐渐拉大。2000 年经济融合水平高于平均值的有 39 个城市，而到 2019 年高于平均值的仅为 27 个，这在一定程度上说明 2019 年经济融合水平高的城市拉高了整体经济融合值。

从社会融合水平变化看，黄河流域城乡社会融合水平一直保持稳定的上升趋势，每个城市群城乡融合水平均有不同程度的增长。下游地区长期处于较高融合水平。此外，社会融合与其他维度融合存在较大差距，社会维度融合在地区间的差异相对较小。上游地区多是牧区，经济发展基础薄弱，财政转移支付力度较大。黄河流域中下游地区由于地方经济发展水平普遍较高，带动公共服务和基础设施建设，流域内融合差距较小。

　　黄河流域城乡生态融合情况与社会融合的区域分布规律相反，上游地区，以兰西城市群为例，2000年融合水平值显著高于其他地区，随着时间的变迁，生态融合高水平区域逐渐增多，尤其在2010年后，城乡生态融合水平不断提升，这与国家重视生态文明建设有直接关系，一系列促进绿色发展、保护生态环境的政策法规有效提升了生态环境保护力度，加快了城乡生态环境改善速度。

　　城乡要素融合水平的空间分布态势较复杂，整体来看，黄河流域下游地区融合水平较高，同时在中游地区以西安市为中心，融合水平由高到低向四周扩散。要素融合的高水平区域多是经济发展较好的地区。此外，海西蒙古族藏族自治州、阿拉善盟等地区的要素融合水平高于周围地区，主要由于这些地区资源相对丰富，资源开发活动活跃，这为要素的流动提供了便利，使得其融合水平高于周边。

　　城乡空间融合态势呈现出显著的多中心扩散特点，随时间的推移，黄河流域内分别以中游的西安市、下游的郑州市和济南市为中心，呈圈层式向外扩散，反映出这些区域核心城市对周边城市的辐射带动作用不断增强，而影响程度逐减衰减的特征也反映出核心城市的空间融合带动作用有一定范围，空间融合水平的提升应优先关注中心城市，通过中心城市辐射带动，实现城市间联动共同发展。

三、城乡融合水平空间分布特征

（一）空间自相关分析

　　本节首先使用全局空间自相关方法，计算得出黄河流域城乡融合水平的全局 Moran's I 指数，如表 5-7 所示。可以发现，2000—2019 年，全局 Moran's I 指数均大于 0，且 Z 值均大于 1.96、P 值小于 0.05，说明在研究期内黄河流域市域层面城乡融合水平存在显著的空间正相关性，城乡融合水平相近的市域在空间上趋于集中。Z 值在 20 年间呈下降趋势，说明研究区域城乡融合水平的空间集聚性有所减弱。此外，从动态角度分析，动态融合水平的全局 Moran's I 指数为 0.660 2，P 值小于 0.05，与静态融合一致，同样具有显著的空间正相关特征。

表5-7 黄河流域市域层面城乡融合发展水平全局自相关检验

	2000年	2005年	2010年	2015年	2019年	动态
Moran's I	0.705 1	0.699 9	0.681 1	0.674 6	0.650 0	0.660 2
Z值	19.996 5	19.879 7	19.503 2	20.430 0	18.620 1	18.839 6
P值	0.001 0	0.001 0	0.001 0	0.001 0	0.001 0	0.001 0

进一步在全局Moran's I指数分析的基础上，运用局部Moran's I指数绘制Moran散点图，得出黄河流域城乡融合空间聚集的局部特征，如图5-5所示，可以直观看出，大部分城市样点分布在一、三象限，说明空间聚集以高-高、低-低为主。

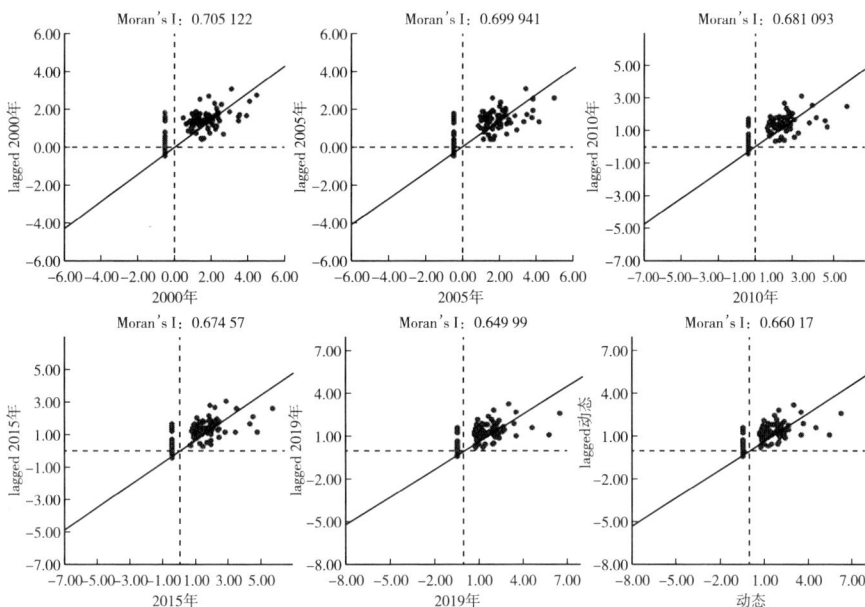

图5-5 黄河流域市域城乡融合水平Moran's I散点图

在市域层面存在集聚的基础上，分析市域层面的空间聚集分布特征，可以发现市域层面存在集聚特征的地区相对较少，仅在上游地区相对集中，这可能与市域层面考察乡融合状况时尺度较大，小尺度城乡融合发展特征被忽略有关。

城市间的协调发展是区域高质量发展的关键。整体来看，存在空间集聚的区域较少，说明流域内整体网络密度较低，城市间的联系较弱。在2000—2019年的20年间，黄河流域下游地区一直是城乡融合的HH集聚区，而中上游地区一直是融合的LL区或不显著区域。下游地区城市联系网络关联度较高，联系密切，且通达性较强。在中游地区主要是陕西省、山西省内的部分交通枢纽城市或省会城市存在HL集聚。同时上游地区如甘肃省、宁夏回族自治区的省会城市也存在HL集聚现象。西安市、太原市、兰州市、银川市等省会城市的吸引力要高于辐射力（李梦程等，2021），这些省会城市周围的城市较省会城市的综合竞争力偏弱，容易受到省会城市虹吸效应的影响。此外，阿拉善盟地区也呈现HL集聚特征。上游地区的城市联系网络的关联度较差，网络可达性偏差，以兰西城市群为中心，分布有大量的LL集聚区域。上游地区多为地势海拔较高区域，且是多民族聚居区，经济发展相对滞后，城市间的联系性较差，导致多为低水平融合，因此呈现出LL集聚。

在对市域层面时间的城乡融合水平空间集聚特征进行分析后，着重对各个维度的城乡融合水平空间集聚特征进行分析（图5-6）。城乡经济融合（图5-6a）HH区分布在呼包鄂榆城市群周围，下游山东省内也有分布，这些地区经济发展基础较好。值得注意的是，海西蒙古族藏族自治州为经济融合的HL区域，与周围地区发展差异明显，海西蒙古族藏族自治州内自然资源丰富，有大量的石油、天然气等资源分布，城乡居民收入水平高于其他自治地区（蔡文浩等，2014）。

社会融合（图5-6b）仅有部分地区呈现集聚特征，下游地区出现HH集聚与LH集聚分布，上游以兰西城市群为中心，出现LL分布。要素融合（图5-6d）与空间融合（图5-6e）有一定的共性分布特征，下游地区的HH集聚区域相同，下游地势平坦，交通通达度较好，城市间的网络联系度高，便于城乡间的要素、资源共享，也利于人才、资金的流动，因此要素融合与空间融合呈现HH集聚分布。而生态融合与其他维度融合相反（图5-6c），下游地区呈现LL分布，上游地区呈现HH分布，且生态融合与其他维度融合存在一定的空间错位现象。这说明如何将经济发展与生态保护相结合是黄河流域未来城乡融合发展与农业农村高质量发展的重点。

(a) 经济融合	(b) 社会融合	(c) 生态融合	(d) 要素融合	(e) 空间融合
巴彦淖尔市 ●	淄博市 ●	武威市 ●	平顶山市 ●	滨州市 ●
滨州市 ●	临沂市 ●	呼和浩特市 ●	安阳市 ●	德州市 ●
石嘴山市 ●	兰州市 ◆	陇南市 ●	焦作市 ●	菏泽市 ●
乌海市 ●	德州市 ●	张掖市 ●	临沂市 ●	聊城市 ●
包头市 ●	泰安市 ▲	西宁市 ●	新乡市 ●	东营市 ●
榆林市 ●	定西市 ▲	包头市 ●	滨州市 ●	临沂市 ●
鄂尔多斯市 ●	陇南市 ■	乌兰察布市 ●	菏泽市 ●	泰安市 ●
西宁市 ◆	临夏回族自治州 ■	海北藏族自治州 ●	鹤壁市 ●	济宁市 ●
宝鸡市 ◆	甘南藏族自治州 ■	海西蒙古族藏族自治州 ●	德州市 ●	淄博市 ●
兰州市 ◆	阿坝藏族羌族自治州 ■	果洛藏族自治州 ●	东营市 ●	济南市 ●
海西蒙古族藏族自治州 ◆		黄南藏族自治州 ●	濮阳市 ●	西宁市 ◆
定西市 ■		海南藏族自治州 ●	济宁市 ●	兰州市 ◆
陇南市 ■		阿坝藏族羌族自治州 ●	聊城市 ●	西安市 ◆
临夏回族自治州 ■		临夏回族自治州 ●	开封市 ●	濮阳市 ▲
天水市 ■		海东市 ●	淄博市 ●	果洛藏族自治州 ■
平凉市 ■		甘南藏族自治州 ●	郑州市 ●	阿坝藏族羌族自治州 ■
甘南藏族自治州 ■		定西市 ▲	泰安市 ▲	定西市 ■
固原市 ■		兰州市 ▲	济南市 ▲	陇南市 ■
阿坝藏族羌族自治州 ■		濮阳市 ▲	朔州市 ■	玉树藏族自治州 ■
白银市 ■		聊城市 ■	海北藏族自治州 ■	甘南藏族自治州 ■
黄南藏族自治州 ■		菏泽市 ■	太原市 ■	固原市 ■
海东市 ■		新乡市 ■	黄南藏族自治州 ■	
中卫市 ■		开封市 ■	天水市 ■	
海南藏族自治州 ■		焦作市 ■	西安市 ■	
		鹤壁市 ■	海东市 ■	
		安阳市 ■	包头市 ■	
		德州市 ■	吕梁市 ■	
		济宁市 ■	西宁市 ■	
		郑州市 ■	白银市 ■	
		泰安市 ■	兰州市 ■	
		平顶山市 ■	呼和浩特市 ■	
		济南市 ■	临夏回族自治州 ■	
		滨州市 ■	榆林市 ■	
		运城市 ■	定西市 ■	
		淄博市 ■	固原市 ■	
		临沂市 ■	中卫市 ■	
		南阳市 ■		
		东营市 ■		
		临汾市 ■		
		洛阳市 ■		
		晋中市 ■		
		晋城市 ■		
		长治市 ■		
		三门峡市 ■		

图例
●HH　◆HL　▲LH　■LL

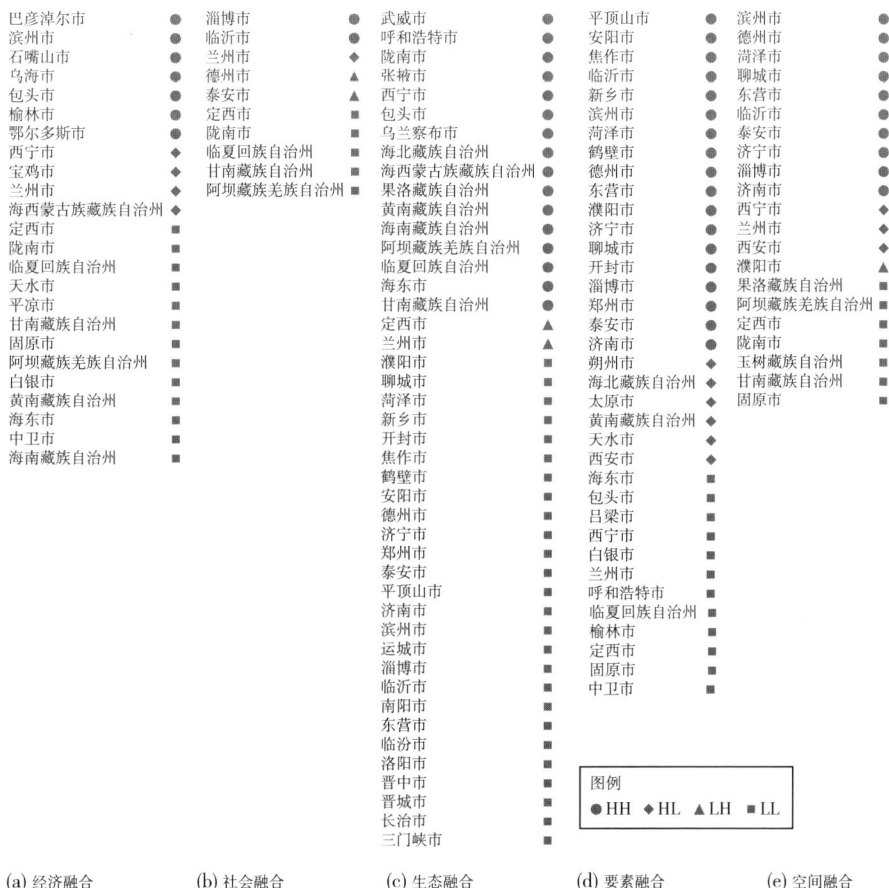

图 5-6　黄河流域市域层面城乡融合水平 Lisa 图

（二）空间异质性分析

黄河流域横跨中国东中西部，自然条件、资源禀赋、经济发展水平、人口分布等均存在明显的空间异质性。为了探讨市域层面城乡融合水平空间异质性特征，对城乡融合各维度水平进行冷热点分析，可以发现，黄河流域各个维度存在显著的空间异质性，冷热点分区明显（图 5-7）。

黄河流域城乡整体融合水平的冷热点分区显著，在空间上呈现下游高、上游低的格局（图 5-7a），主要是以上游的兰西城市群与下游的中原城市群和山东半岛城市群为低值簇和高值簇区域，这与局部 Moran's I 指数揭示的规律一致。而经济融合水平的高值簇区域发生变动（图 5-7b），呈现呼

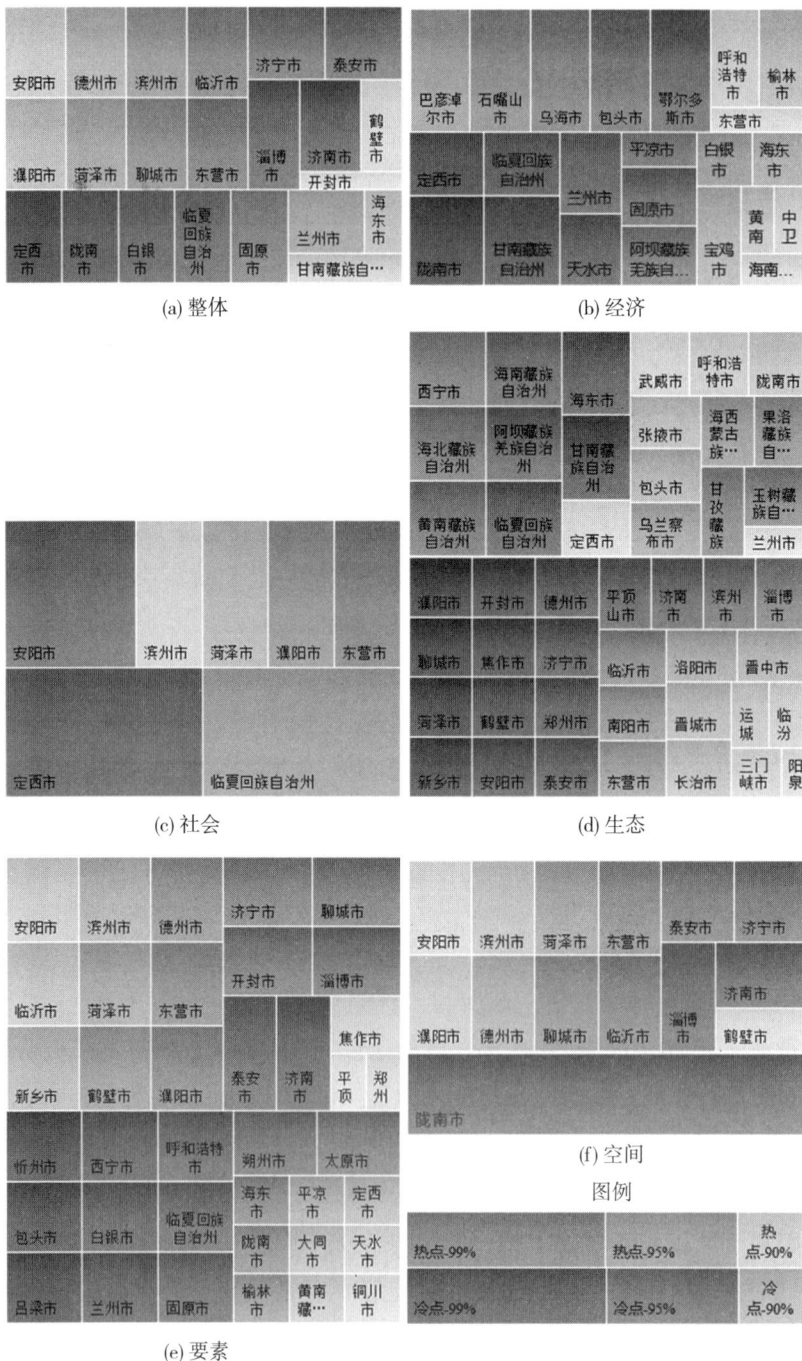

(a) 整体
(b) 经济
(c) 社会
(d) 生态
(e) 要素
(f) 空间
图例

图 5-7　黄河流域市域层面城乡融合热点图

包鄂榆城市群附近为经济增长极。社会融合水平热点区主要集中在下游区域（图5-7c），但区域分布相对较少，这与流域内社会融合水平相差不大有关，不易出现融合的高值热点区域。生态融合的冷热点分布与其他维度的分布相反（图5-7d），呈现"上游高值、下游低值"的特点，主要原因是下游地区经济发展造成的环境污染问题严重，进一步证实了经济发展与生态环境存在空间上的失衡。而上游地区因人类活动相对较少，污染排放量相对较少，生态融合存在热点区。要素融合（图5-7e）与空间融合（图5-7f）结合观测，可见两者融合的热点区均在下游地区，冷点区分布在兰西城市群周围，空间联系的便利可以为其他维度融合提供支持。

第三节　县域城乡融合水平分析

不同空间尺度的城乡融合水平在发展状态、空间特征、形成机制等方面均存在一定差异，探究不同尺度下的城乡融合发展情况，能够更全面地识别和分析城乡融合过程与助推因素。以县域为基本单元推进城乡融合发展，发挥县城连接城市、服务乡村的作用，增强对乡村的辐射带动能力，为推进县城发展、构建城乡融合发展新格局提供了重要遵循。本节多角度分析黄河流域县域整体城乡融合水平、不同流域及不同城市群的县域城乡融合水平，从多维度掌握黄河流域城乡融合水平的区域差异。

一、不同层级城乡融合差异

（一）整体层面

黄河流域地跨我国地形的三大阶梯，约占全国领土面积的四分之一。地形复杂多样，从青藏高原到黄土高原再到华北平原，流经9个省份，具有极大的自然环境分异特征。2020年，流域内9个省份人口约为4.2亿人，约占全国总人口的30%；GDP约25.39万亿元，约占全国GDP的25%，若除去流经区域较少的山东省（7.2%）和四川省（4.8%），其余7省GDP总和仅占全国GDP的13%，黄河流域中上游经济发展缓慢、严重滞后于全国平均水平。

采用自然断裂法将黄河流域 373 个县级单位的城乡融合水平划分成高水平、较高水平、中等水平、较低水平和低水平 5 个等级。黄河流域城乡融合水平在 2000—2019 年逐渐上升，且呈现出显著的区域差异，典型区域如表 5-8 所示。

表 5-8 县域城乡融合各水平典型区域

城乡融合	2000 年	2005 年	2010 年	2015 年	2019 年	动态
高水平	新乡市、郑州市、太原市、济南市	郑州市、义马市、乌海市	郑州市、鄂托克旗、新密市、侯马市	博兴县、定边县、志丹县	郑州市、定边县、神木市	郑州市、西安市、乌海市
较高水平	西安市、开封市	阿拉善左旗、鄂托克旗	肥城市、博兴县、吴起县	武功县、韩城市	韩城市、灵宝市	韩城市、灵石县
中等水平	银川市、济源市、肥城市、武功县	肥城市、博兴县、杨凌示范区	松潘县、青铜峡市	永宁市、临猗县、玛沁县	武功县、凤县	武功县、刚察县
较低水平	礼泉市、太白市	武功县、兴平市	武功县、韩城市	阿坝县、山丹县	同德县、泾川县	同德县、山丹县
低水平	阿坝县、甘谷县	阿坝县	阿坝县、石楼县	甘谷县、同德县	石渠县、班玛县	石渠县、班玛县

2000 年，黄河流域城乡融合水平多以低水平和较低水平为主。上游地区多是低水平融合，中下游地区城乡融合水平相对较高。高水平地区分布在河南省、山东省以及陕西省南部的部分地区，多是地级市的城区或县级市，如新乡市、郑州市城区、太原市城区、济南市城区等；低水平地区主要分布在黄河流域的中上游地区，如甘谷县。在 21 世纪初，黄河流域整体经济发展状况较差，虽区域间融合水平存在差距，但是极值差距较小。

2005 年，黄河流域城乡融合高水平区域增多，在 2000 年高水平区域基础上，内蒙古自治区内新增高水平区域，如阿拉善左旗、鄂托克旗等。高水平区域与较高水平区域整体新增 12 个，而较低水平和低水平区域分布相对集中，主要集中分布在青海省南部、甘肃省东南部、陕西省中部及山西省中东部地区。

2010 年，黄河流域城乡融合水平整体有小幅上升，较高水平区域增多明显。高水平融合区域中，内蒙古自治区下属区域有明显增加，如伊金霍洛旗、鄂尔多斯市。较低水平区域由 108 个增到 116 个，增幅为 7.41%，主要集中在中上游地区；而低水平融合区域由 159 个减少到 98 个。2010 年与之前年份相比，个别地区融合水平有小幅下降。

2015 年，黄河流域城乡融合水平变化明显，高水平、较高水平和中等水平融合区域均有增加，涨幅分别是 152.38%、50.98% 和 21.35%。较低水平融合区域与 2010 年相比，变化不大。陕西省及内蒙古自治区相较 2010 年，城乡融合水平有一定上升。

2019 年，黄河流域整体城乡融合水平有显著上升。高水平与较高水平融合区域均有上升，高水平与较高水平融合区域约占流域的三分之一，主要分布在河南省、山东省、内蒙古自治区的西部与南部、陕西省及黄河流域上游的省会城市。甘肃省、青海省、陕西省南部的低水平融合区域明显减少。

黄河流域 2000—2019 年 20 年来的城乡动态融合水平与 2019 年的融合态势基本相似。总体来看，2000—2019 年黄河流域城乡融合低水平区域在显著减少，高水平、较高水平与中等水平融合区域显著增多，且主要分布在黄河流域的中上游区域。高水平融合区域变化明显，由 2000 年的 9 个增到 2019 年的 69 个。黄河流域下游地区始终是城乡融合的高值集中区，这与下游地区优越的自然资源以及良好的经济发展基础密不可分。

（二）不同区段

黄河流域是我国重要的经济地带和生态屏障，城乡融合发展水平呈现出明显的区域差异。上游地区自然生态脆弱、地势复杂，多民族聚居、经济发展本底较差（刘小鹏等，2020），中游地区城镇化速度快，人口众多，但经济相对薄弱，生态压力较大（赵雪雁等，2021），下游地区城市快速扩张、工业化快速发展，造成大量资源的消耗与环境污染，空气污染等问题凸显，生态环境与经济发展间存在较大的不平衡（刘建华等，2021）。

图 5-8 呈现了黄河流域不同区段的城乡融合水平，可以看出，从 2000 年到 2019 年城乡融合水平以及动态水平来看，各融合维度值出现不同程度变化，但优劣特征基本相似。整体上看，上游和中游地区生态维度融合水平较高，其他维度融合水平较下游地区低。

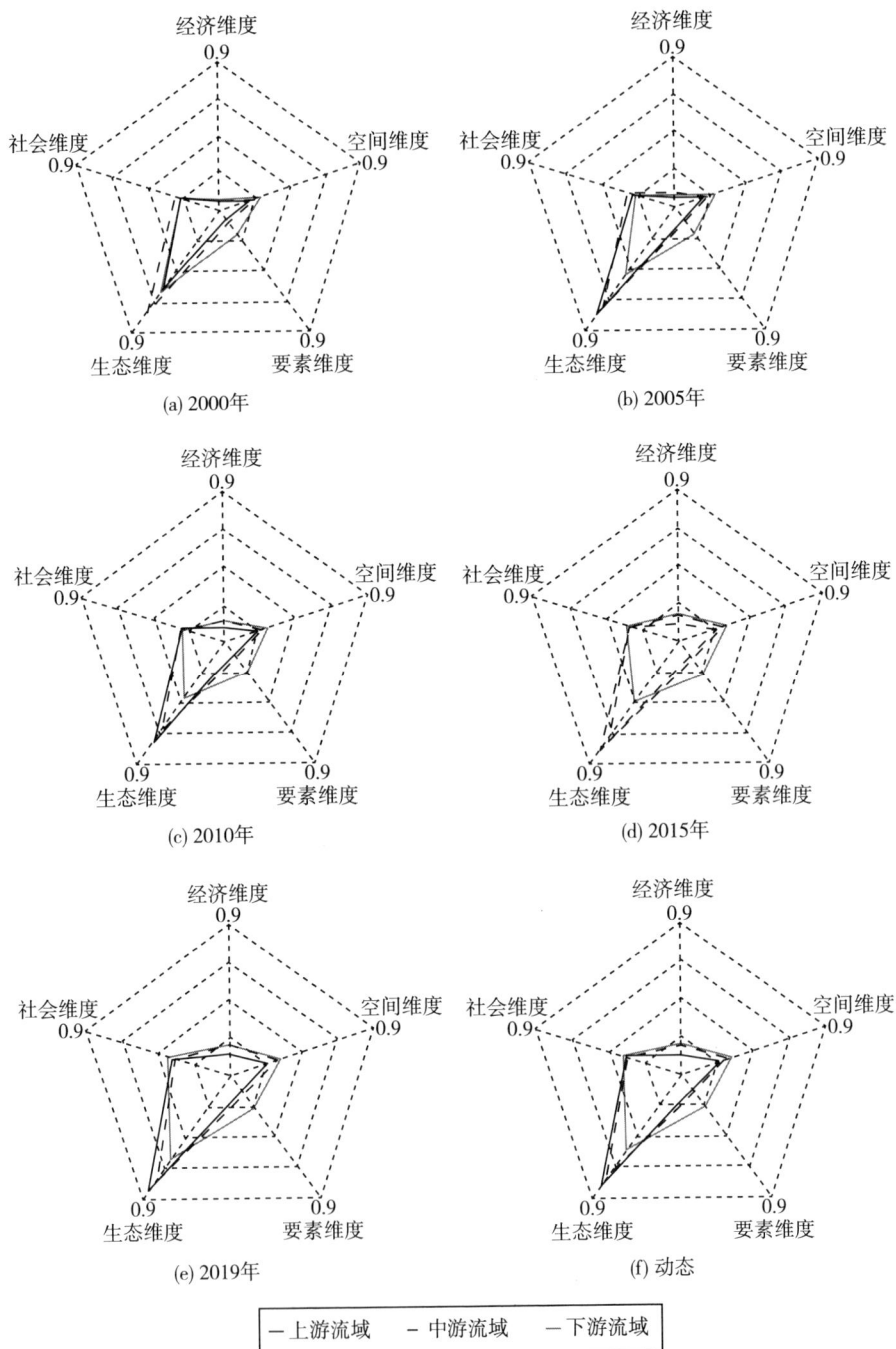

(a) 2000年

(b) 2005年

(c) 2010年

(d) 2015年

(e) 2019年

(f) 动态

— 上游流域　　– 中游流域　　— 下游流域

图 5-8　黄河流域县域层面不同区段城乡融合水平

2000 年，上中下游地区均是生态维度的融合水平值最高，中游地区生态融合又显著高于上、下游地区，达到 0.758 5。在 21 世纪初，上游地区的生态保护意识差，政府和民众对生态的保护意识不足。下游地区的经济和要素融合也显著高于其他地区，要素融合水平甚至超过上游地区的一倍。随着时间的推移，2005 年上游地区生态融合水平较 2000 年显著提升，一跃超过中游地区，成为生态融合的最高值区域。流域间各维度融合水平出现明显差异，下游地区的经济、空间与要素融合居首位，而社会融合相对较低。中上游地区社会融合高于下游，从侧面反映出中上游地区城乡之间整体经济发展差距较小，公共服务和基础设施没有在城市过度集中。

2010 年，城乡融合的基本态势变化不大，同时个别地区的城乡融合水平呈现一定的下降态势，重要原因是 2008 年全球金融危机对各地经济发展都产生了一定影响，特别是外向型经济地区。2015 年，经济维度的融合水平有小幅上升，空间维度的融合与之前变化不大，下游地区居首位。

2019 年，流域间的差距逐渐拉大，下游地区各维度的融合水平趋于均衡，而中上游地区的各维度融合仍存在明显差异。上游地区经济融合依旧处于低位，地形地势的限制使得联结城乡的交通不便，要素间的流动较少，城乡间缺乏劳动力、资金与技术的流动，无法为经济发展提供支撑。

整体来看，2000—2019 年 20 年间黄河流域由西向东、自上而下，经济、空间、要素融合水平不断增加，生态融合和社会融合变化相对不大。上游地区的经济、空间融合水平明显低于中下游地区，生态融合水平明显高于下游地区；而下游地区的要素融合水平明显高于中上游地区。各维度的融合水平结果在一定程度上可为黄河流域不同区段进一步推进城乡融合发展提供参考依据。

（三）不同城市群

黄河流域是中国人口、资源和环境矛盾最为突出的区域之一（邓祥征等，2021），其城市群的高质量发展成为经济发展的核心（秦华等，2021）。黄河流域由 7 个城市群组成，从上游到下游分别是关中平原城市群、中原城市群、山东半岛城市群 3 个区域级城市群，兰西城市群、宁夏沿黄城市群、呼包鄂榆城市群和山西中部城市群 4 个地域级城市群。基于流域城镇群的视角，研究区域内的城乡融合水平，对于黄河流域的高质量发展具有重大的理论和现实意义。

图 5-9 为黄河流域内 7 个城市群 2000—2019 年 20 年的城乡融合水平情况。可以看出，各城市群间存在显著差异，上游城市群的经济、要素融合明显低于中下游城市群，生态融合在各城市群间变化幅度较大。

2000 年，位于上游的兰西城市群生态融合水平仅高于宁夏沿黄城市群，低于其他城市群，且要素融合水平也相对较低。这与青藏高原地区复杂的地形和地势有关（Wu et al.，2022），空间的限制导致要素流动受阻，城乡空间、要素融合不佳。下游地区的城市群，如中原城市群与山东半岛城市群融合态势类似，且生态融合状态也较好。2005 年，各城市群的融合态势发生一定变化，雷达图向经济维度融合偏移。以呼包鄂榆城市群为代表，诸多城市群的经济融合水平有所提高。呼包鄂榆城市群中城市整体发展状态较好，又地处牧区，民众收入较高，且城乡收入差距较小，成为 2005 年经济融合的首位城市群。2010 年呼包鄂榆城市群凭借坚实的资源、经济基础和良好的生态环境，在经济、空间与生态融合方面依旧处于首位。经济的快速发展，对生态环境的影响越来越大，中原城市群与山东半岛城市群的生态融合水平开始下降。2015 年，呼包鄂榆城市群的经济融合水平更加突出，兰西城市群与宁夏沿黄城市群的社会维度融合较好。2019 年整体的城乡融合水平均有显著提升。山东半岛城市群的要素融合水平显著高于其他城市群，空间融合水平也居于前列。下游各城市群的经济融合与生态融合存在一定的空间错位性。

动态维度下的城乡融合态势反映出要素融合依托于空间融合，良好的空间关联为要素畅通流动提供便利。而经济融合与生态融合存在空间错位，经济的发展以环境的污染为代价。呼包鄂榆城市群是唯一一个经济融合良好而生态融合也趋优的城市群，主要原因是牧区城乡经济收入水平高，良好的牧区需要优越的生态环境，经济与环境在当地实现较好融合（Bai et al.，2021）。

整体来看，城市群间差异较大，区域发展不协调，生态保护力度不够，环境污染依旧严重，不利于城乡生态融合。同时，以交通为基础的城乡空间联系也存在严重的区域差距。上游各城市群发展相对闭塞，主要大城市间交

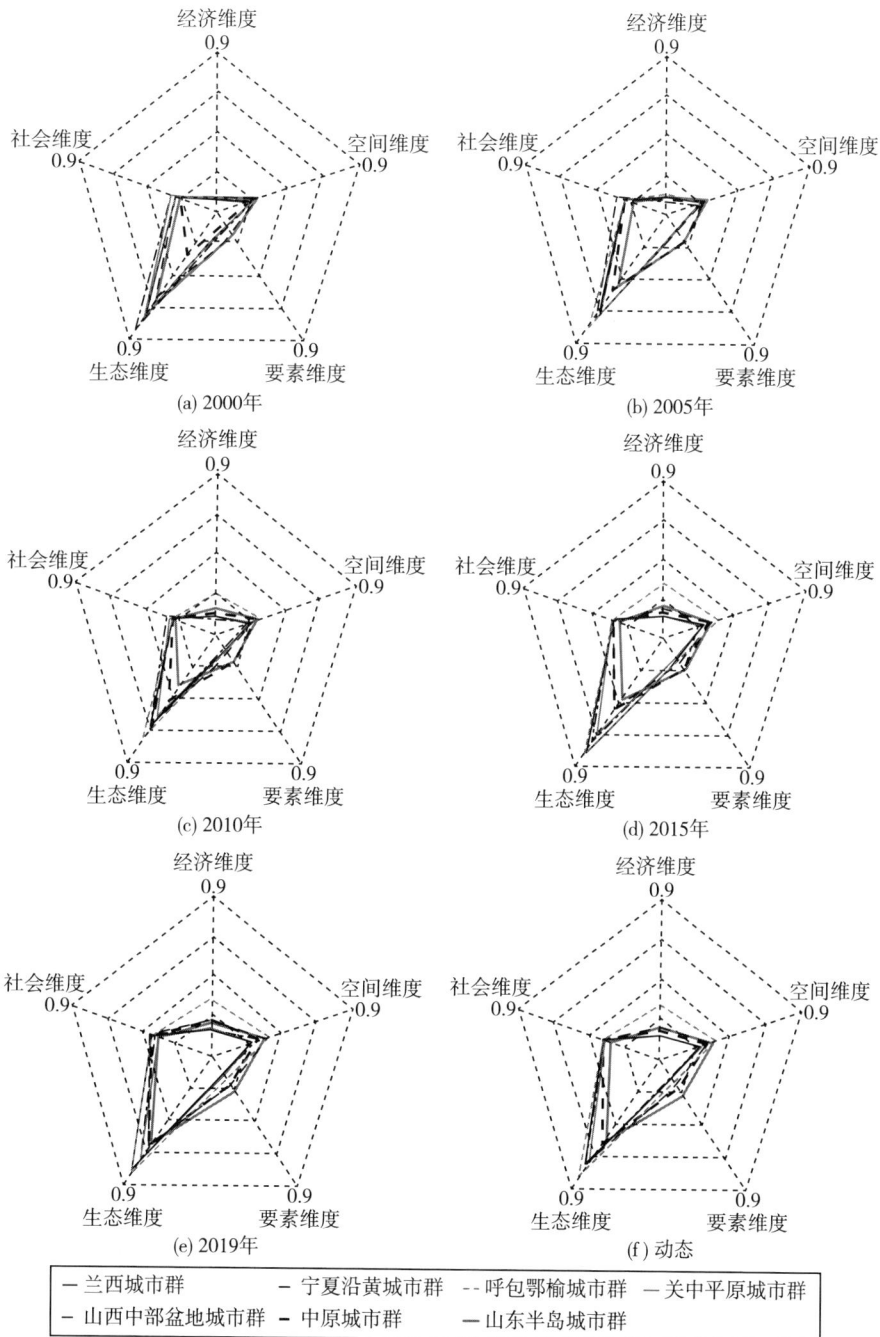

(a) 2000年

(b) 2005年

(c) 2010年

(d) 2015年

(e) 2019年

(f) 动态

— 兰西城市群　　　　　— 宁夏沿黄城市群　　--呼包鄂榆城市群　　— 关中平原城市群
— 山西中部盆地城市群　— 中原城市群　　　　— 山东半岛城市群

图 5-9　黄河流域县域层面不同城市群的城乡融合水平

通连接较少，交通枢纽建设缺乏（秦华等，2021），造成空间上的阻塞，限制要素的流动，不利于城市群的城乡融合发展。

二、不同维度城乡融合差异

作为一种多维的、可持续的整体发展（宋洁，2021），黄河流域高质量发展在国家人居环境和生态安全等方面具有举足轻重的作用。青藏高原生态屏障、黄土高原-川滇生态屏障、北方防沙带三大屏障构成了黄河流域的生态屏障，是我国生态安全的重要组成部分。但是，流域内经济和社会发展水平落后，产业结构失衡，城市群发展不够完善，对周边区域的辐射和带动能力不足，经济和社会等方面还存在很多问题。从空间上看，城市群内部的核心城市仍然处在"虹吸期"，与周边区域的距离在不断扩大；同时，城市群之间的发展是不平衡的，相互之间的联系也不紧密，还没有形成整体联动效应。

图 5-10 反映出黄河流域县域尺度不同维度的城乡融合水平在 2000—2019 年 20 年间的变化情况。不同维度融合水平在时空上存在显著差距，整体看，随着时间变迁，融合水平逐渐趋优。

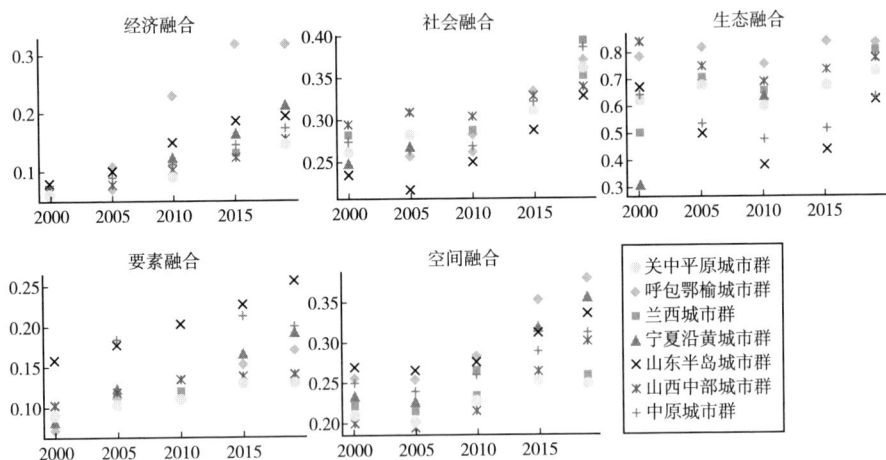

图 5-10 黄河流域县域层面不同维度的融合水平

城乡经济融合维度，从空间分布看，上游地区多为融合较差区域，属于低水平和较低水平融合。20 年来，中游的呼包鄂榆城市群周围一直为高融合区域。此外，下游的中原城市群与山东半岛城市群凭借相对优越的产业结构以及坚实的工业积累成为经济融合的高水平区域。2010 年后，融合态势有一定下滑，可能与上文提到的金融危机有关。

城乡社会融合水平的极值差距较小，流域整体态势偏好。将社会融合情况与经济融合相对应，可以发现社会融合态势最优区不是经济融合最优区，而是经济融合次优区。青藏高原地区、宁夏回族自治区以及内蒙古自治区多为民族聚居地，一方面，这些地区整体经济发展速度较慢，城乡差距较小，另一方面，国家支持帮扶政策密集，有助于改善基础设施和公共服务条件。而下游的中原城市群与山东半岛城市群这些经济较发达地区因大量人口向城市集聚，城乡发展差距较大，农村基础设施和公共服务提升较慢，社会融合水平没有显著高于其他地区。

城乡生态融合呈现出显著的区域差异。整体来看，黄河流域中上游城乡生态融合处于中高水平，而下游区域多处于低水平，经济发展和生态环境不协调的情况在下游地区更加明显。生态融合与社会融合在部分区域存在一定的错位关系，如班玛县社会融合处于中等水平，而生态融合为高水平。

从 2000 年到 2019 年，城乡要素融合水平有了显著提升，整体涨幅可达51.33%，呼包鄂榆城市群是变化最显著的地区之一。城乡要素融合区域分布相对集中，主要分布在中下游的河南省和山东省及中上游的内蒙古自治区的阿拉善左旗等地。要素融合与经济融合、社会融合分布相对一致，而与生态融合存在一定的差异。此外，空间融合是要素融合的基础，空间上联系的增加为要素的畅通流动提供保障。在黄河流域中上游区域，空间融合与要素融合分布相对一致，而在中下游区域，中度空间融合对应高度要素融合，反映出要素融合在一定程度上依赖于空间融合。

三、城乡融合水平空间分布特征

（一）空间自相关分析

本节采用全局空间自相关方法，计算得出黄河流域城乡融合水平的全局Moran's I 指数，如表 5 - 9 所示。2000—2019 年间，全局 Moran's I 指数均大于 0，且 Z 值均大于 1.96，P 值小于 0.05，这说明在研究期内黄河流域城乡融合发展水平存在显著的空间正相关性，表明城乡融合水平相近的县域在空间上趋于集中。Moran'I 值在 2010 年有明显上升，说明研究区域城乡融合水平的空间集聚性在 2010 年有所增强。此外，从动态角度分析，动态融合水平的全局 Moran's I 指数为 0.385 6，P 值小于 0.05，与静态融合一致，同样具有显著的空间正相关特征。

表 5-9 黄河流域城乡融合发展水平全局自相关检验

	2000 年	2005 年	2010 年	2015 年	2019 年	动态
Moran's I	0.326 8	0.326 9	0.357 8	0.393 3	0.376 1	0.385 6
Z 值	10.587 5	10.534 3	11.520 7	12.782 9	11.953 5	12.309 9
P 值	0.001 0	0.001 0	0.001 0	0.001 0	0.001 0	0.001 0

在全局 Moran's I 指数分析的基础上，进一步运用局部 Moran's I 指数绘制 Moran 散点图，得出黄河流域城乡融合空间聚集的局部特征，如图 5-11 所示，可以直观地看出，大部分的点分布在一、三象限，说明空间聚集以高高、低低为主。

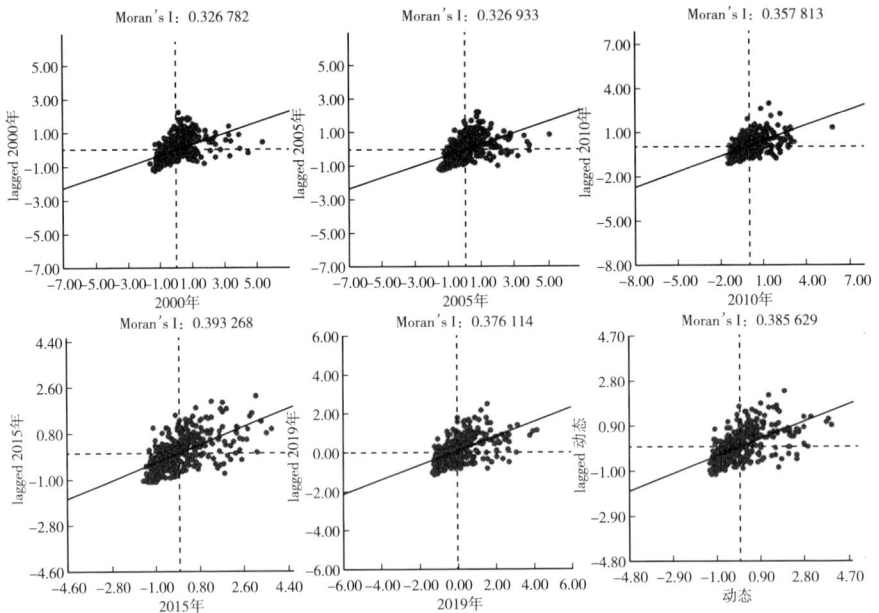

图 5-11 黄河流域县域各时点城乡融合 Moran's I 散点图

　　具体分析黄河流域融合水平的空间集聚分布特征。2000年城乡融合水平 HH 集聚区分布在黄河流域的下游地区，中游地区无 HH 集聚。LL 区则分布在上游地区，青海省、甘肃省、宁夏回族自治区及陕西省有零星分布。同时，在上游 LL 区周围，区域性中心城市为融合水平的 HL 区，如陕西省的铜川市城区等。HH 区多是下游经济相对发达的地区，以城区和县级市为主，LL 区以较落后的县城为主。

　　2005年与2000年相比，HH 区与 LL 区变化不显著。HL 与 LH 区变化较小，但有减少趋势。2010年黄河流域中下游地区 HH 分布面积有所减少，而在中上游地区有所增加，主要分布在呼包鄂榆城市群周围。兰西城市群周围出现诸多 HL 集聚区，与金融危机的冲击导致经济下滑、各维度融合不佳有关。

　　到2015年，HH 区继续扩大，LH、HL 区继续缩小，且 LL 区向东扩张的态势显现。2019年，城乡融合 HH 区面积最大，主要分布在陕甘宁蒙交接处以及河南省和山东省。城乡融合 LL 区主要集中在甘肃省内，陕西省南部与河南省中部也有分布。整体来看，城乡融合 HH 区逐年增加，且增加区主要分布在黄河流域的中游，以内蒙古自治区鄂托克旗为中心向外蔓延，中下游区域的 HH 区变化不显著。城乡融合 LL 区逐年下降，集中在甘肃省内。同时，关中平原城市群周围也分布有 HL 聚集区，这表明区域性中心城市仍处于虹吸阶段，对周围地区辐射带动作用不强。

　　从动态维度看，黄河流域城乡融合水平与2019年的城乡融合分布区类似，HH 区主要集中在内蒙古自治区的西部和南部、陕西省的北部以及河南省与山东省，这些地区是黄河流域内的经济"增长极"。而城乡融合 LL 区集中分布在青海省、甘肃省内以及陕西省的中部与山西省的南部。流域上游地区整体处于 LL 分布状态，这与经济发展、地形地势有一定相关性。

　　在对整体融合水平进行集聚分析后，进一步分析各维度融合水平的空间集聚特征。表5-10显示了城乡融合各维度空间聚类的典型区域，城乡经济融合 HH 区集中在内蒙古自治区的中南部、陕西省北部和河南省中部与山东省的东北部，如鄂尔多斯市、洛阳市及滨州市等。这些地区经济发展的基底较好，成为城乡经济融合的高值区。LL 区分布在黄河流域的上游区域，区域面积较大。城乡社会融合分布集聚区域相对分散，流域上中下游均有分布，郑州市与开封市是社会融合的 LH 区。社会融合的 LH 区多为人口稠密地区，人口的大量集聚对社会基础设施和公共服务产生更大压力，在一定程度上不能满足民众对社会公共服务的需求。

表 5-10　县域动态多维度融合水平典型区域

维度	HH	HL	LH	LL
经济融合	包头市、鄂尔多斯市、博兴县（滨州市）、孟津县（洛阳市）	马尔康市、西宁市、白银市、宝鸡市、庆阳市	汝州市、永宁县、固阳县	阿坝县、班玛县、固原市、平凉市、松潘县
社会融合	阿坝县、栾川县、西峡市、鄂托克旗	包头市、呼和浩特市、朔州市	松潘县、中牟县、郑州市、开封市	托克托县、甘泉县、洛川县
生态融合	松潘县、包头市、呼和浩特市、马尔康市	陵川县、沁源县、西安市、西峡市	西宁市、原平市、静宁县	郑州市、开封市、博兴县、东营市、晋城市
要素融合	郑州市、开封市、滨州市、菏泽市、阿拉善左旗	韩城市、西宁市、宝鸡市、兰州市	陵川县、沂源县、泽州县	永登县、海东市、甘泉县、平凉市、延长县
空间融合	濮阳市、菏泽市、滨州市、鄂尔多斯市、银川市	西宁市、西安市、彬州市	沂源县、陵川县、东平县	阿坝县、海东市、平凉市、班玛县

城乡生态融合和城乡要素融合呈现显著的 HH 与 LL 区分布，生态融合与经济融合和要素融合存在一定的空间"错位"，如河南省与山东省的经济与空间融合高值区，往往是生态融合的低值区。城乡空间融合 HH 区分布在黄河流域的中游与下游，上游主要是 LL 区。空间融合是其他维度融合的载体，在一定程度上与其他维度存在匹配现象。

（二）空间异质性分析

为了探究黄河流域县域城乡融合空间异质性特征，对典型热点区域进行分析（图 5-12），可以看出城乡融合的热点和冷点区基本分列在黄河流域中游北部和下游地区，说明黄河流域城乡融合发展存在局部空间关联特征。

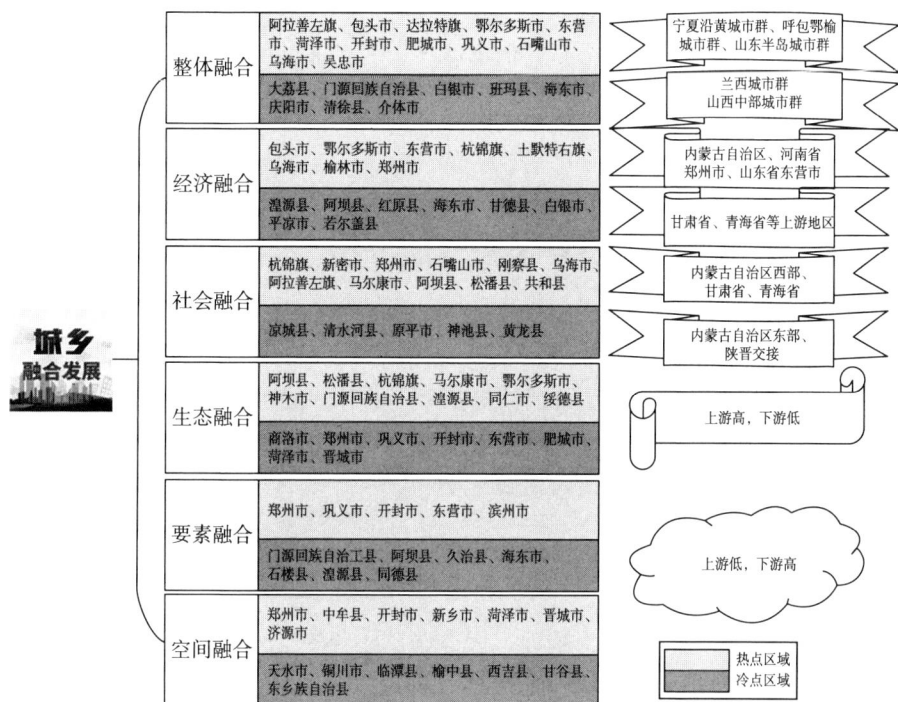

图 5-12 黄河流域县域层面城乡融合热点图

注：* 本图中的城市均指城区。

城乡融合整体形成以宁夏沿黄城市群、呼包鄂榆城市群、中原城市群和山东半岛城市群为主体的高值连绵区；低值簇集中在兰西城市群和山西中部城市群等经济相对欠发达地区，与局部 Moran's I 指数揭示的规律基本一致。城乡经济融合增长极在内蒙古自治区，并以此为中心由内向外、由东向西"圈层式"递减，且河南省的郑州市、山东省的东营市等也凭借强大的"向心力"成为局部增长极；低值簇集中在甘肃省、青海省等黄河流域上游地区。城乡社会融合热点区主要集中在内蒙古自治区西部、甘肃省、青海省，冷点区位于内蒙古自治区东部以及陕晋交接处，而下游地区不显著，说明仍需解决"城市病"和由此引发的城乡发展不均衡问题。城乡生态融合呈现出"下游低、上游高，中游北部重、南部轻"的特点，冷点区主要集中在中原城市群与山东半岛城市群周围，可能的原因主要是受下游地区经济发展引致的环境污染影响。城乡要素融合与城乡空间融合冷热点分布具有相似特征，进一步佐证了空间融合是其他维度融合的载体。综上，生态融合与其他维度融合存在错位，除生态融合外，中原城市群与山东半岛城市群均是热点区。

第四节　城乡融合发展分区与策略比较

城乡融合是实现农业农村高质量发展的支撑，因黄河流域不同地区城乡融合发展的起点、过程、所处阶段、约束条件以及空间区位等因素不同，所以合理划分城乡融合发展区类型，总结提炼各城乡融合发展区的特征，是促进农业农村高质量发展的重要依据。

一、城乡融合发展分区

以城乡多维融合水平为基础，考虑城乡融合的空间集聚特征以及空间分布特性，采用两步聚类分析方法对黄河流域城乡融合类型在市域和县域尺度上分别进行区域划分。聚类结果表明，当划分成 5 个聚类时，每个聚类间的区别是最明显的，因此根据融合发展水平将黄河流域融合类型区划分为 5 类较合适。如表 5-11、表 5-12 与图 5-13 所示，通过对城乡融合不同维度指标的描述性统计，将类型区归为经济-社会主导型、要素-空间主导型、要素-空间制约型、经济-空间制约型和经济-要素制约型。五类城乡融合发展类型区的空间分布如图 5-14 和图 5-15 所示。

表 5-11　黄河流域市域城乡融合类型区

类型区	空间集聚	维度				
		要素	经济	生态	空间	社会
经济-社会主导型	热点；温和	0.49	0.50	0.71	0.70	0.60
要素-空间主导型	热点；次热点	0.38	0.32	0.66	0.18	0.20
经济-空间制约型	温和	0.23	0.50	0.86	0.15	0.29
要素-空间制约型	次冷点	0.14	0.50	0.64	0.05	0.15
经济-要素制约型	温和	0.17	0.23	0.82	0.04	0.10

表 5-12　黄河流域县域城乡融合类型区

类型区	位置特征	空间集聚	维度				
			要素	经济	生态	空间	社会
经济-社会主导型	中心城区	热点	0.26	0.34	0.54	0.24	0.41
要素-空间主导型	县城	次热点；温和	0.24	0.21	0.32	0.18	0.35
要素-空间制约型	县城	温和	0.12	0.18	0.66	0.14	0.31
经济-空间制约型	县城	次冷点	0.12	0.17	0.64	0.15	0.31
经济-要素制约型	县城	冷点	0.09	0.14	0.65	0.13	0.33

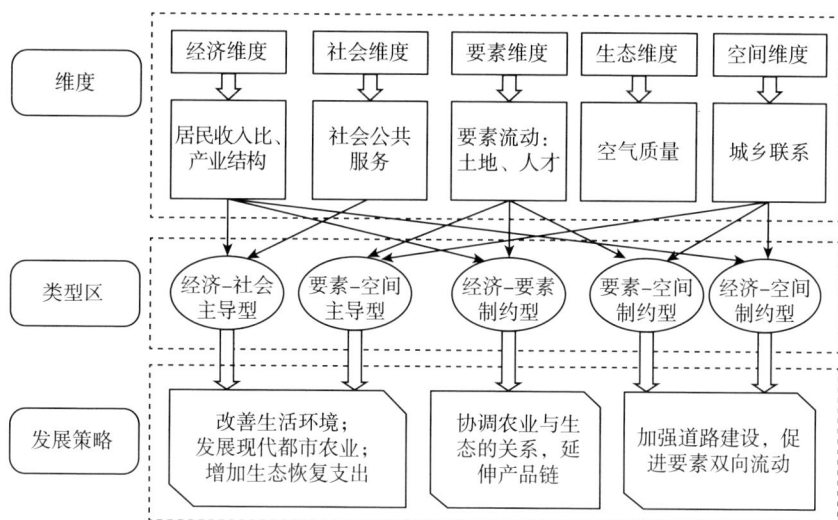

图 5-13　黄河流域城乡融合发展分区及发展策略

经济-社会主导型融合区域主要出现在黄河流域各地级市的城区，以下游地区分布居多，中上游地区多集中在区域性核心城市。城乡经济发展和社会公共服务以及要素流动拉动融合水平，生态融合状态较差。该融合类型区主要依托较好的经济发展水平以及优质的社会公共服务，众多优势要素高度集聚，各种城乡政策制度完善，城市对乡村的"涓滴"效应明显，农民的非农就业占比较高，且经济作物种植比例较高，农村生活便利，因此成为经济-社会主导型城乡融合类型区。

要素-空间主导型融合区依托要素的流动以及畅通便利的城乡联系，城

要素-空间主导型

开封市　鹤壁市　安阳市　濮阳市
菏泽市　济宁市　泰安市　滨州市
淄博市　东营市　临沂市　德州市
聊城市

经济-要素制约型

玉树藏族自治州　海北藏族自治州
海南藏族自治州　果洛藏族自治州
甘孜藏族自治州　黄南藏族自治州
阿坝藏族羌族自治州　白银市　天水市
庆阳市　武威市　巴彦淖尔市
石嘴山市　中卫市　吴忠市
乌兰察布市　朔州市　忻州市　吕梁市
阳泉市　晋中市　长治市　运城市
晋城市　临汾市　延安市　铜川市
渭南市　咸阳市　汉中市　安康市
宝鸡市　商洛市　三门峡市　焦作市
新乡市　平顶山市　南阳市　大同市
张掖市

经济-空间制约型

海西蒙古族藏族自治州　西安市　阿拉善盟
乌海市　银川市　鄂尔多斯市　包头市
呼和浩特市　太原市　榆林市　洛阳市

经济-社会主导型

西安市　郑州市　济南市

要素-空间制约型

海东市　甘南藏族自治州
临夏回族自治州　兰州市
定西市　陇南市　平凉市
固原市

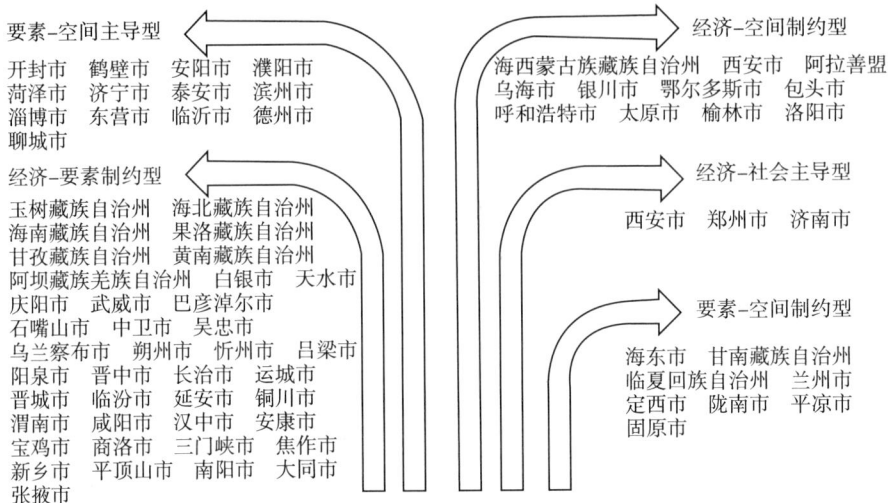

图 5-14　黄河流域市域城乡融合类型区空间分布

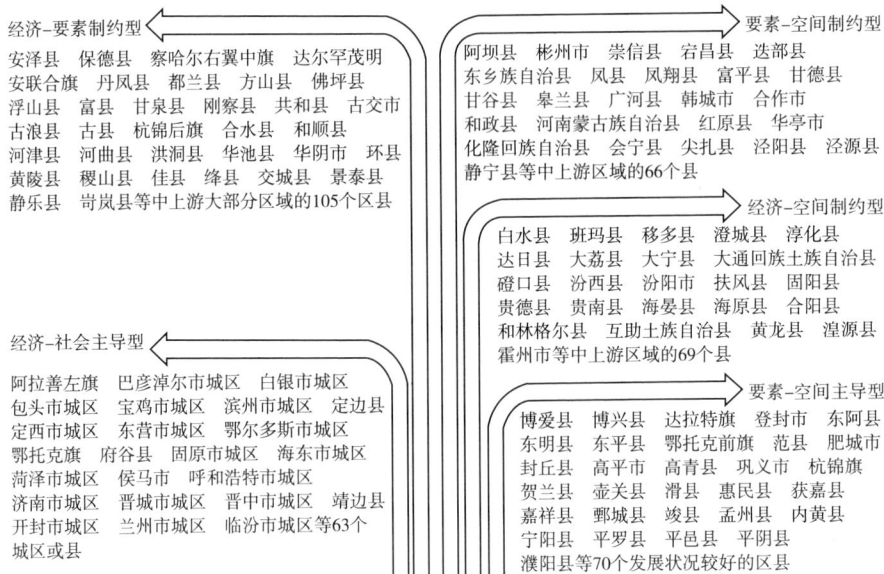

经济-要素制约型

安泽县　保德县　察哈尔右翼中旗　达尔罕茂明
安联县　丹凤县　都兰县　方山县　佛坪县
浮山县　富县　甘泉县　刚察县　古交市
古浪县　古县　杭锦后旗　合水县　和顺县
河津县　河曲县　洪洞县　华池县　华阴市　环县
黄陵县　稷山县　佳县　绛县　交城县　景泰县
静乐县　岢岚县等中上游大部分区域的105个区县

经济-社会主导型

阿拉善左旗　巴彦淖尔市城区　白银市城区
包头市城区　宝鸡市城区　滨州市城区　定边县
定西市城区　东营市城区　鄂尔多斯市城区
鄂托克旗　府谷县　固原市城区　海东市城区
菏泽市城区　侯马市　呼和浩特市城区
济南市城区　晋城市城区　晋中市城区　靖边县
开封市城区　兰州市城区　临汾市城区等63个
城区或县

要素-空间制约型

阿坝县　彬州市　崇信县　宕昌县　迭部县
东乡族自治县　凤县　凤翔县　富平县　甘德县
甘谷县　皋兰县　广河县　韩城市　合作市
和政县　河南蒙古族自治县　红原县　华亭市
化隆回族自治县　会宁县　尖扎县　泾阳县　泾源县
静宁县等中上游区域的66个县

经济-空间制约型

白水县　班玛县　移多县　澄城县　淳化县
达日县　大荔县　大宁县　大通回族土族自治县
碛口县　汾西县　汾阳市　扶风县　固阳县
贵德县　贵南县　海晏县　海原县　合阳县
和林格尔县　互助土族自治县　黄龙县　湟源县
霍州市等中上游区域的69个县

要素-空间主导型

博爱县　博兴县　达拉特旗　登封市　东阿县
东明县　东平县　鄂托克前旗　范县　肥城市
封丘县　高平市　高青县　巩义市　杭锦旗
贺兰县　壶关县　滑县　惠民县　获嘉县
嘉祥县　鄄城县　竣县　孟州市　内黄县
宁阳县　平罗县　平邑县　平阴县
濮阳县等70个发展状况较好的区县

图 5-15　黄河流域县域城乡融合类型区空间分布

乡融合水平次于经济-社会主导型区域，主要分布在经济-社会主导型区域附近。在县域尺度，下游地区及呼包鄂榆城市群周围主要分布经济-社会主导型与要素-空间主导型融合区，在市域尺度，仅下游地区有所分布。要素-空间主导型融合区的空间集聚特征表现为次热点，说明该类型下仍是属于融合的重点关注区域。凭借毗邻核心城区的优越地理位置，乡村发展快于上游地区，农业经济产出相对较高。与经济-社会主导型融合区相同，该类型区的生态融合不佳，生态环境问题是未来发展的短板。

要素-空间制约型融合区集中分布在兰西城市群与关中平原城市群周围，城乡间要素流通的不畅以及空间联系较少使得该类型区的发展受到要素以及空间维度的限制。该类型区主要分布在上游地区，处于第一阶梯和第二阶梯的过渡地带，地形地势的天然阻隔，给该地区城乡融合带来极大的不便。长期以来产业发展相对受限，上游地区的核心城市的辐射带动作用有限，城市间的网络联系较少，甚至仍处于城市对乡村的"虹吸"阶段，城市未能较好地反哺乡村。

经济-空间制约型融合区主要分布在要素-空间制约型融合区的外围，同样集中在中上游地区，其他地区零星分布。青藏高原地区经济发展慢，产业活动少，空气质量较好，作为"江河源"的生态源，特殊的地理位置对其生态环境提出较高的要求，使得其呈现出生态融合较优的情形。同样，上游的生态本底相对脆弱，贫困的发生与其有较大的关联。天然地形的限制对城乡间的流通造成阻碍。如何将经济发展与生态保护融为一体是未来该类型区的重点。

经济-要素制约型融合区是所有类型区中分布面积最大的，分布于中上游的大部分地区。地形地势相对复杂，青藏高原以及黄土高原均有分布。该类型区与周围地区相比，经济发展水平较低，要素流通不畅，城乡空间联系较少，处于城乡融合的冷点区。黄土高原属于生态环境相对脆弱以及农村地区经济相对贫弱的区域。城乡之间经济活动少，城乡之间发展相对割裂，城乡融合程度低。

二、市域与县域发展对比

从黄河流域城乡融合水平看，市域与县域空间分布整体一致，均是下游地区为融合的高值地区，上游地区融合相对较低。从城乡融合的冷热点来看，市域与县域在部分地区存在一定差异，县域尺度冷热点分区更加显著，而市域尺度的冷点区与热点区分布相对较少，不显著区域居多。对图 5-6 与图 5-12 进行比较，发现整体融合的热点区域差异，存在于呼包鄂榆城市群周围。市域尺度上，呼包鄂榆城市群仅在经济融合角度为融合的热点，其他维度均不显著；而县域尺度上，均为融合的热点区域。

从图 5-14 与图 5-15 可以看出，市域与县域尺度的城乡融合类型区存在一定的差距。下游地区均是各类主导型融合区，差异性不显著，仅主导类型有所不同。此外，经济-要素制约型与要素-空间制约型融合区在市域和县域尺度均分布在中上游地区，空间分布基本一致，仅是部分地区存在差异，要素-空间制约型融合区的差异相对显著。经济-空间制约型融合区在市域和县域尺度差异明显，市域尺度集中分布在呼包鄂榆城市群周围，上游地区少量分布，经济-空间制约型与其他制约型融合区相比，经济维度的融合值相对较高。此外，市域尺度经济-空间制约型融合区内的城市面积相对较大，这在一定程度上使得城市内部交通等空间上的联系相对受限。

三、城乡融合发展策略

黄河流域不同融合类型区的主导因素与制约因素不同，因此各融合类型区内的发展策略也应各有侧重。各类融合类型区的发展策略如图 5-13 所示。

（一）主导型融合类型区

经济-社会主导型融合区依赖于经济与社会维度的融合，要素-空间主导型融合区的分布范围与经济-社会主导型融合区类似，县域尺度多为下游的平原地区以及中部的呼包鄂榆城市群周围，市域尺度也均在下游地区。城市中心城区多处在地理位置优越、地势平坦的地区，区域空间限制条件少，产业多以二三产业为主，非农收入占比高，社会公共服务体系较完整，要素流动较畅通，使得这些地区集中分布主导型融合类型区。

经济-社会主导型融合区和要素-空间主导型融合区的发展策略可从两个层面进行。第一个层面是下游的中原城市群与山东半岛城市群，在城乡融合中应重视发展都市农业。城市化与工业化进程不断加快，城市的郊区地带因毗邻城市，凭借优越的地理位置以及广阔的城市市场，都市农业也快速发展。如在城市的周围，发展高经济价值的作物，种植花卉、果树以及蔬菜等，为城市提供所需要的农产品（蔡建明等，2008）。同时，这些地区农业种植条件较好，农业机械化水平较高，也应重视发展绿色现代工业，推动农业的规模化、集约化，促进产业与乡村融合发展。这些措施不仅可以为城市提供便利，同时增加了农民的收入，一定程度上可以缩小城乡收入差距，利于城乡融合的实现。

第二个层面为中游的呼包鄂榆城市群附近。该地区应该注重发展畜牧业和生态旅游（刘彦随等，2018）。将各种农业生产方式有机地融合起来，推动现代农牧业融合的新模式，同时也应重视畜牧发展和生态保育的关系，在发展经济的时候也不忘保护生态环境。呼包鄂榆城市群内拥有独特的自然景观，可以将其与当地的特点相结合，开发出能提高农户收益的生态旅游业。与此同时，呼包鄂榆城市群在市域范围内处于制约型，既要保持自身的经济发展，又要强化与周边区域的联系。

同时，两个主导型融合区的生态融合度都较差。在迅速发展城市经济的同时忽略了对城市生态的保护，导致了以牺牲环境为代价的经济发展。在城市与农村的协调发展过程中，要注意保护好农村的生态环境，提高农村的生活质量。在城市生态建设中，应加强生态建设，增加城市生态建设的投资，以改变城市生态建设与城市生态建设的不协调现状。

（二）制约型融合类型区

三种制约型类型区分布在黄河流域中上游地区，主要受限于经济、要素、空间维度的融合。城乡之间的发展差距较大，城市的资金、技术等无法有效流入农村，空间限制、要素流通不畅，对城乡经济发展产生直接影响，不利于农村居民提高收入。

交通运输网络的形成是城市群发展的物质条件与前提（程钦良等，2020）。公路等交通网络的建设与改善会引致特定产业产生集聚，增加整个社会的福利，对城市资本、技术、知识的流动产生巨大影响。因而，要素-空间制约型与经济-空间制约型融合区的发展策略应集中于减少空间障碍、消除不利于城乡要素流动的壁垒。这两类融合区主要分布在黄土高原与青藏高原地带，地势普遍较高，水资源相对紧张，农业灌溉用水稀缺成为制约当地农业发展的重要因素，不利于农业现代化的实现；空间融合程度低，城乡间沟通联系少，空间的限制以及对外交通成为限制农业生产和流通的另一个制约因素。这两类融合区，位于青藏高原的区域，农业的发展应以生态保育与增加就业机会、提高农户的生活保障为主要目的，以当地优越的自然景观为依托，发展生态旅游业。两类融合区的当地生态相对脆弱，应当重视农业生态化建设；牧区等多民族聚居地，可以将生态旅游业与特色民族文化相结合。而位于黄土高原地区的融合区，沟壑纵横，需进一步通过进行土地整治、改良土壤来提高农业的生产条件。在促进农业发展的基础上，进一步完善交通设施的建设，打通城乡之间要素流动渠道，同时也有助于当地与外界进行沟通交流，促进地方经济发展。

经济-要素制约型融合区分布广泛，多个省份均有分布。该类融合区整体上应注重延伸农产品的产业链，推动农业与生态的融合。同时，本类型区内不同区域应结合当地特色，针对性采取发展策略。如山西省河谷地带应发展杂粮产业，发展林果特色生产区，将农业发展与区域城镇化相结合，促进农业生产。内蒙古地区的发展应重视节约用水，重视畜牧业与生态的关系。

第五节 小 结

本章较系统地分析了黄河流域市域与县域尺度城乡融合水平的区域差异，并划分了城乡融合发展类型区，提出各类型区的发展策略。首先，从经济、社会、生态、要素和空间五个维度建立城乡融合综合评价体系，分别采用全局熵权法和动态综合评价法测度了黄河流域市域与县域尺度城乡融合水平和各分维度的融合程度，发现不同流域、不同城市群以及不同维度的城乡融合均表现出差异性特征。其次，采用全局空间自相关方法、Lisa 聚类和热点分析方法探究黄河流域城乡融合水平空间相关性和异质性特征，发现黄河流域城乡融合有较强的空间相关性。最后，根据黄河流域城乡融合水平的时空演化特征，将黄河流域划分为经济-社会主导型、要素-空间主导型、要素-空间制约型、经济-空间制约型和经济-要素制约型五种城乡融合发展类型区。两类主导型融合区的经济发展相对较好，在发展中应更多考虑经济与生态环境协调发展问题。三类制约型融合区应该更多关注如何在保证生态环境质量的同时，促进地区经济发展，增加农民收入，缩小城乡差距。城乡融合的关键是如何促进农村地区的发展、增加农民收入、提高农民幸福感。

第六章

城乡融合发展的驱动力

社会经济现象的空间格局往往是宏观和微观机制共同作用下"人地关系地域系统"长期均衡的结果。省、市等宏观、单一尺度的城乡融合特征以及区域间异质性反映了区域城乡融合发展的总体趋势和平均水平，但掩盖了区域内部的差异状况，较小的空间尺度能够更为精准地反映城乡融合格局特征。城乡融合是区域经济增长、人口集聚、产业发展等要素演化的综合反映，单一的空间尺度无法有效体现其空间内的异质性，空间尺度过小又会失去城乡融合的综合意义。因此，对比市域和县域两级尺度城乡融合的格局特征，探讨不同尺度产生的空间效应，是对省、市、县等单一行政单元城乡融合格局研究的有效补充。本章首先从产业结构、市场活力、金融发展水平、地方财政支持、区位与特征、自然地理特征等方面分析城乡融合的驱动机制。其次，使用时空地理加权回归（GTWR）模型，以黄河流域县、市两级行政单元作为研究尺度，分别估计不同驱动因素对城乡融合各维度和整体水平的影响程度，在此过程中明确影响城乡融合发展的主要驱动力。

第一节　城乡融合发展主要驱动因素

城乡融合要求乡村振兴与新型城镇化的"双轮协调"发展，既需要新型城镇化带动，又需要乡村通过振兴提升自身主动发展能力和发展活力，还需要二者之间的紧密配合、协同发展、良性互动。受政策、自然、经济、社会、生态环境等多重因素影响，乡村发展停滞不前，"三农"问题影响了中国经济社会的蓬勃发展，相较于城市而言，乡村一直处于弱势地位。城镇化的快速发展推动了城镇区域的扩张，吸引周边区域的资本、劳动力等资源向此聚集，导致我国长期处于城乡二元对立状态。

学者将城乡融合的影响因素分为内生性因素和外生性因素两大类。其中，内生性因素指与经济增长关联的一些因素，包括城镇化程度（陆铭等，2004；陈斌开等，2010）、金融发展水平（姚耀军，2005；刘贯春，2017）、生育率（郭剑雄，2005）等。外生性因素主要包括政府的政策性因素如财政支出制度（张义博等，2012）以及政府的偏向性政策（陆铭等，2004；周世军等，2011；侯新烁等，2017）、交通区位、基础设施建设、地理条件等。因此，本节从产业机构、市场活力、金融发展水平、政府支持力度、区位重要性以及地理特征等角度出发（图6-1），以期明确城乡融合发展的主要影响因素。

一、产业结构

产业结构是探讨城乡关系的关键因素（高霞，2011；傅振邦、陈先勇，2012；程莉，2014）。产业结构的合理化和高级化深刻影响着经济发展和城乡关系。不同地区间产业结构的差异推动了各种要素的流动，从而构成城乡差距的基本单元。早在17世纪，威廉·配第研究了劳动力这一重要的生产要素在各产业部门的回报差异以及这种差异给劳动力流动造成的影响。他指出，工业的工资收入高于农业，服务业又高于工业，因此这种收入差距会促使劳动力向回报率高的产业转移，从而促使以工业和服务业为产业主体的城镇地区吸引了以农业为主体的乡村地区的劳动力资源，导致乡村劳动力流失。按照经济学经典理论的阐述，若产业间的劳动力要素可以自由流动，那么劳动的回报率也应该是一致的。因此，合理的产业结构应当倾向于缩小经济体之间的收入分配差距。改革开放以来，我国放宽了对劳动力流动的限制，促使劳动力可以在城乡、地区、行业之间自由流动，以此来优化资源配置，推动产业结构的合理化。根据刘易斯（1954）的二元经济理论，在二元经济结构下，农村剩余劳动力纷纷向城市转移，一方面推动了产业结构合理化，另一方面也提升了自身的收入水平，从而促进了城乡融合。

产业结构高级化对城乡融合发展来说是一把"双刃剑"，既有正面影响，又有负面影响。根据配第—克拉克定律，随着经济的发展，第二产业与第三

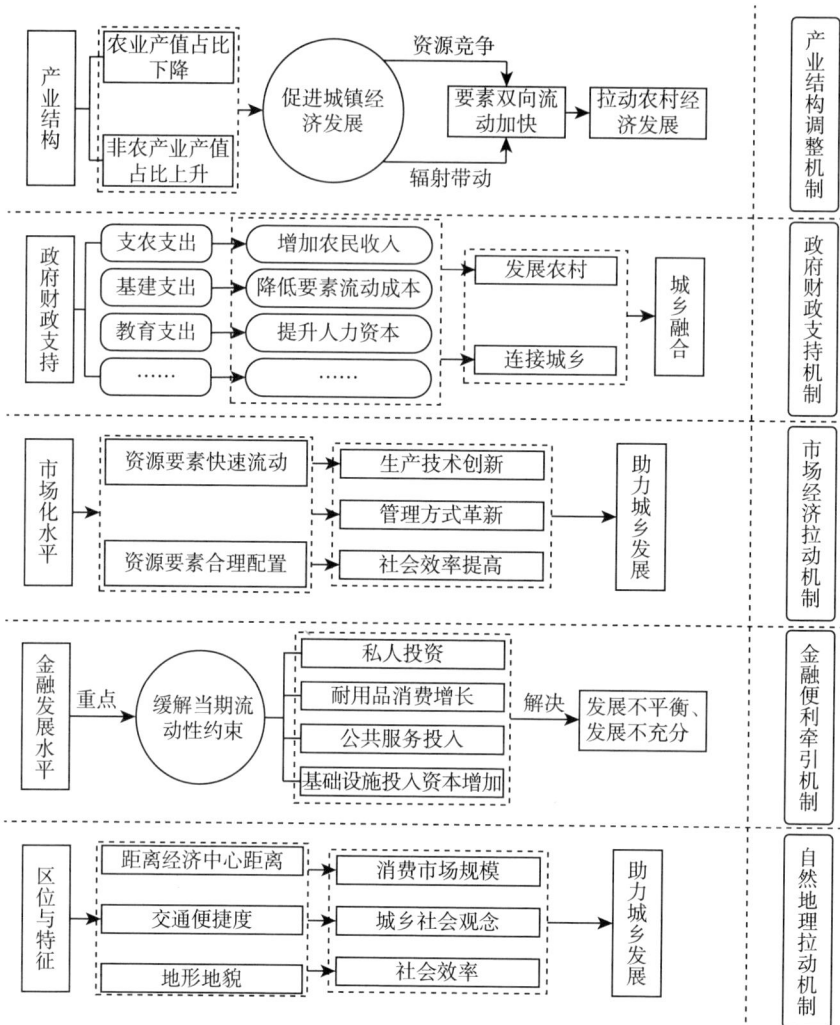

图 6-1　城乡融合发展驱动因素

产业的平均工资水平不断提高，从而吸引更多的劳动力流入，在劳动力分布上呈现出了农业劳动力比重下降，工业与服务业比重上升的现象，在这一过程中也推动了产业结构的高级化，产业结构通常被表述为第三产业与第二产业的产值之比。产业结构高级化对城乡劳动力收入水平的差距存在不同的影响效应：一方面，传统服务业具有较强的带动就业作用，能提供更多的就业岗位，解决农村剩余劳动力的就业问题，从而有助于缩小城乡收入差距。另一方面，产业结构高级化也可能表现为资本、技术等要素密集、劳动生产率高的生产性服务业占比提升，高端生产性服务业中资本技术往往会替代一部分劳动力，就业吸纳能力不高，从而进一步恶化劳动收入分配。因此，产业结构高级化对城乡经济融合的影响存在正反两个效应，不同的经济发展阶段产业结构高级化对城乡差距的影响可能不同（吴万宗等，2018），哪个效应占主导地位需要具体问题具体分析。

工业化、城镇化、非农产业发展等因素对城乡融合起着重要作用。一方面，工业化、城镇化往往意味着农业等基础部门在经济发展中份额的下降，乡村产业在经济发展中的作用更容易被忽视。改革开放以来，随着城镇化、工业化水平的快速提升，城市发展逐渐优于农村，资源要素更多地向城镇聚集，城乡居民收入、公共服务、政府财政支出等各方面的差距日益扩大，导致我国城乡融合水平较低。另一方面，工业化、城市产业经济增长极能通过不同的渠道发挥扩散效应，带动乡村产业的发展（敖丽红等，2018）。随着经济的高质量发展，城市对农村的辐射带动作用逐渐增强，各类要素不断向农村扩散，资金和技术更频繁地向农村地区注入，使得传统农业逐渐转变为具有规模化、集约化、专业化和信息化特征的现代农业。城乡要素的自由流动为农业农村的高质量发展注入了源源不断的活力，农村地区的基础设施条件和再生产能力都得到有效改善。随着我国经济的高质量发展，城镇工业和服务业也不断蓬勃发展，这些产业在推动城镇经济提质增效的同时，也通过资源竞争和拥挤效应对农村地区产生着积极影响，形成了工业反哺农业，城市反哺农村的良性互动，农村地区居民生活水平和质量逐渐提高，城乡地区之间的经济发展差距也在不断缩小。

二、地方财政支持

现代意义上的公共财政是随着市场经济的发展而逐步构建并不断完善的，主要为履行政府公共职能、弥补市场失灵提供资金政策支持，其目标和着眼点主要是满足社会公共需要。具体而言，公共财政的职责主要在于筹集资金、分配公共资源、实施财政政策等方面（丁学东、张岩松，2007）。影响城乡关系的公共财政支出主要包括支农支出、基本建设支出和教育支出。

其中，支农支出是国家对农业生产进行宏观调控，从而影响乡村发展与农民收入的重要抓手；基本建设支出则推动以新建、扩建、改建和重建为基本内容的空间再生产过程，是城乡发展的基础条件，健全的基础设施能够降低投资成本从而吸引企业集聚，使城乡居民和企业之间实现资源共享。一方面，为农村劳动力提供更多就业机会和较高的工资报酬，从而提高农村居民的平均收入水平。另一方面，企业的集聚和转移将为城乡空间生产发展提供源动力，从而促进城乡融合。此外，要素配置理论认为，当劳动力实现有效配置时，教育支出的增加会提升人力资本水平，并通过知识溢出效应与创新激励带动劳动生产率和收入水平的提高，从而加速城乡融合进程。

从我国实践来看，自我国提出建立公共财政制度以来，公共财政方面便体现出城乡二元体制。为了支撑城市和工业发展，公共财政支出主要是面向城市地区，并未充分覆盖到农村，强化了城乡对立关系。直到党的十六大提出统筹经济社会发展的理念，才从发展战略和宏观政策这两个层面为公共财政扶持"三农"、覆盖农村奠定了基础。2004年起，全面减免农业税收，对种粮农民提供直接补贴、良种补贴、农机购置补贴，改变了国家对城市和农村的取予关系，逐渐开始打破新中国成立以来形成的城乡二元体制。此后，公共财政对"三农"的支持由农业生产逐步延伸到农村公共服务和基础设施建设，农村文教卫发展以及乡村道路建设、人畜饮水、能源开发也逐步纳入公共财政支出范围，构建起与市场经济和公共财政职能配套的政策体系，主要包括现代农业建设支持政策、农村公共基础设施建设支持政策、农村教育事业发展的支持政策、农村卫生事业发展的支持政策、农村文化事业发展的支持政策。公共财政逐渐延展到农村，在一定程度上加快了城乡协调发展和城乡融合的制度建设（丁学东等，2007）。

公共财政对城乡关系的调整在城乡转移性收入、可支配收入、基础设施建设以及公共服务质量等方面发挥显著作用，地方公共财政覆盖到农村地区越多，越有利于乡村地区改变地方财力预算约束，提升农业农村的公共服务水平，缩小城乡之间的公共服务差距。然而，在中国式分权背景下，各地区经济竞争激烈，理性的地方政府公共投入越将倾向于更具短期经济效应和低公共服务支出成本优势的城市地区（陆铭等，2004），导致中央财政转移支付等手段对改善中国城乡二元对立关系的作用有限。

三、市场化水平

劳动、资本、土地等生产要素在城乡之间自由流动为城乡融合发展提供了强有力的制度保障（李江涛等，2020）。资源配置方式的差异无疑会对当事人拥有的资源禀赋有着重要的影响。当事人获取资源的可行能力受资源配置方式的制约。根据阿玛蒂亚·森（2002）的观点，贫困的根源不能简单地归因于当事人收入水平的低下，也在于其"可行能力"被剥夺。在他看来，自由不仅是发展的首要目的，也是促进发展不可或缺的手段，"发展可以看作扩展人们享有的真实自由的一个过程"。城乡居民能否平等地分享经济增长的成果与政府的国民收入分配政策密切相关。新中国成立之初，为了尽快实现中国的工业化，政府采取了以统购统销为核心、以农业集体化和户籍制度等为制度保障的"以农补工"政策（江永红等，2007），工业化建设对农业剩余长期、巨量的摄取，造成了广大农民的收入水平低下，农业发展停滞不前。进入 21 世纪后，政府政策导向开始由"以农补工"向"以工补农"转变，陆续出台了一系列"多予""少取"政策，实施对农村的全面扶持，农业生产经营环境的改善，有效地增加了农民的转移性收入和经营性收入。

随着我国经济体制由计划经济转变为市场经济，市场机制在居民收入分配中发挥着重要作用，市场化已成为决定城乡居民收入和城乡融合水平的重要因素（刘拥军等，2003）。市场化改革对城乡居民收入的影响主要是通过收入的构成来实现。城乡居民收入主要由工资性收入、家庭经营性收入、财产性收入、转移性收入这四部分构成。市场化带动了经济的高速发展，给人们带来更多的就业机会，拓展人们的就业渠道，有助于增加城市居民的工资性收入和家庭经营性收入。对农村居民来说，经济的发展、市场化水平的提高能拓宽就业途径，避免农民失地失业，多源的财产收入拓展了农民增收的渠道，强有力的社会保障是农民收入的重要来源（史清华等，2011）。但是，城乡居民之间的人力资本差异会影响到他们能否获得就业机会，以及选择就业的能力和工作的稳定性，因此农村居民的收入提升受到人力资源的限制。

此外，市场化改革有力推动了土地市场化水平的提高，使土地资源的价值得到显现，进而有效地增加城乡居民特别是农村居民的财产性收入。土地之于中国农民是重要的生产手段，又肩负着重要的社会保障功能（钱忠好，2003），但现行征地制度对农民土地的征地补偿不仅未按照市场价值进行，而且又因为种种其他因素导致补偿款被层层克扣，农民收入水平反因征地而下降（廖洪乐，2007），农村居民财产性收入并不能得到充分实现（石磊等，2010），整体来看，市场化程度提高有利于缩小城乡收入的相对差距（汪茂泰等，2009）。

市场经济活力为城乡融合发展提供不竭的动力。按照市场准则，随着经济和各种要素相对价格的变化，所有要素的流动都会受到这种变化的影响，从而推动各种生产要素在城乡间的优化配置。经济发展与城乡关系发展是相互伴随的，城乡融合的过程也是市场经济发展的过程，市场机制的完善能够促进资源的快速流动和合理配置，驱动技术创新和产业结构优化升级，提高社会生产和运行效率，从而促进城乡融合发展。此外，市场经济活跃度提高会带来经济集聚，然后通过直接效应和空间溢出效应影响城乡发展和城乡融合水平。首先，经济集聚创造了一批经济高地，为农民提供了更多的就业机会和就业岗位，增加了农民收入，缩小了城乡收入差距；其次，农村可以借鉴城市地区成功的发展经验，降低试错成本，从而更快更好地实现城乡融合。

四、金融发展水平

从理论上讲，完善有效的金融市场是金融发展、经济增长以及收入差距缩小的基石（Banerjee et al.，1993），金融发展可以促进农村经济发展，从而实现农民收入的增长。Mckinon（1973）和 Shaw（1973）的金融抑制理论提出，借贷可以刺激消费增长。比如日本 20 世纪 70 年代全面发展消费金融，特别设计推出了针对农村居民的消费金融产品，促使消费成为拉动经济增长的重要因素，推动了城镇化的完成（郭庆然，2010；黄立华，2007）。生命周期理论和跨期消费模型认为家庭可通过储蓄、投资、借贷等跨期资源分配方式来实现金融决策，继而增加财富并促进消费（Gourinchas &

Parker，2002；Ludvigson，1999）。预防性储蓄理论认为风险厌恶的消费者会进行预防性储蓄以避免未来消费下降的风险，并且随着该风险的增大，家庭的预防性储蓄会越多（凌晨等，2012），从而当期消费减少。臧旭恒等（2012）发现城镇居民消费行为对收入变动和信贷条件变动同时呈现出"过度敏感性"，当前的消费信贷主要缓解了居民当期流动性约束、促进了耐用品消费的增长，而且不同收入的居民对信贷条件变化的敏感程度明显不同（韩立岩等，2012）。

从中国的实际来看，用全部国有及国有控股银行信贷水平来衡量的金融中介的不断发展壮大显著增加了城乡收入差距，说明目前的金融机构在向农村和农业配置资金方面效率低下。新中国成立初期实施的国家赶超战略，使金融成为国家调配经济资源和将经济剩余投入重工业的工具，从功能上来说金融实际上成了政府财政的一部分（林毅夫等，1994；林毅夫，2003）。在这种经济发展战略下，金融成为在国家的调控下将农村经济资源与剩余输送到城市与工业的管道，农民收入增长并非中国经济发展的重要标志和金融发展的重要目标（张杰，1998）。这种依托计划经济下重工业倾斜战略而发展起来的金融体制和结构，虽然伴随着市场经济发展而有所优化改善，但我国金融改革远远滞后于经济改革（Mckinnon，1993；周立，2004）。

中国的金融发展并非沿着自身内在的逻辑展开和扩展，农民收入增长长期以来没有成为金融发展的重要目标（温涛等，2005）。随着中国金融安全意识的提高，对金融的监管和控制严格化，政府设置高"门槛"对非正规金融发展实行严格的限制。与此同时，为化解国有金融长期累积的金融风险，以加强国有金融机构的自我约束为主要目的，政府进行了以企业化、商业化、股份化、市场化为特征的国有金融改革，使国有金融更加关注规模经济和利润最大化，在20世纪90年代中后期的国有金融改革中，国有金融机构开始大规模撤出农村和农业，就连明确定位在农村领域的农村信用社，为了摆脱自己的困境，也走上了规模经营、撤并集中之路，基层业务代办点大量撤并、人员清退、决策权限上收（何广文，1999）、业务非农化，这一系列的操作直接导致了中国的正规金融机构对农业农村重视不足，在为农村和农

137

业提供贷款以及金融支持方面缺乏效率（章奇等，2004），而政府又限制了非正规金融发展，使其始终处于"黑市"状态（张杰，2003）。在金融蓬勃发展的过程中，其不仅没有在促进农业生产发展，提高农村居民收入方面发挥积极有效的作用，反而抑制了农民收入的增长，促使城乡收入差距不断扩大，强化了二元经济结构（温涛等，2005）。现阶段，我国以"促进人的全面发展"为重点，从供给侧改革到共享发展，政策落脚点重点放在缩小城乡居民收入差距、促进乡村经济多元化发展、推动基本公共服务均等化和完善基础设施建设等方面，着力解决我国发展不平衡、不充分问题。从党的十六大以来，我国明确提出了统筹城乡经济社会发展的理念，提出了一系列切实可行的惠农金融政策，以期推动农业农村的发展、解决"三农"问题、缩小城乡差距，促进经济的高质量协调发展。

五、区位特征

广义上说，自然环境是人类生存的自然界，是作为生产资料和劳动条件的土壤、气候、水及生物等各种自然条件的总和（伍光和等，2004）。地理学家讨论自然环境决定社会发展的话题也由来已久，尽管随着社会、科技的发展，理论界不再认为环境是决定人类社会发展的唯一条件，却也无法消弭环境对人类社会发展的根本影响（约翰斯顿，2004）。传统发展理论认为，自然环境对贫困和经济发展的影响依然很大，持久的贫困集中于孤立的农村地区（Amarasinghe et al.，2005）。根据 Gallup 等（1999）的研究，自然地理环境主要通过交通、农业生产力和疾病三个途径影响经济社会（曲玮等，2012）。自然资源禀赋条件差异、规模报酬递增假说以及运输成本导致地区之间发展必然存在差异。在第二性理论脉络中，新经济地理学基于长期空间均衡视角，论证在运输成本、消费者产品多样性偏好、厂商生产规模报酬递增、要素自由流动等条件下，"中心—外围"结构将是经济活动空间自选择的必然结果（Krugman，1991）。距离产生的效应集中于投入产出关系、劳动力池与知识外溢。

一般来说绝对的区位条件通常难以改变，但相对区位条件可以通过交通条件的改善而改变。Venables（2011）认为劳动力会着重考虑城市劳动力市场质量，在选择就业地时更加倾向于选择与自身技能相匹配的地区。在缺乏高效率的交通工具的时代，部分高技能劳动力因无法兼顾家庭与工作而放弃异地就业，而交通效率的提高对促进劳动力流动十分重要（马伟等，2012）。对于发达地区而言，人力资本的集聚不仅会推动当地的产业升级，同时也加速了该地的传统产业向欠发达地区转移（靳卫东，2010）。欠发达地区因承接了由部分发达地区转移来的传统产业，会大幅增加对低技能劳动力的用工需求。低技能劳动力获得了就业机会，会增加低技能劳动力的收入水平，从而缩小城乡收入差距。此外，梁文泉等（2015）研究发现高技能劳动力与低技能劳动力存在一定的技能互补性。由于低技能劳动力向发达地区流动难度更大，发达地区出现低技能劳动力供给相对短缺的情况，这种情况下可以提升低技能劳动力工资水平，有利于缩小城乡收入差距（余泳泽等，2019）。

第二节　市域城乡融合驱动因素检验与分析

一、变量选取与模型构建

（一）变量选取

本节基于市域尺度分别研究产业结构调整、金融发展水平、公共财政支持、市场经济活力、交通区位、自然地理特征等因素对黄河流域城乡融合分维度以及整体水平的影响。

区域产业高级化程度用第三产业产值占地区生产总值的比例来衡量，以此测算产业高级化对黄河流域城乡融合的驱动作用；选择年末金融机构各项贷款余额与地区生产总值的比值作为金融便利水平的衡量指标，从而探索金融发展对黄河流域城乡融合的影响；选择政府教育支出占地区生产总值的比例作为政府财政投入的衡量指标，进而探究政策制度牵引对黄河流域城乡融合的驱动作用；选择当年实际利用外资与地区生产总值的比值衡量市场开放程度，从而间接分析市场经济拉动对黄河流域城乡融合的驱动作用；选择客货运总量、地形起伏度来衡量区位和地理特征。变量说明详见表 6-1。

表6-1　市域尺度变量选择

驱动因素	变量	变量解释	单位
产业高级化	X1	第三产业产值占地区生产总值的比例	%
金融发展	X2	年末金融机构各项贷款余额与地区生产总值的比值	%
政府财政投入	X3	政府教育支出占地区生产总值的比例	%
市场开放程度	X4	当年实际利用外资与地区生产总值的比值	%
交通区位	X5	客运总量	万人
	X6	货运总量	万吨
地形地貌	X7	地形起伏度	/

具体来看，选择以上变量的原因在于：

产业高级化（X1）：用第三产业产值占地区生产总值的比例来衡量产业高级化。随着经济的蓬勃发展，产业结构也会随之不断调整。产业结构和城乡收入差距紧密相关，第三产业所占比例的不断提高，可以缩小各项成本，提高经济效率、吸引大量投资、优化资源配置、扩大生产规模，从而可以提供更多的就业岗位，大量吸纳农村剩余劳动力，推动农村剩余劳动力源源不断地流入城市，提高农村居民的整体收入水平，缩小城乡收入差距。产业结构状况从许多方面深刻影响着城乡融合，因而选择该指标来衡量产业结构对城乡融合发展的影响。

金融发展（X2）：用年末金融机构各项贷款余额与地区生产总值的比值来衡量金融便利水平。可以通过年末金融机构各项贷款余额，看出该地区社会融资规模。年末金融机构各项贷款余额占地区生产总值的比例越大，说明社会融资规模越大。社会融资规模的扩大，表明金融机构对投资的支持力度加大，可以更好地刺激消费和投资，激发市场活力，推动经济提质增效。同时伴随着城乡社会融资规模的提高，金融对市场主体的支持力度加大，生产主体资金约束更小，市场生产要素更充足。同时，金融作为现代经济的核心，其在服务实体经济发展过程中对解决收入差距问题起着关键性作用。银行部门提供更广泛的信贷有利于拓宽投资限制门槛，为中小投资者提供平等的投资机会，对广大农村经营主体信贷提供便利，有利于促进城乡收入均等，从而有助于实现城乡在经济维度的融合。而城乡经济融合作为基础维度，能够带动城乡在其他维度上的协调发展。此外，随着信贷规模的扩大和金融便利度的提升，资金技术等生产要素流入农业部门，农村居民会加大对农业的生产投资，从而实现机械化、规模化、集约化生产，推动农业的转型升级和现代农业的发展。这不仅可以提高农业生产效率，还可以促使农业剩余劳动力回流，提高农村居民收入，缩小城乡在经济和社会维度上的差距。

政府财政投入（X3）：用政府教育支出占地区生产总值的比例衡量政府财政投入。政府财政投入对社会公平具有重要影响，政府可以根据当地发展和建设需求将一般公共预算服务支出用于教育、交通、环保、农林等各个方面。我国长期二元经济结构下，市场失灵会导致政府对公共品供给效率低下。从长期实践看，城镇的倾斜性政策使其供给机制表现出非均等性，导致政府对城市基本公共品的财政投入远超对农村基本公共品的投入，进一步造成城乡公共服务供给的差距不断拉大。此外，农村基本公共服务的供给与需求由于农村居民对公共品的需求偏好差异较大而产生不一致（拓志超等，2011）。为推动城乡全面融合，必须在坚持效率优先、兼顾公平的前提下，更加重视社会公平，最终使得我国的城乡差距、地区差距、居民内部差距全面缩小。

市场开放程度（X4）：市场开放程度用当年实际利用外资与地区生产总值的比值来表示，是一个正向指标。在加快形成以国内大循环为主体，国内国际双循环相互促进的新发展格局下，乡村地区普遍存在服务产业发展与公共服务供给"质量双低"的特点，影响对外来要素的吸纳能力，而畅通城乡经济循环离不开要素在城乡间的双向互动（谢东东等，2021）。市场开放程度越高，则资源要素流转率越高，消费水平越高，从而生产越旺盛，经济更繁荣，以此带动市场解决农村市场体系不健全、城乡要素流动不畅的问题。

交通区位（X5、X6）：用客运总量和货运总量衡量该地的交通运输能力和运输强度。交通区位会影响劳动力流动的便利性，从而影响城乡间的联系，交通运输能力越强的地区，区域内外要素流动更便利，更能够促进城乡间在人、财、物等方面的流动。

地形地貌（X7）：考虑到研究区域地形地貌复杂，而地形条件对于区域整体发展，特别是城乡经济社会等要素流通存在较大影响，进而可能影响到区域城乡整体融合水平，因此考虑将地形地貌（即地形起伏度）作为地形因素，纳入城乡融合发展的影响因素。

（二）模型构建

考虑到黄河流域地域范围较广，且不同地区的城乡融合现状表现出明显的空间异致性，加之本书选取的时间窗口较长，所以采用时空地理加权回归模型，从时间和空间两个维度分析各驱动因素对黄河流域城乡融合的影响。GTWR 模型表达式如下：

$$Y_i = \beta_0(u_i, v_i, t_i) + \sum_k \beta_k(u_i, v_i, t_i)X_{ik} + \varepsilon_i \qquad (6-1)$$

式中，$i=1, 2, \cdots, n$；$t=1, 2, 3, \cdots, T$。Y_i 为第 i 个样本点的城乡融合水平；X_{ik} 为第 i 个样本点的第 k 个解释变量；u_i 和 v_i 分别为第 i 个样本点的经度和纬度坐标；t_i 为第 i 个样本点的时间坐标；(μ_i, v_i, t_i) 表示第 i 个样本点的时空维度坐标；$\beta_0(\mu_i, v_i, t_i)$ 为第 i 个样本点的常数项；$\beta_k(\mu_i, v_i, t_i)$ 是第 k 个驱动因素在第 i 个样本点的回归系数；ε_i 为模型的残差项。

二、城乡融合驱动因素的时空差异

（一）整体水平

1. 产业高级化

产业高级化对黄河流域内市域整体城乡融合水平的作用如图 6-2（a）所示。总体来看，第三产业产值占比对黄河流域城乡融合整体情况的影响总体表现为正向，且正向影响的强度呈现从北到南递减的趋势，但在部分年份对少数地区存在不连续的负向作用。从时间跨度来看，从 2000 年到 2019 年，正向作用的强度总体上逐年增强，在 2015 年之后有一定回落。2000 年，第三产业产值占比仅对黄河流域东北部边缘地带的乌兰察布市、包头市、呼和浩特市以及山东沿海部分地区的城乡融合存在负向作用，在大部分地区表现为正向作用，正向作用最强的区域在巴彦淖尔市。2005 年至 2015 年，第三产业产值占比对黄河流域内城乡融合起负向作用的区域有所减少，对乌兰察布市和呼和浩特市城乡融合的影响由负向转为正向，对黄河流域北部的影响几乎都呈现为正向作用；在正向区域的面积进一步扩张的同时，对陇南市、汉中市、安康市、商洛市一带在 2010 年及以后的年份城乡融合的影响均存在负向作用。2019 年，正向影响的区域范围有所回落，主要表现为对陕西省北部与山西省中部部分地区城市的影响由正向转为负向。

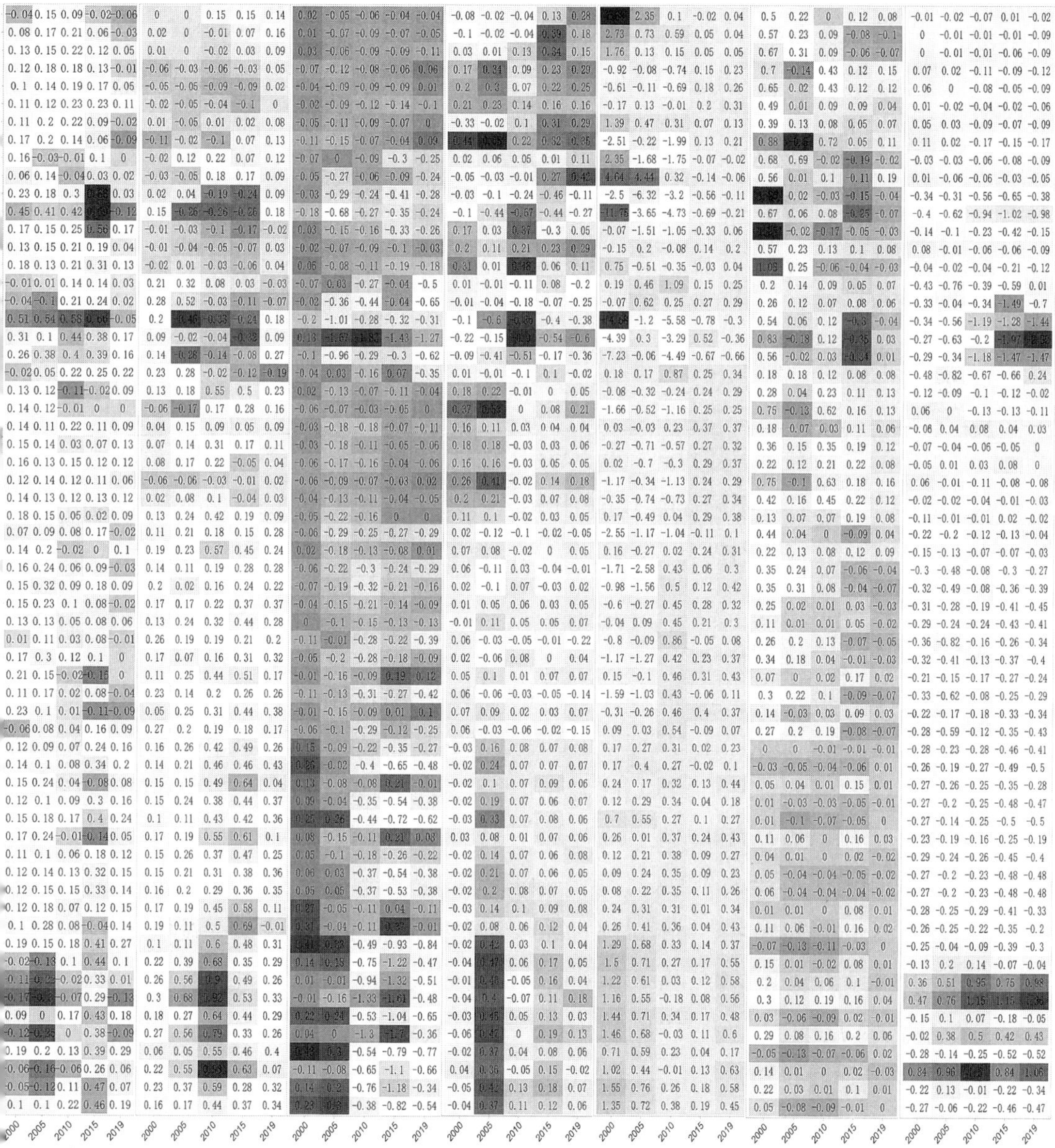

图 6-2　市域变量对黄河流域整体城乡融合影响的时空变化

2. 金融发展

金融发展水平对黄河流域内市域整体城乡融合水平的作用如图 6-2（b）所示。整体来看，金融发展对城乡融合的作用以正向为主，且正向影响范围逐渐扩大，正向影响的强度呈现出从东到西逐渐减弱的空间特征。2000 年，金融发展水平对城乡融合的正向影响集中分布在陕西省及其以东的中下游地区，而宁夏回族自治区、甘肃省等地区金融发展表现出对城乡融合的阻碍作用。2005 年至 2015 年，金融发展的负向作用范围进一步向东扩张至陕西省的宝鸡、咸阳以及内蒙古自治区的巴彦淖尔市、鄂尔多斯市等地。正向影响的范围存在缩减的趋势，但是正向影响的强度有所加强。2015 年以后，金融发展水平对城乡融合的正向作用的范围向西扩张，黄河流域除对吴忠市、庆阳市、包头市、呼和浩特市、乌兰察布市和南阳市的影响仍然为负向外，在其他地区都为不同程度的正向作用。可以看到，中下游地区的金融发展产生的正向作用更加显著，这是因为东部地区市场经济体制更加完善，资源要素配置更加合理。

3. 政府财政投入

公共财政支出对黄河流域内市域整体城乡融合水平的作用如图 6-2（c）所示。财政支出对黄河流域城乡融合水平的影响表现出明显的空间异质性和时间波动性。黄河流域的财政支出占地区生产总值的比例对城乡总体融合水平的作用以负向为主，在某段时期对部分地区城乡融合存在正向作用，这与县域层面的公共财政投入对黄河流域整体城乡融合水平的作用特征相似。从财政支出占地区生产总值比例的驱动作用的时间变化趋势上看，总体呈现正向作用范围分布分散且年份间断的特征。从 2000 年到 2010 年，可以看到财政支出占地区生产总值的比例对黄河流域城乡融合的正向作用范围逐年缩减，且正向作用的区域以 2010 年为分水岭，由逐渐减少转为逐渐增加；2010 年以后财政支出占地区生产总值的比例对黄河流域内所有区域城乡融合的作用逐渐转为负向。2015 年以后直到 2019 年，财政支出占地区生产总值的比例对黄河流域内大部分区域城乡融合稳定产生负向作用，仅在黄河流域中、下游地区零星分布有产生正向影响的区域。财政支出占地区生产总值的比例对市域黄河流域内城乡整体融合的作用总体与县域层面的分析具有相似特征，区别在于正向影响区域的时间变化特征。

4. 市场开放程度

市场开放程度对黄河流域内市域整体城乡融合水平的作用如图 6-2（d）所示。整体来看，市场开放程度对城乡融合的影响以正向为主，但负向影响范围逐渐扩大，主要呈现为南部正向、北部负向的总体特征。2000 年，市场开放程度对大部分地区城乡融合的影响为正向，仅在内蒙古自治区的鄂尔多斯市、山西省的忻州市、朔州市和河南省、山东省部分城市表现出阻碍作用。2005 年，市场开放程度的正向作用范围进一步聚集分布在上游和下游地区。2010 年左右，市场开放程度的正向作用范围逐渐扩大，相对集中分布在中下游。这是因为前期市场开放程度提高在一定程度上影响了城乡居民收入以及消费水平的提高，市场行为能够推动资源要素的流动，实现各种资源要素在城乡之间的优化合理配置，有助于提升城乡融合水平。但是随着居民尤其是城镇居民收入消费水平的提高，逐渐扩大了城乡居民购买能力的差距，减弱了资源要素的流动程度，但仍然对推进城乡融合起着积极作用。另外，下游地区的市场拉动作用更加显著，这也主要归因于东部地区较为完善的市场经济与资源配置措施。

5. 交通区位

客运量对黄河流域市域整体城乡融合水平的作用如图 6-2（e）所示。整体来看，客运量对城乡融合主要起正向促进作用，且在河南省、山东省等区域的正向作用逐渐增强。从时间趋势上看，正向作用范围逐渐扩大，强度逐渐增加。2005 年之前，客运量对城乡融合的正向作用极值点为青海省、山东省部分城市，2005 年之后，客运量的正向作用极值点逐渐向东转移至河南省、山东省等地，更加聚集地分布在下游地区。2010 年之后，客运量的正向作用极值点基本稳定在黄河流域中下游地区，中下游地区客运量的正向作用更加显著。

货运量对黄河流域市域整体城乡融合水平的作用如图 6-2（f）所示。整体来看，货运量对城乡融合同样主要起正向促进作用，但正向作用的强度有所减弱，同时少数年份对部分地区存在负向作用。2000 年，对黄河流域各城市城乡融合均表现为正向作用，且程度较高；2005 年，货运量对城乡融合的正向作用范围呈现缩减趋势，分布零散。2005 年之后，货运量的正向作用区域稳定地分布在大部分地区。总体来说，在交通货运量越大，重要性越高的地区，交通货运量对城乡融合的促进作用越显著。

6. 地形地貌

地形起伏度对黄河流域市域整体城乡融合水平的作用如图 6 - 2（g）所示。总体来看，地形起伏度对黄河流域城乡融合既有正面的作用，也有负面的作用。在大部分地区表现为负向作用居多，正向作用的区域范围较小且分布分散。从具体年份来看，2005 年，黄河流域的东部地区地形起伏度对城乡融合主要为显著的负向影响，而在甘肃省和陕西省西部集中连片的小部分区域呈现出正向影响，这一特征直到 2015 年逐渐趋于减弱，正向影响的范围零星分布在甘肃省的陇南市、定西市、天水市、陕西省的延安市以及山东省东部部分城市；2010 年，正向影响的范围逐渐缩小；2019 年，形成了除了对延安市、乌兰察布市、呼和浩特市、滨州市、东营市、临沂市等小部分区域为正向影响外，对大部分地区都为显著负向影响的格局。地形起伏度对黄河流域市域整体城乡融合水平的影响与对县域的作用相似，都以负向作用为主。

（二）空间维度

1. 产业高级化

产业高级化对黄河流域市域城乡空间融合的作用如图 6 - 3（a）所示。总体来看，第三产业产值占比对黄河流域城乡空间融合的影响总体表现为正向，但正向影响的强度存在递减的趋势，在部分年份少数地区存在不连续的负向作用。2000 年，第三产业产值占比仅对陕西省的榆林市以及山东省沿海部分地市的城乡空间融合存在负向作用，在大部分地区表现为正向作用。2005 年，正向作用的范围有所缩减，对巴彦淖尔市、汉中市等个别城市城乡空间融合的影响由正向转为负向。2010 年，正向作用的范围进一步缩减，对陕西省、山西省、河南省交界地带部分城市的影响由正向转为负向。2015 年之后，第三产业产值占比对黄河流域大部分区域的城乡空间融合表现为负向作用，仅在鄂尔多斯市及其周边一带和山东省部分城市表现为强正向作用，黄河流域东北部和南部大部分城市零星分布产生负向作用的影响区域。2019 年，正向影响的区域范围继续减少，且强度进一步降低，对陕西省北部榆林市与山东省东部部分地区城市的影响由正向转为负向。

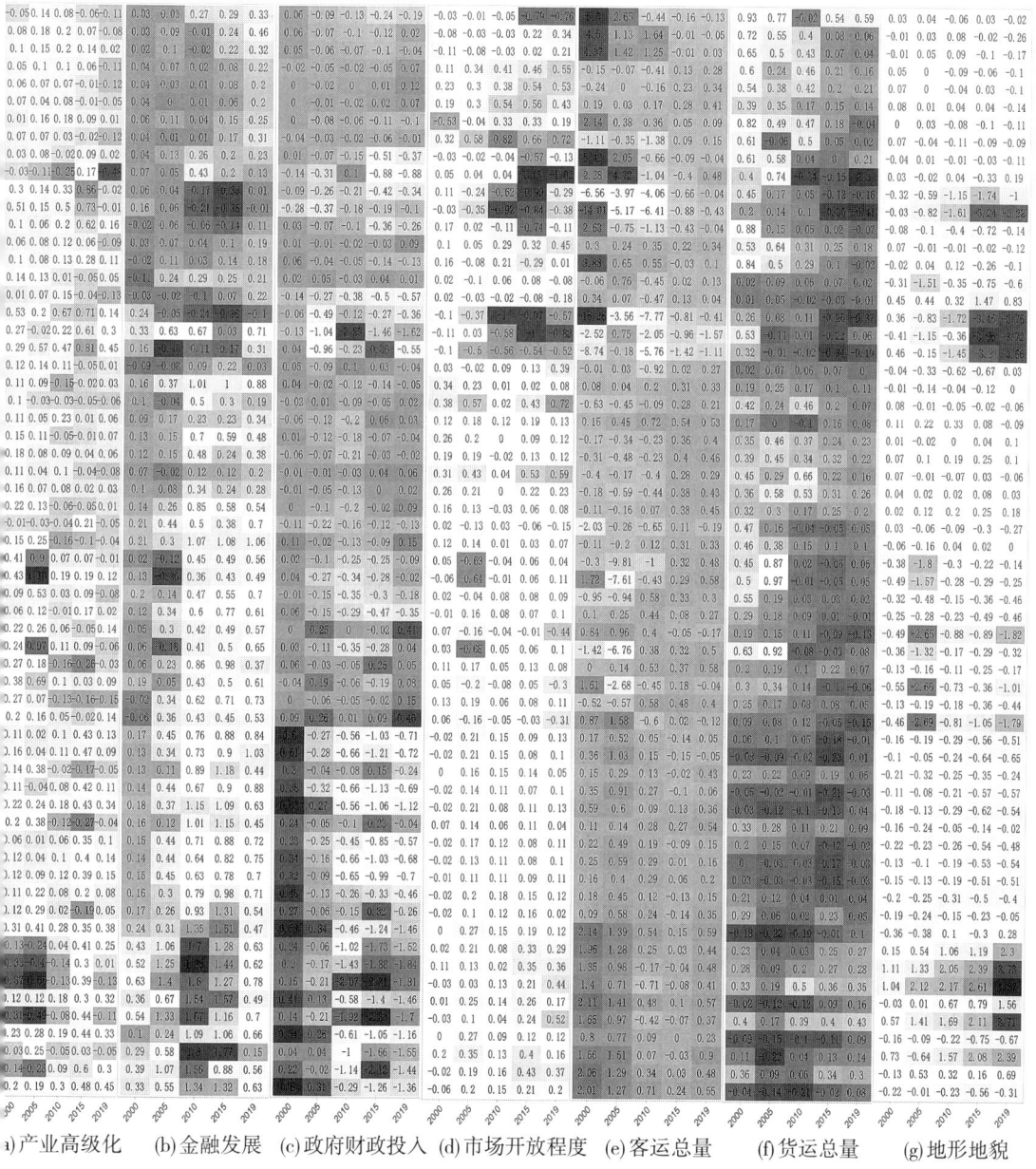

(a)产业高级化　(b)金融发展　(c)政府财政投入　(d)市场开放程度　(e)客运总量　(f)货运总量　(g)地形地貌

图 6-3　市域变量对黄河流域城乡空间融合影响的时空变化

147

2. 金融发展

金融发展水平对黄河流域市域城乡空间融合的作用如图 6 - 3（b）所示。整体来看，金融发展对城乡空间融合的作用以正向为主，且正向影响范围逐渐扩大、强度逐渐增加，呈现出由东到西逐渐减弱的空间特征。2000年，金融发展水平对城乡空间融合的正向作用集中分布在陕西省及其以东的中下游地区，仅在内蒙古自治区呼和浩特市、包头市、乌兰察布市以及临汾市等地区表现出对城乡空间融合的阻碍作用。2005年，金融发展的负向作用范围进一步向西扩张至内蒙古自治区的鄂尔多斯市等地。正向影响的范围存在缩减的趋势，但是影响的强度有所加强。2010年，金融发展的负向作用范围进一步向西转移到内蒙古自治区的鄂尔多斯市、宁夏回族自治区的乌海市、石嘴山市、银川市等地，形成了由东南向西北递减的正向影响强度格局，这种趋势延续到2015年。2015年以后，金融发展水平对城乡空间融合的正向作用的范围向西扩张，在黄河流域全域都表现为不同程度的正向作用，相比而言中下游地区金融发展的正向作用更加显著。

3. 政府财政投入

公共财政支出对黄河流域市域城乡空间融合的作用如图 6 - 3（c）所示。财政支出对黄河流域城乡空间融合水平的影响表现出明显的空间异质性和时间波动性。黄河流域的财政支出占地区生产总值的比例对城乡空间融合水平的作用以负向为主，部分地区某些时期存在正向作用。从财政支出占地区生产总值比例的驱动作用的时间变化趋势上看，总体呈现正向作用范围分散分布且年份间断的特征。从2000到2010年，可以看到财政支出占地区生产总值的比例对黄河流域城乡空间融合的正向作用范围逐年缩减，且正向作用的区域以2010年为分水岭，由逐渐减少转为逐渐增加；2010年以后，财政支出占地区生产总值的比例对黄河流域城乡空间融合的作用逐渐转为负向。2015年以后直到2019年，财政支出占地区生产总值的比例对黄河流域内大部分区域城乡空间融合的作用稳定为负向，仅在黄河流域中下游地区零星分布有正向影响区域。

4. 市场开放程度

市场开放程度对黄河流域市域城乡空间融合的作用如图 6 - 3（d）所

示。整体来看，市场开放程度对城乡空间融合的影响以正向为主，负向影响的范围集中在黄河流域偏北的区域，主要呈现为南部正向、北部负向的总体特征。2000年，市场开放程度对大部分地区的城乡空间融合为正向作用，正向作用最强的区域集中分布在黄河流域中部偏南的陕西省、甘肃省等地，仅在内蒙古自治区的巴彦淖尔市、鄂尔多斯市和河南省、山东省部分城市表现出对城乡空间融合的阻碍作用。2005年，市场开放程度的正向作用范围进一步聚集分布在黄河流域南部地区，正向影响区域和负向影响区域的界限分明，南部正向、北部负向的空间分布格局较清晰。2010年左右，市场开放程度的正向作用范围逐渐扩大，但强度相对有所降低。2010年以后，正向影响范围变动不大，主要集中在黄河流域南部的甘肃省、陕西省、河南省、山东省、山西省等地区，但正向影响程度相对较强的区域逐年增加。

5. 客运量和货运量

客运量对黄河流域城乡空间融合的作用如图6-3（e）所示。整体来看，客运量对城乡空间融合主要起正向促进作用，且对黄河流域南部等区域表现为更强的正向作用。从时间趋势上看，正向作用范围逐渐扩大，强度逐渐增加。2000年和2005年，正向作用的影响区域分布较为分散，总体呈条带状分布在黄河流域南部和北部两端；2010年，客运量的正向作用的影响区域分布较为集中，正向作用极点逐渐向东转移至陕西省、山西省、河南省、山东省等地，更加聚集地分布在下游地区。2015年之后，客运量的正向作用极值点基本稳定在黄河流域中下游地区，中下游地区客运量的正向作用更加显著，仅在黄河流域的北部部分城市表现为负向作用。

货运量对黄河流域城乡空间融合的作用如图6-3（f）所示。整体来看，货运量对城乡空间融合主要起正向促进作用，但正向作用的强度有所减弱，同时某些年份在部分地区存在负向作用。2000年，货运量对市域尺度黄河流域城乡空间融合主要表现为正向作用，且影响程度较高；2005年，货运量的正向作用范围呈现缩减趋势，对巴彦淖尔市、鄂尔多斯市等部分城市的作用由正向转为负向。2010年及之后，货运量的正向作用区域稳定地分布在大部分地区。总体来说，在交通货运量大、交通重要性越高的地区，交通货运量对城乡空间融合的促进作用越显著。

6. 地形地貌

地形起伏度对黄河流域城乡空间融合的作用如图 6-3（g）所示。总体来看，地形起伏度对黄河流域城乡空间融合既有正面的作用，也有负面的作用。在大部分地区表现为负向作用，正向作用的区域范围较小且分布分散。从具体年份来看，2005 年，黄河流域的东部地区地形起伏度对城乡融合主要为显著的负向影响，而在甘肃省和陕西省西部集中连片的小部分区域呈现出正向影响，这一特征直到 2005 年逐渐趋于减弱，正向影响的范围零星分布在甘肃省的定西市等，陕西省的延安市以及山东省东部部分城市；2010 年，正向影响的范围逐渐缩小；2019 年，形成了除对陕西省、内蒙古自治区、山东省等小部分区域为正向影响外，大部分地区都为显著负向影响的格局。地形起伏度对黄河流域市域城乡空间融合水平的作用与县域的作用相似，都以负向作用为主。

（三）经济维度

1. 产业高级化

产业高级化对黄河流域市域城乡经济融合的作用如图 6-4（a）所示。总体来看，第三产业产值占比对黄河流域城乡经济融合既存在正向影响，也存在不连续的负向影响，多数年份负向影响占主导地位。2000 年，第三产业产值占比对黄河流域东部地区的山西省太原市、阳泉市、晋中市、长治市和晋城市等地集中呈现出微弱的正向影响；2005 年，正向影响的区域向北转移到了内蒙古自治区的巴彦淖尔市、包头市、乌兰察布市以及鄂尔多斯市一带，对南部大部分地区表现为负向影响；2010 年仍然延续这一格局，对黄河流域南部的河南省南阳市等少数城市的影响由正向转变为负向，正向影响的区域有所缩减；2015 年，正向影响的区域向西转移到宁夏回族自治区、内蒙古自治区以及甘肃省等地的黄河流域西部城市，在中部和东部等地区都是表现为负向作用；2019 年，正向影响区域主要向南转移到了山东省、甘肃省、陕西省以及河南省一带，总体呈带状分布。

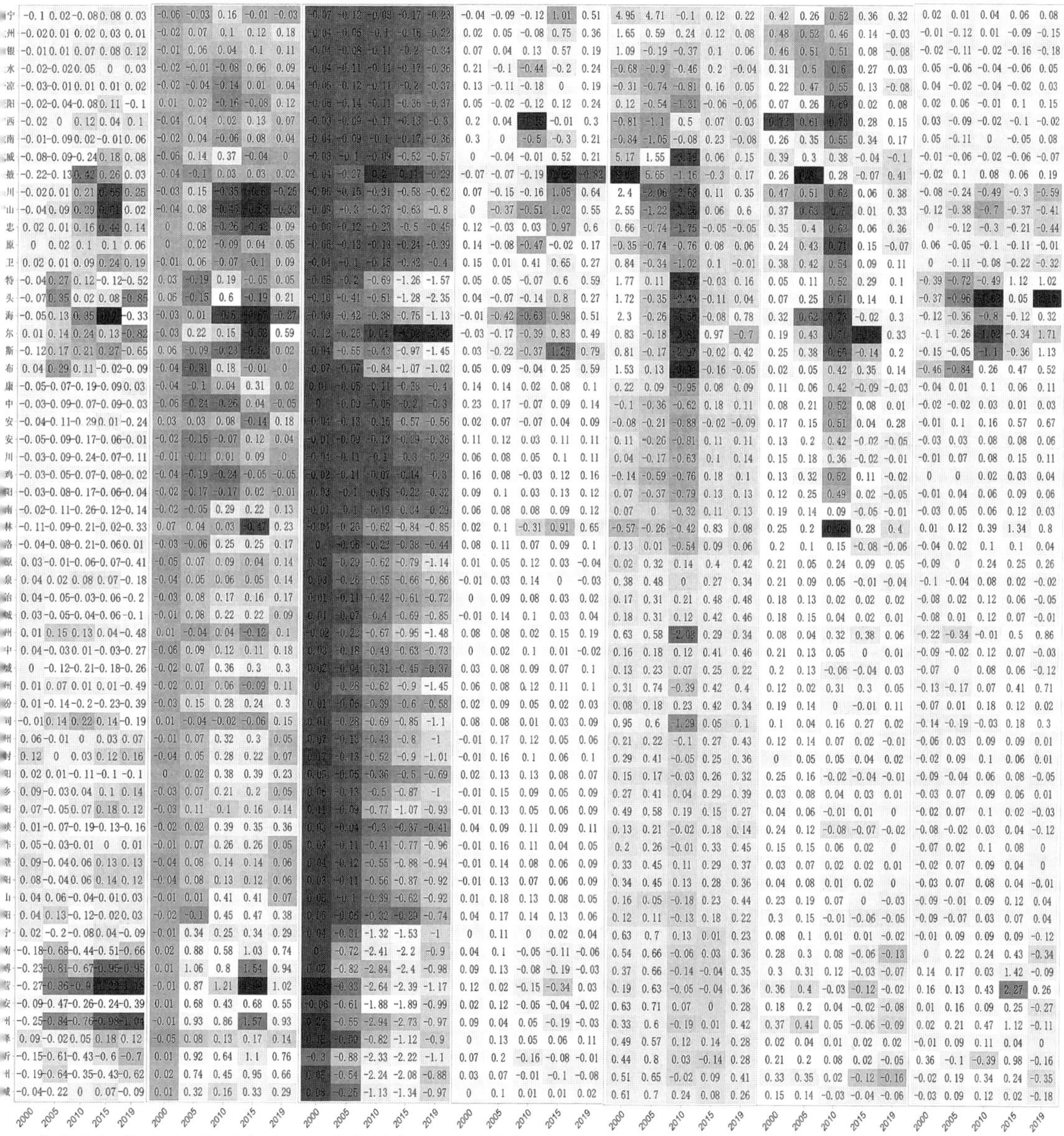

(a)产业高级化　(b)金融发展　(c)政府财政投入　(d)市场开放程度　(e)客运总量　(f)货运总量　(g)地形地貌

图 6-4　市域变量对黄河流域城乡经济融合影响的时空变化

2. 金融发展

金融发展水平对黄河流域内主要城市城乡经济融合的作用如图 6-4（b）所示。整体来看，金融发展对城乡经济融合的作用以正向为主，且正向影响范围逐渐扩大，强度逐渐增加，呈现由东南到西北逐渐减弱的空间特征。2000 年，金融发展水平的正向作用区域集中分布在包头市、呼和浩特市、大同市以及鄂尔多斯市、榆林市、延安市和庆阳市等黄河流域的北部城市；2005 年，正向影响的区域范围有所扩大，向东增加了陕西省、山西省以及山东省大部分城市，这一时期，黄河流域中部一带基本上带状分布着正向影响的区域；2010 年，正向影响区域进一步向东转移，集中到了黄河流域的中下游地区，较强正向影响的区域集中在河南省和山东省的沿海地区；2015 年，正向影响的范围向南出现缩减，主要是对黄河流域东北部、内蒙古自治区等部分城市的影响由正向转为了负向；2019 年，正向影响的区域范围进一步扩大，这一阶段，在黄河流域全域基本上表现为正向影响，仅在汉中市、宝鸡市、咸阳市等部分城市表现为微弱的负向影响。

3. 政府财政投入

公共财政对黄河流域市域城乡经济融合的作用如图 6-4（c）所示。财政支出对黄河流域城乡经济融合的影响表现出明显的空间异质性和时间波动性。黄河流域的财政支出占地区生产总值的比例对城乡经济融合的作用以负向为主，部分地区少数时期存在微弱的正向作用。从财政支出占地区生产总值比例的驱动作用的时间变化趋势上看，总体呈现正向作用且强度逐年缩减。2000 年，在部分地区表现为正向影响，在大部分地区呈微弱的负向影响；2005 年，在大多数城市表现为较强的负向影响；2010 年，负向影响的强度进一步增加，总体上呈现出南部弱、北部强的格局，这一格局延续到了2019 年，基本上形成了流域北部负向影响强、南部负向影响弱、全域呈现负向影响的空间分布格局。

4. 市场开放程度

市场开放程度对黄河流域市域城乡经济融合的作用如图 6-4（d）所示。整体来看，市场开放程度对城乡经济融合的影响以正向为主，负向影响的范围集中在黄河流域偏北的区域。2000 年至 2010 年，主要呈现为南部正向、北部负向的总体特征；2010 年以后，全域呈现出北强南弱的正向影响特征。2000 年，市场开放程度对大部分地区城乡经济融合的作用为正向，正向影响最强的区域集中分布在黄河流域中部偏南的甘肃省等地，仅在内蒙古自治区的巴彦淖尔市和河南省、山东省部分城市表现出对城乡经济融合的阻碍作用。2005 年，市场开放程度的正向作用范围进一步聚集分布在黄河流域东南部地区，正向影响区域和负向影响区域的界限分明，东南部正向、西北部负向的空间分布格局较清晰。2010 年左右，市场开放程度的正向作用范围有所缩减，强度相对有所降低。2015 年，正向影响的范围有了显著的增加，主要表现在对黄河流域北部的内蒙古自治区以及陕西省北部和宁夏回族自治区、甘肃省等地大部分城市的影响由负向转变为正向；2019 年，正向影响的范围主要分布在陇南市、天水市、定西市一带，影响的强度有所增加，形成了东部弱、西部强的正向影响格局。

5. 客运量和货运量

客运量对黄河流域市域城乡经济融合的作用如图 6 - 4（e）所示。整体来看，客运量对城乡经济融合主要起正向促进作用，且对黄河流域东部等区域表现为更强的正向作用。从时间趋势上看，正向作用范围先缩减后扩大，正向作用强度逐渐增加。2005 年，较强正向影响的区域主要分布在流域北部的内蒙古自治区、甘肃省以及山东省沿海一带，负向影响的区域比较分散，主要分布在南部的汉中市、陇南市、天水市、定西市以及中部的榆林市、延安市等城市；2005 年，正向影响的范围有所缩减，流域中部偏西大部分城市集中连片转变为负向影响；这一趋势延续到 2010 年，大部分城市都表现为负向影响，仅在山西省中部的临汾市、长治市、晋城市、运城市以及山东省的临沂市、济宁市、泰安市，河南省的濮阳市、安阳市以及新乡市一带表现为微弱的正向影响；2015 年，正向影响的区域有所增加，对陇南市、汉中市、安康市一带的影响由负向转变为微弱的正向；2019 年形成了东部强、西部弱的正向影响格局，负向影响的范围零星分布在流域的东北部和中部的延安市、庆阳市，宁夏回族自治区的吴忠市、中卫市一带。

货运量对黄河流域市域城乡经济融合的作用如图 6 - 4（f）所示。整体来看，货运量对城乡经济融合主要起正向促进作用，同时某些年份在部分地区存在负向作用。2000 年，在黄河流域全域主要表现为正向作用，正向作用的程度较高，东西走向的中部带状区域表现为较强的正向相关关系，南北两侧为微弱的正向相关区域；2005 年，正向影响的区域向西集中到了甘肃省、宁夏回族自治区一带，由此形成了西部强、东部弱的空间格局；2010 年，正向影响的区域范围有所缩减，对河南省的南阳市、洛阳市、三门峡市等部分城市的影响由正向转为负向，但是正向影响强度有所增加，整个黄河流域中部偏东一带表现为正向相关关系；2015 年，正向影响的强度有所减少，范围也有所缩减，对内蒙古自治区的巴彦淖尔市、鄂尔多斯市以及甘肃省的张掖市和武威市的影响由正向转为负向；2019 年，正向影响的范围在2015 年的基础上有所扩大，在黄河流域北部大部分地区表现为正向影响，但是在南部东西向带状分布着负向影响区域。

6. 地形地貌

地形起伏度对黄河流域市域城乡经济融合的作用如图 6 - 4（g）所示。总体来看，地形起伏度对黄河流域城乡经济融合的影响既有正面的作用，也有负面的作用，大部分地区表现为负向作用居多，正向作用的区域范围呈扩大趋势。2005 年，黄河流域的东部地区地形起伏度对城乡经济融合的作用主要为显著的负向影响，仅在甘肃省东部和陕西省西部集中连片的小部分区域以及山东省沿海部分城市呈现正向影响，正向影响的范围有所增加，且部分地区强度有所增强，榆林市、延安市为正向影响的极点区域，除了在中心的山西省以及山西省、山东省、河南省交界地带，在其他大部分地区都表现为负向影响；2010 年，正向影响区域进一步增加，正向影响范围向东北和东南两个方向扩张，在陕西省北部和山西省中南部地区形成了正向影响的极值区域；2010 年以后，正向影响的范围持续扩张，呈较强正相关关系的范围主要集中到了黄河流域北部的陕西省、内蒙古自治区、山西省中部偏北一带，呈负相关关系的区域零星分布在甘肃省、山西省南部和山东省部分城市。

（四）社会维度

1. 产业高级化

产业高级化对黄河流域市域城乡社会融合的作用如图 6 - 5（a）所示。

总体来看，第三产业产值占比对黄河流域城乡社会融合既存在正向影响，部分年份少数地区也存在不连续的负向作用。2000 年，第三产业产值占比对黄河流域山东省以外的大部分地区呈正向影响，强正向影响的区域集中在流域北部内蒙古自治区部分城市；2005 年，正向影响的区域范围缩减，正向影响强度降低，集中在内蒙古自治区的巴彦淖尔市、乌兰察布市以及鄂尔多斯市一带和甘肃省、宁夏回族自治区等地区，南部的陕西省、山西省大部分地区表现为负向影响；2010 年，正向影响区域扩大，负向影响主要出现在南部的汉中市、安康市部分城市以及山东省沿海等城市；2015 年，正向影响的区域减少，对甘肃省西部、山西省西部部分城市的影响由正向转为负向；2019 年，正向影响区域缩减到了黄河流域北部内蒙古自治区地区和东南一角的河南省、山东省一带，大部分地区为负向作用。

2. 金融发展

金融发展水平对黄河流域市域城乡社会融合的作用如图 6-5（b）所示。整体来看，金融发展对城乡社会融合的作用以正向为主，且正向影响范围逐渐扩大，强度逐渐增加，呈现出由东南到西北逐渐减弱的空间特征。2000 年，金融发展水平对城乡社会融合的正向作用集中分布在黄河流域东部，表现出从东到西逐渐减弱的空间格局；2005 年，正向影响区域范围进一步扩大，全域除汉中市等部分城市外都呈现出正向影响；2010 年，正向影响的区域有所缩减，对山西省和内蒙古自治区个别地市的影响由正向转为负向，正向影响的极值区域出现在河南省和山东省等地；2015 年，正向影响的范围将进一步扩大，正向影响的极值出现在山西省、山东省、河南省一带；2019 年，正向影响的区域有所缩小，主要是对内蒙古自治区鄂尔多斯市一带的影响由正向转为负向。

3. 政府财政投入

公共财政支出对黄河流域市域城乡社会融合的作用如图 6-5（c）所示。从财政支出占地区生产总值比例的驱动作用的时间变化趋势上看，总体呈现正向作用且强度逐年缩减。2000 年，仅在山东省、河南省、陕西省南部的汉中市等部分城市表现为正向影响，其余大部分地区表现为负向影响；2005 年，正向影响的范围向西北地区扩张，新增加的正向影响区域主要在

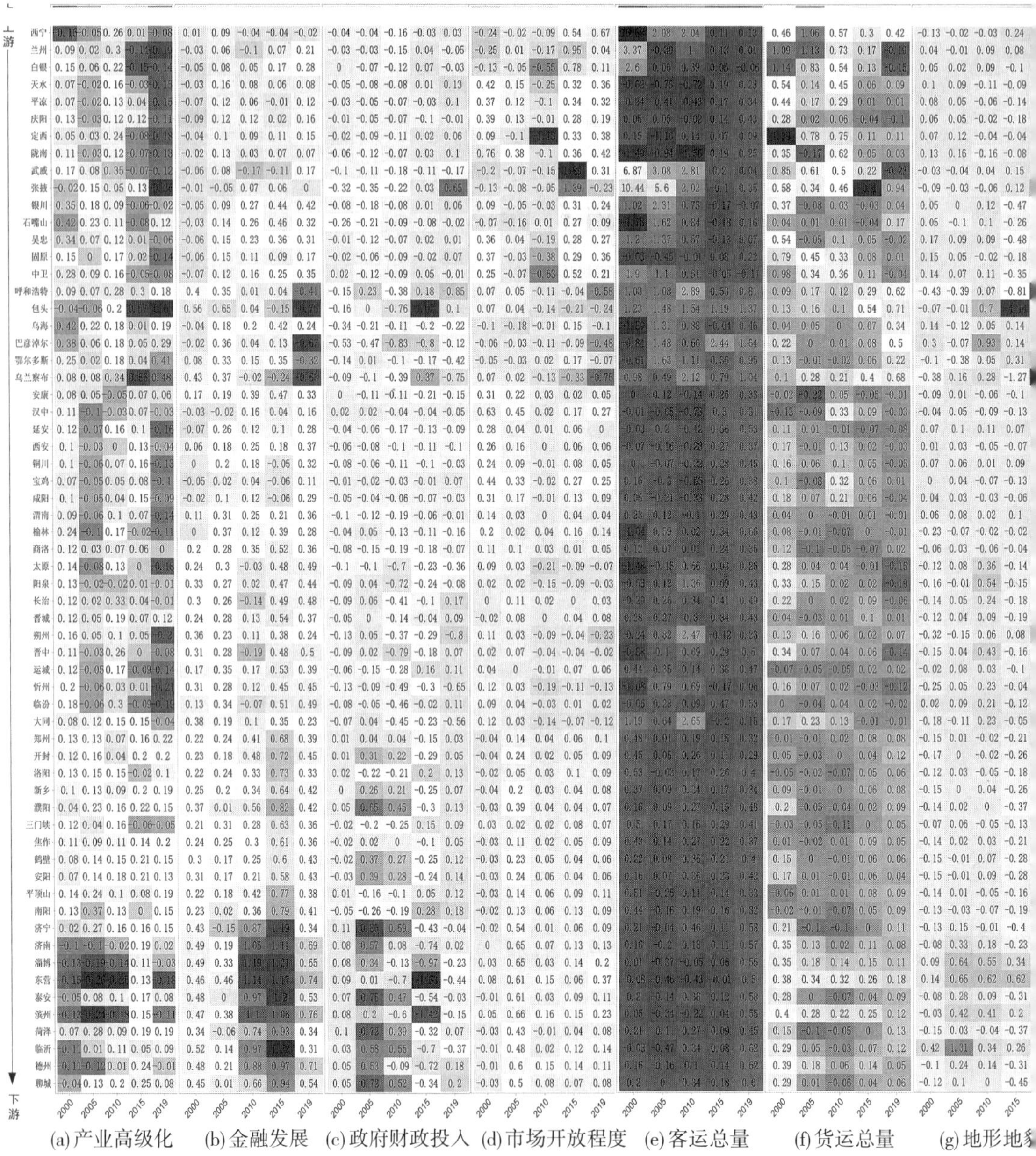

(a)产业高级化　(b)金融发展　(c)政府财政投入　(d)市场开放程度　(e)客运总量　　(f)货运总量　　(g)地形地貌

图6-5　市域变量对黄河流域城乡社会融合影响的时空变化

呼和浩特市、鄂尔多斯市和榆林市以及山西省大同市、阳泉市、晋中市、长治市一带。2010 年，正向影响的区域向东缩减，仅在山西省、河南省交界一带部分城市为正向影响；2015 年，正向影响的区域扩大，零星分布在黄河流域的东北部和南部；这一格局延续到了 2019 年，基本上形成了流域北部负向影响强、南部负向影响弱、正向影响零散分布在全域，总体呈现负向影响的空间分布格局。

4. 市场开放程度

市场开放程度对黄河流域市域城乡社会融合的作用如图 6-5（d）所示。整体来看，市场开放程度对城乡社会融合的影响以正向为主，负向影响的范围集中在黄河流域偏北的区域，主要呈现为南部正向、北部负向的总体特征。2000 年，市场开放程度对大部分地区的城乡社会融合为正向作用，正向影响最强的区域集中分布在黄河流域中部偏南的甘肃省、陕西省、宁夏回族自治区交界一带，仅在甘肃省西部的张掖市、武威市、白银市、西宁市、兰州市等部分城市表现出对城乡社会融合的阻碍作用。2005 年，正向影响的范围扩张到黄河流域全域范围内，强正向相关关系出现在山东省、河南省交界一带以及陕西省南部、甘肃省南部的陇南市、汉中市、宝鸡市、安康市等城市；2010 年，正向影响的范围向东南方向缩减，在黄河流域西部的甘肃省和北部的内蒙古自治区、山西省北部一带由正向影响转为了负向影响，正向影响区域仅在鄂尔多斯市、榆林市、延安市以及黄河流域南部的汉中市、安康市、商洛市以及河南省、山东省南部一带；2015 年，正向影响的范围迅速增加到了除内蒙古自治区的乌兰察布市、包头市以及山西省忻州市之外的全域，且强正向相关关系出现在甘肃省一带；2019 年，正向影响的范围和强度皆有所减少和降低，主要是对黄河流域北部的巴彦淖尔市、乌兰察布市、包头市、呼和浩特市、大同市、忻州市、张掖市等城市的影响由正向转为负向。

5. 客运量和货运量

客运量对黄河流域城乡社会融合的作用如图 6-5（e）所示。整体来看，客运量对城乡融合主要起正向促进作用，且对黄河流域东部等区域表现为更强的正向作用。从时间趋势上看，正向作用范围逐渐扩大、正向作用强度逐渐增强。2000 年，强正向影响的区域主要分布在流域北部的内蒙古自治区、甘肃省、陕西省中部、河南省以及山东省沿海一带，负向影响的区域比较分散，主要在南部的汉中市、陇南市、天水市、北部的巴彦淖尔市、鄂尔多斯市以及中部的榆林市、延安市、忻州市、太原市、晋中市等城市；2005 年，正向影响的范围有所扩大且强度总体增加，主要是在黄河流域北部的巴彦淖尔市和鄂尔多斯市一带由负向影响转变为正向影响，此时除了在黄河流域南部和山东省部分城市为负向影响外，在大部分地区为正向影响；2010 年，正向影响的范围有所缩减，主要是对庆阳市、渭南市、延安市等城市的影响由正向转为了微弱的负向，但是黄河流域北部正向影响的强度增加；2015 年，黄河流域除了宁夏回族自治区的中卫市、吴忠市、银川市、石嘴山市、甘肃省的张掖市以及山东省东营市，山西省忻州市、大同市之外，在其他地区都表现为正向影响，正向影响强度在部分地区有所减弱；2019 年，正向影响区域进一步扩张，除宁夏回族自治区银川市、白银市和中卫市以外，在其他地区都表现为正向影响。

货运量对黄河流域城乡社会融合的作用如图 6-5（f）所示。整体来看，货运量对城乡融合主要起正向促进作用，同时在某些年份部分地区存在负向作用。2000 年，对市域尺度黄河流域全域社会融合主要表现为正向作用，正向作用的强度较高，在东西走向的中部带状区域表现为较强的正向相关关系，南侧为微弱的负向相关区域；2005 年，正向影响的区域向西集中到了甘肃省、宁夏回族自治区以及东部的内蒙古自治区、山东省、山西省一带，由此形成了东西两侧强、中间弱的空间格局；2010 年，正向影响的区域范围向南扩张，主要是在陇南市、宝鸡市、西安市、咸阳市、汉中市、安康市由负向影响转为正向影响，且正向影响强度有所增加，在整个黄河流域东西两侧表现为正向相关关系；2015 年，正向影响的强度有所缩减，范围有所扩大，主要是在内蒙古自治区鄂尔多斯市以及陕西省中部的铜川市、渭南市的影响由负向转为正向；2019 年，正向影响的范围在 2015 年的基础上有所缩减，在流域北部大部分地区表现为正向影响，但是中部东西向带状分布负向影响区域。

6. 地形地貌

地形起伏度对黄河流域市域城乡社会融合的作用如图 6-5（g）所示。总体来看，地形起伏度对黄河流域城乡融合既有正面的作用，也有负面的作用，大部分地区表现为负向作用，正向作用的区域范围缩小。从具体年份来看，2000 年，总体上以负向影响为主，正向影响的区域主要集中在中部偏南的甘肃省、宁夏回族自治区、陕西省中部和山西中部一带；2005 年，正向影响的范围有所扩大，主要是向东扩张到了山西省一带以及从内蒙古自治区东部扩到了乌兰察布市；2010 年，正向影响的区域向北转移到了甘肃省、宁夏回族自治区、内蒙古自治区、山西省和山东省一带；2015 年，正向影响的区域范围减少迅速，仅在鄂尔多斯市、武威市以及山东省的东营市和临沂市等地是正向影响，在其余地区则表现为负向影响；2019 年，正向影响的区域有所增加，强正向相关关系的地区增加了张掖市、乌兰察布市、呼和浩特市和朔州市，但负向影响的强度有所增加。

（五）生态维度

1. 产业高级化

产业高级化对黄河流域内市域城乡生态融合的作用如图 6-6（a）所示。总体来看，第三产业产值占比对黄河流域城乡生态融合既存在正向影响，部分年份在少数地区也存在不连续的负向作用，正向影响占主导地位，且影响区域逐渐扩大。2000 年，第三产业产值占比对黄河流域南部的大部分区域，包括陇南市、汉中市、天水市、宝鸡市、定西市以及庆阳市、延安市一带的城乡生态融合表现为正向影响，其他地区分散地分布着负向影响的区域；2005 年，正向影响的范围有所缩减，主要是在平凉市、宝鸡市、汉中市一带由正向影响转变为负向影响，此时负向影响占主导地位；2010 年，正向影响的范围增加，主要增加在黄河流域北部的巴彦淖尔市、鄂尔多斯市以及陕西省榆林市、山西省朔州市一带，负向影响的区域主要是集中在庆阳市、延安市、临汾市、运城市、渭南市、铜川市以及商洛市一带；2015 年，正向影响的范围进一步扩大，除了乌兰察布市、山东省的沿海部分城市以及山西省的临汾市等城市，在其他地方都表现为正向影响；这一趋势延续到了 2019 年，正向影响的范围继续扩大并且强度增加，在河南省的南阳市、开封市一带形成了强正相关的区域。

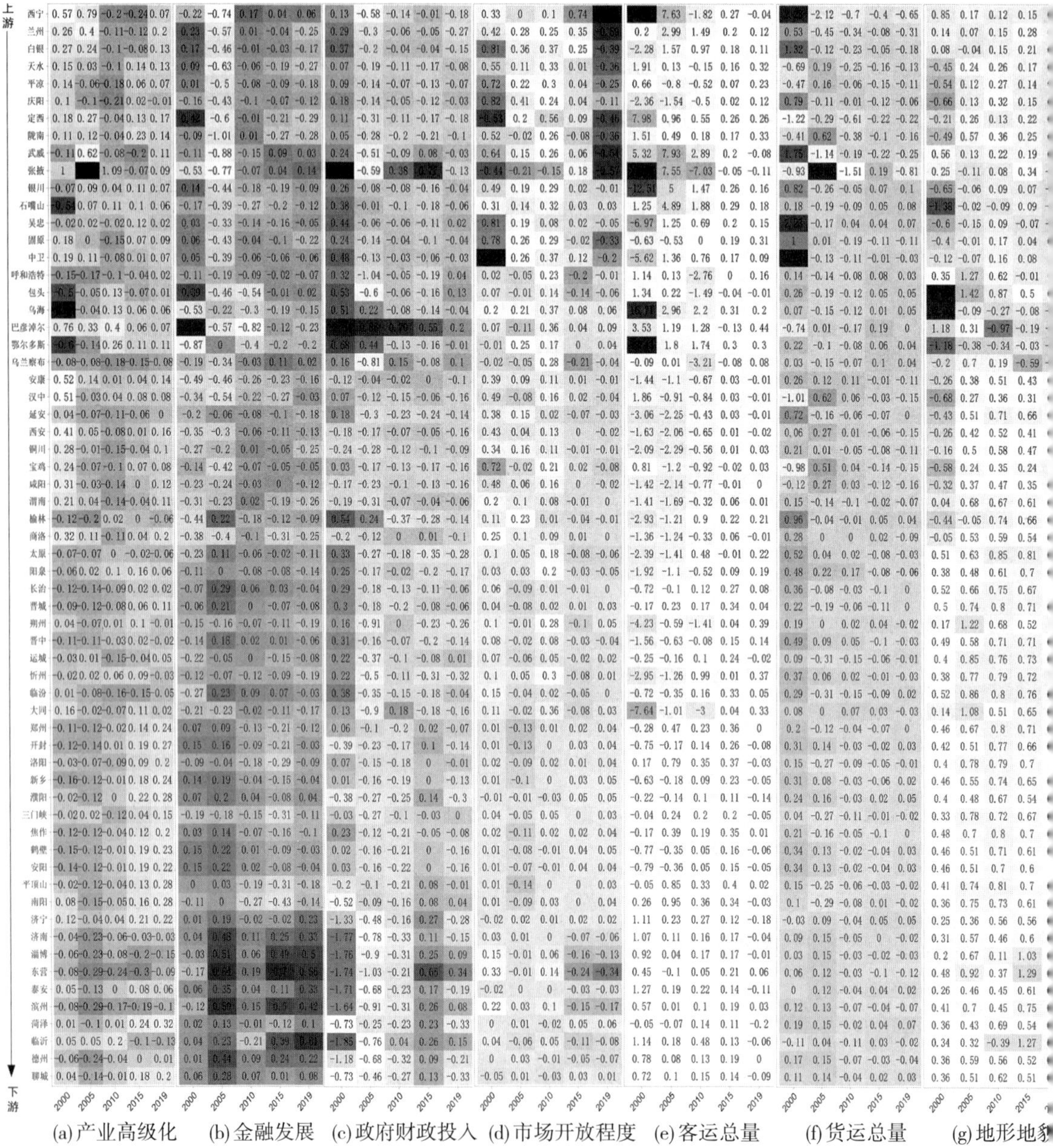
上游
西宁
兰州
白银
天水
平凉
庆阳
定西
陇南
武威
张掖
银川
石嘴山
吴忠
固原
中卫
呼和浩特
包头
乌海
巴彦淖尔
鄂尔多斯
乌兰察布
安康
汉中
延安
西安
铜川
宝鸡
咸阳
渭南
榆林
商洛
太原
阳泉
长治
晋城
朔州
晋中
运城
忻州
临汾
大同
郑州
开封
洛阳
新乡
濮阳
三门峡
焦作
鹤壁
安阳
平顶山
南阳
济宁
济南
淄博
东营
泰安
滨州
菏泽
临沂
德州
聊城
下游
2000
2005
2010
2015
2019
(a)产业高级化
(b)金融发展
(c)政府财政投入
(d)市场开放程度
(e)客运总量
(f)货运总量
(g)地形地

图 6-6　市域变量对黄河流域城乡生态融合影响的时空变化

2. 金融发展

金融发展水平对黄河流域内市域城乡生态融合的作用如图 6-6（b）所示。整体来看，金融发展对城乡生态融合的作用以负向为主，且负向影响范围逐渐扩大，强度逐渐减弱，呈现出由东到西逐渐增强的空间特征。2000年，金融发展水平对城乡生态融合的正向影响的区域分布范围较小，主要是在甘肃省兰州市及其周边以及内蒙古自治区的包头市和山东省、河南省交界一带，在其他的大部分地区特别是陕西省、山西省和内蒙古自治区表现为负向影响；2005年，正向影响的范围向东转移到了陕西省北部的榆林市、山西省中部的太原市、晋中市、长治市、临汾市以及山东省的所有城市，这一时期体现为东部为正、西部为负的空间分布特征，且负向影响程度从东向西逐渐增强；2010年，正向影响的区域减少且强度有所降低，同时负向影响强度也有所降低，出现了从渭南市、临汾市、长治市、安阳市到德州市、东营市一带的东西走向带状的正向影响区域；2015年，正向影响的区域呈分散状态，主要分布在黄河流域中部、西部以及北部的乌兰察布市等区域；2019年，正向影响的区域实际上有所减少，主要集中到了山东省的东部沿海城市及张掖市和乌兰察布市等个别城市，在其他地方大部分表现为负向影响。金融发展对城乡生态融合表现为负向影响的主要原因可能在于早期的金融支撑主要体现为经济上的支持，没有突出对生态环境的保护。

3. 政府财政投入

公共财政对黄河流域市域城乡生态融合的作用如图 6-6（c）所示。从财政支出占地区生产总值比例的驱动作用的时间变化趋势上看，总体呈现正向作用且强度逐年缩减。2000年，仅在山东省、河南省、陕西省南部的部分城市表现为负向影响，在其余大部分地区表现为正向影响；2005年，负向影响的范围向西北地区扩张，新增加的负向影响区域主要在包头市、呼和浩特市、乌兰察布市以及山西省大同市、阳泉市、晋中市、长治市一带。2010年，负向影响的区域继续增加，仅在张掖市、巴彦淖尔市等城市为正向影响；2015年，正向影响的区域扩大，主要增加了山东省以及河南省的南阳市和平顶山市，以及陕西省南部的商洛市等城市；2019年，正向影响的区域有所转移，主要是减少了甘肃省大部分城市，然后增加了乌兰察布市和运城市等，其余地区都为负向影响。

4. 市场开放程度

市场开放程度对黄河流域市域城乡生态融合的作用如图 6 - 6（d）所示。整体来看，市场开放程度对城乡融合的影响以正向为主，负向影响的范围集中在黄河流域偏西、偏北的区域，主要呈现为南部正向、北部负向的总体特征。2000 年，市场开放程度对大部分地区的城乡融合为正向作用，正向影响最强的区域集中分布在黄河流域中部偏南的甘肃省、陕西省、宁夏回族自治区交界一带，仅在甘肃省西部的张掖市、内蒙古自治区的乌兰察布市、鄂尔多斯市以及山东省的济宁市、泰安市、聊城市等部分城市表现出对城乡生态融合的阻碍作用。2005 年，正向影响的范围有所缩减，主要是在黄河流域南部的陇南市、汉中市和宝鸡市等部分城市由强正向相关的影响转化为负向影响，并且在山西省、河南省的大部分城市也表现为负向影响；2010 年，正向影响的范围又进一步扩大，形成了全流域除了在张掖市和山东省的聊城市、德州市等个别城市为负向外，在其他地方都为正向影响的格局；2015 年，正向影响的范围缩减，向南集中到了东西走向的带状分布区域，而在黄河流域的中部偏东北一带表现为负向影响；2019 年，正向影响的区域范围更小、强度更低且分布较为零散，主要是集中到了陕西省、河南省、山西省、山东省的交界地带等部分城市以及内蒙古自治区的巴彦淖尔市、鄂尔多斯市以及山西省的朔州市和大同市等区域，负向影响最强烈的地方在甘肃省一带。

5. 客运量和货运量

客运量对黄河流域市域城乡生态融合的作用如图 6 - 6（e）所示。整体来看，客运量对城乡生态融合主要起正向促进作用，且对黄河流域东部等区域表现为更强的正向作用。从时间趋势上看，其正向作用范围逐渐扩大、正向作用强度逐渐增强。2000 年，强正向影响的区域主要分布在流域北部的内蒙古自治区、甘肃省、河南省以及山东省沿海一带，负向影响的区域主要在西部的白银市、中卫市、吴忠市、银川市、固原市、庆阳市等以及中部的榆林市、延安市、忻州市、太原市、晋中市等城市；2005 年，正向影响的范围有所扩大且强度总体增加，主要是在黄河流域甘肃省和宁夏回族自治区及其交界一带由负向影响转变为正向影响，而负向影响的区域主要集中在陕西省和山西省；2010 年，正向影响的区域进一步增加，主要是增加了陕西省北部榆林市以及山西省的忻州市、太原市一带；2015 年，正向影响的范围进一步增加，但是强度有所减弱，主要是增加了陕西省的大部分城市，只剩下在宝鸡市、咸阳市以及巴彦淖尔市、包头市、乌兰察布市等部分地区还是负向影响，在其他的大部分地区都是正向影响；2019 年，负向影响区域增加了黄河流域南部汉中市、安康市、商洛市、西安市、南阳市、洛阳市以及山东省的济宁市、泰安市、聊城市一带。

货运量对黄河流域市域城乡生态融合的作用如图 6-6（f）所示。整体来看，货运量对城乡生态融合主要起正向促进作用，同时在部分地区某些年份存在负向作用。2000 年，货运量对黄河流域城乡生态融合的作用主要是负向的影响，正向影响的区域分布较小且比较零散，主要集中在鄂尔多斯市以及山西省、河南省交界一带；2005 年，正向影响的范围有所增加，这一时期在除了鄂尔多斯市、榆林市以及宁夏回族自治区和甘肃省西部的张掖市、武威市等的其他地方基本上都是正向影响；2010 年，正向影响范围有所增加，主要增加了宁夏回族自治区大部分城市，只在巴彦淖尔市和鄂尔多斯市以及临沂市等仍为负向影响；2015 年，正向影响的范围变化不大，主要是增加了临沂市和呼和浩特市；2019 年，正向影响区域范围变化不大，但是强度减少，形成了由东向西逐渐减弱的空间分布格局。

6. 地形地貌

地形起伏度对黄河流域市域城乡生态融合的作用如图 6-6（g）所示。从总体来看，地形起伏度对黄河流域城乡生态融合的影响既有正面的，也有负面的，在大部分地区表现为负向作用，正向作用的区域范围逐渐缩小。从具体年份来看，2000 年，总体上以负向影响为主，正向影响的区域主要集中在内蒙古自治区的巴彦淖尔市、山西省的临汾市、晋中市、长治市以及河南省的安阳市、洛阳市、平顶山市、开封市、新乡市、濮阳市、鹤壁市等城市；2005 年，正向影响的范围有所扩大，增加了山西省北部和内蒙古自治区乌兰察布市、呼和浩特市、包头市一带以及陕西省的延安市、渭南市、铜川市以及西安市、商洛市一带，甘肃省陇南市也由负向影响转为了正向影响；2010 年，正向影响的范围变化不大；2015 年，正向影响的区域主要向东增加了山东省的临沂市、淄博市、东营市等城市，同时减少了呼和浩特市；2019 年，正向影响的范围减少，主要集中在陕西省、山西省、河南省一带。

（六）要素维度

1. 产业高级化

产业高级化对黄河流域市域城乡要素融合的作用如图 6-7（a）所示。总体来看，第三产业产值占比对黄河流域城乡要素融合存在正向影响，部分年份在少数地区也存在不连续的负向作用，正向影响占主导地位。2000 年，第三产业产值占比在黄河流域大部分地区表现为正向影响，仅在黄河流域东北一角的乌兰察布市、包头市、呼和浩特市、朔州市和大同市等城市表现为负向影响，正向影响的极值区域出现在巴彦淖尔市、鄂尔多斯市以及陇南市；2005 年，正向影响的范围有所缩减，主要是在巴彦淖尔市以及山东省沿海部分城市由正向影响转为负向影响，正向影响的强度有所加强，主要是增加了陕西省中部延安市以及山西省临汾市一带的强正向影响区域；2010 年，正向影响区域的范围向东北角扩张，增加了乌兰察布市、包头市、呼和浩特市等区域，同时在黄河流域南部的汉中市和安康市由正向影响转为了负向影响，正向影响的极值区域出现在宁夏回族自治区大部分城市、庆阳市和延安市一带；2015 年，正向影响的区域向北集中，除了在南部的汉中市、安康市以及河南省南阳市，山西省运城市等一带为负向影响外，在其他地方都为正向影响；2019 年，正向影响的区域向东缩减，在甘肃省的大部分地区表现为负向影响，在其他地方以正向影响为主。

2. 金融发展

金融发展水平对黄河流域市域城乡要素融合的作用如图 6-7（b）所示。整体来看，金融发展对城乡要素融合的作用以正向为主，正向影响的强度随着时间的推移有所减弱，且正向影响的区域范围有所减少。2000 年，正向影响的区域主要分布在黄河流域的南北两侧，中间的带状区域呈现微弱的负向影响，强正向相关关系出现在内蒙古自治区巴彦淖尔市、包头市、乌兰察布市、呼和浩特市，山西省大同市、朔州市一带；2005 年，正向影响

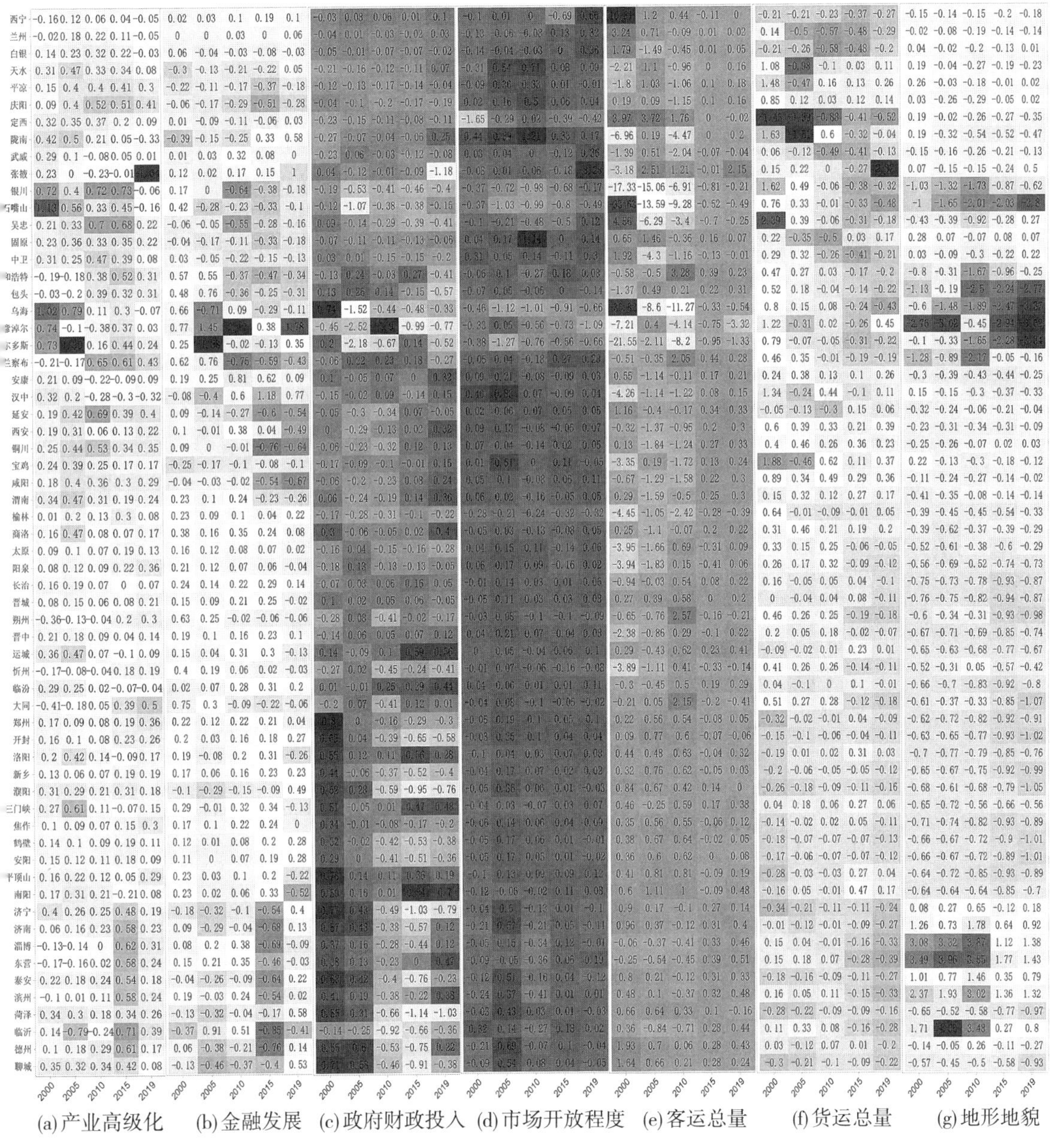

市域变量对黄河流域城乡要素融合影响的时空变化数据矩阵（热力图）

列组标签：
(a)产业高级化　(b)金融发展　(c)政府财政投入　(d)市场开放程度　(e)客运总量　(f)货运总量　(g)地形地貌

各列时间刻度：2000　2005　2010　2015　2019

图 6-7　市域变量对黄河流域城乡要素融合影响的时空变化

的范围明显减少，主要减少的区域在黄河流域南部的西安市及其周边一带；2010 年，正向影响的区域进一步减少且集中在黄河流域东南部地区的汉中市、安康市、商洛市、运城市一带，在其他大部分地区表现为负向影响；2015 年，正向影响的区域进一步减少，正向影响的范围仅集中在黄河流域的南部和东部的山西省、河南省、陕西省南部一带；2019 年，正向影响区域进一步向南集中，形成了南部为正向影响，北部为负向影响的空间分布格局。

3. 政府财政投入

公共财政对黄河流域市域城乡要素融合的作用如图 6 - 7（c）所示。黄河流域的财政支出占地区生产总值的比例对城乡总体融合的作用以负向为主，部分地区在某些时期存在微弱的正向作用。从财政支出占地区生产总值比例的驱动作用的时间变化趋势上看，总体呈现正向作用且强度逐年缩减。2000 年，仅在山东省、河南省、陕西省南部的安康市等部分城市表现为正向影响，在其余大部分地区表现为负向影响；2005 年，正向影响的区域向东转移到黄河流域中下游地区的内蒙古自治区、山西省、河南省、山东省一带，在其他西部大部分地区表现为负向影响；2010 年，正向影响的区域减少，在山西省的朔州市、忻州市、大同市以及山东省的聊城市、德州市、东营市、济南市一带由正向影响转变为了负向影响，此时，强正向影响出现在临汾市和乌兰察布市；2015 年，正向影响的区域进一步向东南一角集中到河南省和山西省南部、陕西省中部一带以及内蒙古自治区的呼和浩特市、乌兰察布市等地区；2019 年，正向影响的区域向南部集中，形成了黄河流域范围内南部为正向影响、北部为负向影响的空间格局。

4. 市场开放程度

市场开放程度对黄河流域市域城乡要素融合的作用如图 6 - 7（d）所示。整体来看，市场开放程度对城乡要素融合的影响以正向为主，负向影响的范围集中在黄河流域偏北的区域，主要呈现为南部正向、北部负向的总体特征。2000 年，市场开放程度对城乡要素融合的正向影响的区域主要分布在黄河流域中部偏南一带，包括山西省的太原市、临汾市，陕西省的延安市、渭南市、铜川市、咸阳市、宝鸡市、汉中市、安康市以及甘肃省的陇南市一带；2005 年，正向影响的范围扩张到了黄河流域的全域，只在内蒙古自治区的鄂尔多斯市、陕北的榆林市一带还为负向影响；2010 年，正向影响的范围有所缩减，主要是在北部的巴彦淖尔市和山东省沿海的东营市、淄博市、临沂市和济南市由正向影响转为了负向影响，强正向影响的区域出现在了甘肃省的陇南市、天水市、固原市、庆阳市一带；2015 年，正向影响的范围向南形成了带状分布区域，黄河流域中部偏北一带以负向影响为主，这一格局一直延续到了 2019 年，形成了以正向影响为主，且南部正向、北部负向的空间分布格局。

5. 客运量和货运量

客运量对黄河流域市域城乡要素融合的作用如图 6-7（e）所示。整体来看，客运量对城乡要素融合既有正向影响，也有负向影响，存在时间上的波动性和空间异质性。2000 年，正向影响的区域集中分布在黄河流域中部偏南一带，从甘肃省东西向延伸到了山东省，其余的黄河流域北部区和南部的部分城市，比如说陇南市、天水市、宝鸡市、汉中市等部分城市为负向影响区域；2005 年，正向影响区域的范围有所缩减，主要是在陕西省的延安市以及渭南市、咸阳市、铜川市一带由正向影响转变为微弱的负向影响，形成了两个零散的正向影响分布区域，一个是山东省、河南省一带，另一个是甘肃省；2010 年，正向影响的区域向东边集中在黄河流域的中下游区域，包括内蒙古自治区的包头市、乌兰察布市、呼和浩特市以及山东省的菏泽市、德州市、聊城市和河南省的郑州市、开封市、安阳市一带；2015 年，正向影响的范围集中在黄河流域中部偏南一带，在巴彦淖尔市、鄂尔多斯市、榆林市，山西省的朔州市、太原市、阳泉市等城市以及宁夏回族自治区的银川市、吴忠市、石嘴山市、乌海市等城市为负向影响；2019 年，正向影响的区域范围有所扩大，形成南部为正、北部为负的空间影响格局。

货运量对黄河流域市域城乡要素融合的作用如图 6-7（f）所示。整体来看，货运量对城乡要素融合主要起正向促进作用，同时某些年份在部分地区存在负向作用。2000 年，在市域层面黄河流域全域主要表现为正向作用，正向作用的强度较强，南北走向的中部片状区域表现为较强的正向相关关系；2005 年，正向影响的区域范围有所减少，主要的减少区域为黄河流域北部的巴彦淖尔市、鄂尔多斯市以及陕西省榆林市、宝鸡市、汉中市以及甘肃省的陇南市、天水市一带；2010 年，正向影响的范围有所扩大，主要增加了宁夏回族自治区和山西省南部的晋城市、运城市一带；2015 年，正向影响的范围进一步向南集中到了甘肃省、陕西省、河南省一带，强正相关关系出现在南阳市和洛阳市；2019 年，正向影响的区域主要集中在陕西省、河南省以及甘肃省的部分城市和内蒙古自治区巴彦淖尔市，强正相关关系出现在巴彦淖尔市以及咸阳市、宝鸡市等城市。

6. 地形地貌

地形起伏度对黄河流域市域城乡要素融合的作用如图 6 - 7（g）所示。从总体来看，地形起伏度对黄河流域城乡要素融合既有正面的作用，也有负面的作用。在大部分地区表现为负向作用，正向作用的区域范围不断缩小。从具体年份来看，2000 年，总体上以负向影响为主，正向影响的区域主要集中在中部偏南的甘肃省、宁夏回族自治区和山东省一带；2005 年，正向影响的范围缩减至固原市和山东省部分城市。此外，在大部分地区为负向影响，负向影响的作用强度从东向西递增；2010 年，正向影响的区域向东转移到了山东省的大部分城市和忻州市，此外，在黄河流域全域表现为不同程度的负向影响，2015 年延续了 2010 年的这一格局；2019 年，正向影响的区域范围有所扩大，主要增加了甘肃省的张掖市、白银市、中卫市、固原市、庆阳市一带。

第三节　县域城乡融合驱动因素检验与分析

一、变量选取与模型构建

（一）变量选取

本部分基于对城乡融合主要驱动因素的分析，从县域尺度分别检验产业结构、金融发展、公共财政支持、市场经济活力、交通区位、自然地理特征等因素对黄河流域城乡融合整体水平及不同维度的影响。选择第一产业增加值和规模以上工业企业个数分别衡量农业基础和工业基础，来观测产业结构调整对黄河流域城乡融合的影响程度；选择一般公共预算支出占地区生产总值比例作为公共财政支出的衡量指标，来观测财政支持力度对黄河流域城乡融合的影响程度；选择年末金融机构各项贷款余额与地区生产总值的比值作为金融发展水平的衡量指标，来观测金融发展牵引对黄河流域城乡融合的驱动作用；选择储蓄增长额与地区生产总值的比值来衡量储蓄水平，从而间接分析市场经济拉动对黄河流域城乡融合的驱动作用。同时，为控制其他因素对城乡融合发展的影响，本书引入地区属性、交通区位和地形地貌相关控制变量。变量说明详见表 6-2。

表 6-2　县级尺度变量选择

变量类型	变量	变量解释	单位
农业基础	X1	第一产业增加值	亿元
工业基础	X2	规模以上工业企业个数	个
公共财政	X3	一般公共预算支出占地区生产总值比例	%
市场活力	X4	储蓄增长额与地区生产总值的比值	%
金融发展	X5	年末金融机构各项贷款余额与地区生产总值的比值	%
地区属性	X6	是否为中心城区	/
交通区位	X7	到市中心的距离	千米
地形地貌	X8	地形起伏度	/

具体来看，选择以上变量的原因在于：

农业基础（X1）：用区域的第一产业增加值来体现。农业作为乡村地区的主体产业，农业发展水平低，一方面将影响农村的持续发展和农产品供应水平，另一方面影响农业对农村劳动力的容纳能力及城乡间劳动力合理流动的规模和速度，农村劳动力过快过多地转入城市，将给农村转移人口市民化程度本已较低的城市化进程带来更多冲击，不利于城乡关系的调整与平衡发展。

工业基础（X2）：用区域的规模以上工业企业个数来体现。一个地区工业化水平的不断提高，会推动该城区经济的高质量发展，促使更多的农村居民纷纷流入城市，提高该地区整体的收入和生活水平。此外，工业化的快速推进，使得资金、技术、劳动力等要素在城乡之间自由流动，推动农村地区的发展。伴随着工业化的快速发展，服务业等第三产业的占比会大幅提升，将为农村剩余劳动力提供更多的就业岗位，同时机械化、信息技术的快速发展，将大大提高农业生产的效率以及农村地区的收入水平，推动传统农业转

169

型升级，工业反哺农业效果逐渐显现出来。

公共财政（X3）：用一般公共预算支出占地区生产总值比例来衡量政府部门对城乡资源的调节力度。政府部门可以根据当地发展和建设需求将一般公共预算服务支出用于教育、交通、环保、农林等各个方面。在发展早期，当地政府的财政支持对象主要集中在城市地区，使更多的资金流向城市，促进城市地区实现经济、社会、生态等多方面的发展，相较而言，农村地区的发展相对受限，城乡之间的差距逐渐拉大。资源要素在城市地区过度集聚会带来生产效率降低、过度拥挤、成本增加等问题，在这种情况下，资源要素会逐渐由城市地区向周围分散，从而促使其向农村地区聚集。同时，面对城市快速发展带来的城乡差距拉大问题，地方政府会将财政支持重心向农村地区偏移，进一步加速要素向农村地区流动，有助于实现城乡融合。

市场活力（X4）：用储蓄增长额与地区生产总值的比值来表示，是一个负向指标。市场越有活力，各种要素流转速度越快，意味着城乡居民消费水平越高。在收入一定的前提下，储蓄所占比例高则说明消费需求不足，不利于带动经济发展。储蓄水平能够间接反映市场经济对城乡发展的拉动能力，即储蓄增长额占比越小，城乡居民消费水平越高，市场经济活力越大。伴随着城乡居民消费水平的提高以及人们对产品和服务需求的日益多样化，市场交易更加活跃，同时，不同产业和地区之间的资源要素配置更加合理，推动产业结构更加合理化和高级化，有助于实现城乡在经济维度的融合。而城乡经济融合作为基础维度，能够带动城乡在其他维度上的协调发展。此外，储蓄率低也反映出农村居民可能会加大对农业生产的投资力度，提高农业生产效率，有助于缩小城乡在经济和社会维度上的差距。

金融发展（X5）：用年末金融机构各项贷款余额与地区生产总值的比值表示。年末金融机构各项贷款余额作为正向指标，能够反映该地区社会融资规模，比值越大，意味着社会融资规模越大。伴随着城乡社会融资规模的提高，金融对市场主体的支持力度加大，市场生产要素更充足。银行部门提供更广泛的信贷有利于拓宽投资限制门槛，中小投资者将获得更加平等的投资机会，为广大农村经营主体提供信贷便利，有助于实现城乡在经济维度的融合。城乡经济融合作为基础维度，能够带动城乡在其他维度上的协调发展。

地区属性（X6）：用是否为中心城区来确定县域的地区属性。中心城区是指在一个城市中处在城市中心位置的城区，是城市资金流、信息流、物资流、人才流的汇集中心，能够通过金融服务、资本输出等方式服务于周边地区，带动周边地区经济发展，有利于促进区域城乡融合。

交通区位（X7）：衡量指标为该县域到市中心的距离。交通区位在一定程度上会影响城乡间的联系，距离市中心越近的地区，越容易受到中心城区的辐射带动，也更能够促进城乡间在人、财、物等方面的流动。

地形地貌（X8）：考虑到研究区域地形地貌复杂，而地形条件对于区域整体发展，特别是城乡经济社会要素流通等存在较大影响，进而可能影响到区域城乡整体融合水平，因此采用游珍等（2018）、封志明等（2007）的算法，考虑将地形地貌（即地形起伏度）作为地形因素纳入城乡融合发展的影响指标。

（二）模型构建

考虑到黄河流域空间范围较广，且不同地区的城乡融合现状表现出明显的空间异质性，加之本书的时间窗口相对较长，所以采用时空地理加权回归模型，从时间和空间两个维度分析各驱动因素对黄河流域县域城乡融合的影响。GTWR 模型表达式如下：

$$Y_i = \beta_0(u_i, v_i, t_i) + \sum_k \beta_k(u_i, v_i, t_i)X_{ik} + \varepsilon_i \qquad (6-2)$$

式中，$i=1, 2, \cdots, n$；$t=1, 2, 3, \cdots, T$。Y_i 为第 i 个样本点的城乡融合水平；X_{ik} 为第 i 个样本点的第 k 个解释变量；u_i 和 v_i 分别为第 i 个样本点的经度和纬度坐标；t_i 为第 i 个样本点的时间坐标；(μ_i, v_i, t_i) 表示第 i 个样本点的时空维度坐标；$\beta_0(\mu_i, v_i, t_i)$ 为第 i 个样本点的常数项；$\beta_k(\mu_i, v_i, t_i)$ 是第 k 个驱动因素在第 i 个样本点的回归系数；ε_i 为模型的残差项。

二、城乡融合驱动因素的时空差异

（一）整体水平

1. 产业基础

农业基础对黄河流域县域城乡融合水平的作用如图 6-8（a）所示。从总体上看，2000 年至 2019 年，农业基础对城乡整体融合的影响主要表现为负向作用，但负向作用的强度有所减弱。2000 年，农业发展水平对黄河流域整体城乡融合水平的正向作用主要集中在黄河流域上游地区；2005 年后，农业发展水平负向作用的强度有所趋缓。黄河流域作为我国传统的农区，种植业规模大，保障着全国的粮食安全（陆大道等，2019）。上游的宁蒙河套平原、中游的汾渭盆地以及下游的引黄灌区都是主要的农业生产基地。随着城镇化、市场化的推进，农户非农就业现象普遍（叶兴庆，2018），随着农业劳动力非农转移规模的扩大，农业中劳动力的刚性约束不断增强。

工业基础对黄河流域整体城乡融合水平的作用如图 6-8（b）所示。整体来看，从 2000 年到 2019 年，工业基础对黄河流域城乡融合的影响与农业基础作用相反，总体表现为正向的影响且正向作用逐年增强。从 2000 年到 2005 年，工业基础对城乡融合影响较大的区域明显向黄河流域西部蔓延，而且上中下游的影响逐渐增强，工业发展能够推动黄河流域更多地区城乡经济水平的提升，并在一定程度上缩小城乡经济水平的差距。由于下游地区工业起步相对较早，资源要素相对充足，工业化发展对下游地区城乡融合的促进作用明显高于其他地区。2010 年以后，"中部崛起"等区域发展战略的实施使得更多的资源要素由东部地区向中西部地区倾斜，带动了这些地区城乡经济发展。内蒙古自治区是工业基础影响程度最显著的地区，在 2005 年以前对城乡融合水平影响较小，2005 年以后，影响程度逐渐增大，这一时期乌海、鄂尔多斯等新兴工业城市工业化水平迅速提升，对周边区域经济辐射程度增强，促进了区域城乡融合发展。青海省和宁夏回族自治区长期处于工业基础对城乡融合影响程度较弱的阶段，作为黄河流域上游区域和源头区域，生态环境保护要求高，工业要素资源相对短缺，限制了该区域工业化水平及其对城乡融合水平的促进作用。

2. 公共财政

公共财政对黄河流域县域城乡融合水平的作用如图 6-8（c）所示。公共财政对黄河流域城乡融合水平的影响表现出明显的空间异质性。从时间变化趋势上看，公共财政对城乡融合的负向影响作用逐渐减弱。根据前文公共财政对城乡融合各维度影响的分析，公共财政主要通过各种转移支付工具来影响城乡经济的发展，促使城乡融合整体水平的提升。黄河流域上游地区经济发展较慢，地方政府为了推动当地经济的快速发展，早期主要支持城市建设，公共财政投入的偏移效应进一步拉大了城乡之间的差距，甚至出现了两极分化的局面。随着城镇化水平的不断提高，中下游相对发达地区开始加大对农村地区的支持，一定程度上推动了城市和农村地区的协调发展。而内蒙古自治区、陕北、山西省北部等区域公共财政对城乡融合长期表现为负向作用，可能源于这些区域经济发展相对滞后，财政支出明显的偏向城市地区，对广大农村地区关注不足。

3. 市场活力与金融发展

市场活力对黄河流域整体城乡融合水平的影响如图 6-8（d）所示。整体来看，市场活力对城乡融合的正向影响范围不断减少。2000 年，市场活力对城乡融合的正向影响多集中在上游的青海省、宁夏回族自治区以及下游的河南省、山东省等区域；2015 年后，市场活力的正向影响范围逐渐变少。这可能是因为这些地区存在"消费滞后"型市场活力，前期黄河流域城乡融合更多依赖基础设施互通、公共服务共享，而非消费驱动。国家进行大量财政转移支付、对口支援等资金注入，形成财政补贴与转移支付的融合机制，转化为城乡融合的间接动力。而随着西部大开发战略的实施及城市化进程的加速，城乡发展差距逐渐拉大，此时黄河上游众多区域市场活力对其城乡融合的作用出现由正到负的变化。2010 年，市场活力的正向影响范围再次出现扩大趋势，这可能是因为，随着市场机制的逐步健全完善，在政策引导下，储蓄资金可能转化为农村贷款等金融工具，形成"储蓄推动的农村金融体系"雏形，推动了城乡融合的进程。而下游地区，市场活力的作用始终显著为正，这是因为下游地区市场相对较为完善，地区资本积累快，通过政府投资、基础设施建设有效推动了城乡资源要素的优化合理配置。

根据前文分析，一方面，市场机制能够促进城乡要素流动，并使其在城乡之间得到合理配置，尤其对于城乡差距较大的黄河流域上中游地区作用更加明显。在工业化和城镇化快速发展阶段，工业部门以及城市生产效率明显高于农业、农村，导致资金、技术、劳动力等生产要素源源不断地由农业、农村流向工业、城市。这就使得农业、农村在城乡要素市场化配置中常处于弱势地位。针对这种现象，要充分发挥市场的作用，提高城乡要素配置效率，优化要素市场化配置机制，对于同类要素应给予相同的市场地位、市场权益和收益保障，促进劳动力、信息技术等资源要素向农村地区回流，从而带动农村地区的发展，缩小城乡差距。另一方面，合理的市场机制能够促进城乡经济融合，这在下游地区表现更加明显。下游地区市场更加完善，资源要素在产业之间的配置相对合理，而且信息技术的发展有利于推动农业升级，加速农业现代化的进程，同时可以提高农村居民的整体收入水平和生活质量。

金融发展对黄河流域整体城乡融合水平的影响如图 6-8（e）所示。整体来看，金融发展对城乡融合的正向影响范围逐渐扩大，中游、下游地区金融发展的正向影响更加显著。根据前文分析，金融发展有利于为城乡发展提供更充足的资金，对资本形成的贡献明显，信贷资金对地区经济增长具有重要作用。从我国的实践来看，在信贷配给的利益牵引下，大量的信贷资源倾向于从经济不发达的地区流向经济发达的地区，落后地区金融资源出现"空心化"，导致区域间差距进一步拉大（范祚军等，2008）。甘肃省、青海省、宁夏回族自治区等省份的金融信贷依赖度相对较弱，在工业化和城镇化加速发展过程中，工业部门和城市生产效率显著高于农业、农村。从提高整体效益的角度出发，地方政策倾向于引导要素源源不断地由农业、农村流向工业、城市，从而在部分地区呈现出金融发展对城乡融合的负向影响。黄河流域中下游地区，市场相对完善，各类支农的普惠金融政策落实到位，对农业、农村的资源倾斜较多，有助于城乡融合发展。

4. 地区属性与交通区位

地区属性对黄河流域整体城乡融合水平的影响如图 6-8（f）所示。整体来看，地区属性对城乡融合主要是正向影响，且对青海省、陕西省、河南省、山东省等区域的正向影响更强。由于市场距离和城市规模的不同，农村融入城市系统的程度也存在差异，城镇规模与城乡融合水平呈现正相关的关系。地级市中心城区往往比县区的城区拥有更大的市场规模，在中心城区周边的农村地区最显著的优势在于邻近城市中心的市场距离短（杜鹏，2021）。较近的市场距离允许城乡居民实现本地就业，不仅可以有效降低郊区农村劳动力市场化的成本，而且增强了农民社会资本的可积累性。此外，邻近城市中心也增强了城市的经济文化辐射效应，促进城乡社会观念融合。较近的市场距离有利于中心城区周边农村融入城市系统。

交通区位对黄河流域整体城乡融合水平的影响如图6-8（g）所示。整体来看，交通区位对城乡融合主要是正向影响，且对宁夏回族自治区、内蒙古自治区、陕西省、山东省等省份的正向影响更强。从时间趋势上看，其正向影响呈逐渐加强趋势。城乡融合的前提条件是资源要素有效集聚和扩散，而交通禀赋是非常重要的媒介通道，特别是公路和铁路交通（谢磊等，2022）。城镇化和工业化早期，资源要素主要集聚在城市，交通条件的城镇倾向拉大了城乡发展差距。城市交通迅速发展的同时，乡村交通却落后、通达性差。随着城镇化水平提高，资源要素扩散趋势愈加明显，城乡交通逐渐一体化发展，通达性和便捷程度提高。在黄土高原等地势起伏比较大的地区，早期交通条件较为落后，一定程度上抑制了资源要素的扩散。2005年后，随着西部大开发等政策的出台，国家开始大力投资完善落后地区基础设施建设，明显改善了地形复杂地区闭塞状况，交通条件对城乡融合的正向促进作用逐渐增强。

5. 地形地貌

地形起伏度对黄河流域整体城乡融合水平的影响如图6-8（h）所示。从总体来看，地形起伏度对黄河流域城乡融合的影响既有正向影响，也有负向影响。地形起伏度通过影响城市、乡村基础设施建设成本，进而影响资源要素集聚、扩散和城乡融合发展（谢磊等，2022）。地形起伏度比较高的区域，城市建成区和交通建设成本高，使得一些资源和生产要素集聚和扩散的效率较低，间接对区域经济发展水平、城市空间扩张和交通通达性造成了不利影响。地势起伏度的影响程度最高值出现在黄土高原地区，地形复杂、地势起伏高加剧了资源要素的扩散难度，城乡长期处于欠发达状态，融合水平低。近年来，国家大力投资交通基础设施建设，交通对城乡融合有明显的促进作用，但与发达地区经济联系较弱，资源要素扩散困难的现状仍存在。

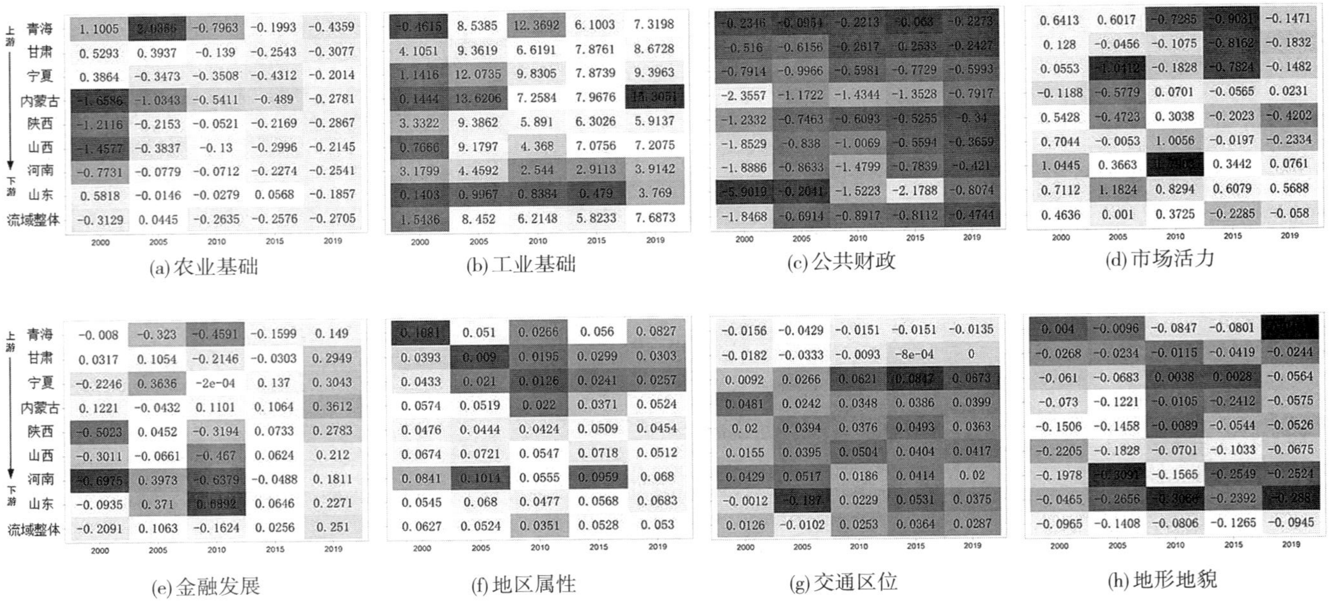
上游
下游
青海
甘肃
宁夏
内蒙古
陕西
山西
河南
山东
流域整体
2000
2005
2010
2015
2019
(a)农业基础
(b)工业基础
(c)公共财政
(d)市场活力
(e)金融发展
(f)地区属性
(g)交通区位
(h)地形地貌

图6-8　县域变量对黄河流域城乡整体融合影响的时空变化

（二）空间维度

1. 产业基础

农业基础对黄河流域城乡空间融合的影响如图 6-9（a）所示。农业基础对黄河流域城乡空间融合的影响不稳定，以负向影响为主。黄河流域以发展传统农业为主，农业的发展需要稳定的农业生产空间，从而在一定程度上限制了农业空间向城市空间的转化，妨碍了城乡空间融合水平的提升。

工业基础对黄河流域城乡空间融合水平的影响如图 6-9（b）所示。工业基础对黄河流域空间融合水平的影响与农业发展的影响相反，主要是正向影响。内蒙古自治区、陕西省、山西省等省份是影响程度最大的地区，可能由于这一时期内蒙古自治区、陕北、山西省北部等地煤炭、石油等采掘业对区域发展产生重要影响，处于产业链中下游的资源型产业占比较大。工业发展有助于建设水网、路网、电网等基础设施，从而辐射带动周边乡村地区的空间格局变化。

2. 公共财政

公共财政对黄河流域城乡空间融合的影响如图 6-9（c）所示。黄河流域财政支出对城乡空间融合水平的负向影响随着时间推移逐渐减弱。黄河流域工业上升时期，财政投入与基础设施建设、矿产能源开发等的力度较大，带动城镇建设水平，在一定程度上提升了城乡空间融合水平。2010 年后，财政支出作为脱贫攻坚重要手段更多投入经济欠发达的乡村地区，并用于农业产业等的发展，使负向影响有所减弱。近年来，为支撑黄河流域生态高质量发展，陕北、内蒙古自治区等区域的公共财政除了用于支撑工业发展，也用于支撑周边乡村地区的生态环境保护和基础设施建设，从而促进了陕北、内蒙古自治区的城乡空间融合发展。

3. 市场活力与金融发展

市场活力对黄河流域城乡空间融合的影响如图 6-9（d）所示。市场活力对城乡空间融合的作用整体上表现为正向影响，负向影响仅出现在个别年份。居民可支配收入主要用于消费、投资和储蓄，如果储蓄水平提高，必然会引起消费水平的下降。在城乡二元结构下，城乡储蓄倾向存在显著的差异。农村居民的消费水平以及对生活的追求不及城镇居民，由于社会保障不足，农村居民表现出强烈的预防性储蓄动机。城乡居民的消费观念差异显著，会造成城乡居民的消费差距进一步增大，阻碍城乡空间融合。2000 年开始，农村社会保障制度逐渐建立完善，在这一阶段储蓄对城乡融合的负向作用占主导地位；2010 年后，新型农村养老保险开始实施并逐渐覆盖，城乡居民的社会保障差距缩小，储蓄的负向效应有所减弱。同时，储蓄资金在部分欠发达地区通过金融下沉、基础设施投资等路径间接促进了融合，导致该负向指标回归系数转为正值，反映出区域间融合机制的差异性与阶段性。

金融发展对黄河流域城乡空间融合水平的影响如图 6－9（e）所示。金融发展对黄河流域城乡空间融合的影响也以负向为主，且逐渐从负向转向微弱的正向影响。21 世纪初，由于金融机构的分布数量和规模的限制，在县域经济中，中小企业和农村经营主体难以获得充足便捷的借贷和融资服务，导致金融发展对经济增长的促进作用难以发挥（周天芸，2018）。黄河流域很多中小企业属于劳动密集型企业，其吸收的就业人员多为没有能力进行人力资本投资的低收入群体，大都只能从事体力劳动，中小企业的发展有利于此类人群就业和收入的提高。

4. 地区属性与交通区位

地区属性对黄河流域城乡空间融合的影响如图 6－9（f）所示。是否为中心城区这一区位属性，对城乡空间融合的影响有正有负。正向影响多分布在黄河流域中下游地区，负向影响主要集中在青海省、甘肃省。从时间趋势上看，呈现出正向影响区域逐渐扩大态势。中心城区城镇化、工业化的空间特征主要表现是城镇建设范围扩大，人口密度增加。靠近城市中心的地区城乡空间融合发展具备区位优势，在城镇化过程中城郊区域建设用地或非农用地增加比重大。也可以发现，青海省、内蒙古自治区等中心城区对城乡空间融合的影响呈现出一个由负向转为正向的过程。这一变化可能由于基础设施和交通运输条件的改善，打破了这些地区相对闭塞的农村环境。区域发展早期没有足够的资金进行道路建设，此后伴随着道路、交通等基础设施条件的改善，中心城区的带动辐射作用逐渐加强，促进了城区与农村区域的空间融合。

交通区位对黄河流域城乡空间融合的影响如图 6－9（g）所示。交通区位对城乡空间融合的影响非常显著，以正向影响为主。整体上，在青海省、甘肃省等地区一直呈现较为显著的负向影响，除此之外的中游和下游地区，以及宁夏回族自治区、内蒙古自治区呈现出明显的正向影响，且这一正向影响随着时间的演进逐渐加强。

5. 地形地貌

地形地貌对黄河流域城乡空间融合的影响如图 6-9（h）所示。地形地貌对黄河流域城乡空间融合的影响主要是负向影响，宁夏回族自治区、内蒙古自治区部分年份呈现正向影响。一般来说，基础设施建设难度会随着地形起伏度的增高而增大，建设成本也会随之增加，从而对经济发展造成不利影响。因此，在资源有限的情况下，地方政府会倾向于发展地势平缓的城镇地区，从而导致地形起伏度阻碍了城乡空间融合。

（三）经济维度

1. 产业基础

农业基础和工业基础对黄河流域城乡经济融合的影响如图 6-10（a）、6-10（b）所示。农业基础对城乡经济融合的影响以负向为主，少部分地区在某些年份存在正向影响。工业基础对城乡经济融合的影响呈现显著的正向影响，且正向影响逐年增强。工业发展对城乡经济融合的影响在上中下游均呈增强趋势，说明第二产业的发展能够推动黄河流域更多地区城乡经济水平的提升，并有助于缩小城乡经济差距。"中部崛起"等战略的提出和实施，使得更多产业、资源及生产要素开始由东部地区逐步转移至中西部地区，带动了中西部地区城乡经济的发展。

2. 公共财政

公共财政对黄河流域城乡经济融合的影响如图 6-10（c）所示。公共财政投入对黄河流域城乡经济融合的影响主要为负向。从时间趋势上看，负向影响存在逐渐减弱的过程。在黄河流域中上游，财政支出部分作为生态补偿和脱贫攻坚的手段投入经济欠发达的乡村地区，对于缓解城乡二元经济结构的作用相对有限。内蒙古自治区、宁夏回族自治区等区域一直表现为财政支出对城乡经济融合的强负向作用，主要因为这些地区较落后，经济发展缓慢，工业以采掘业、重工业为主，财政支出多优先用于城市和产业发展，

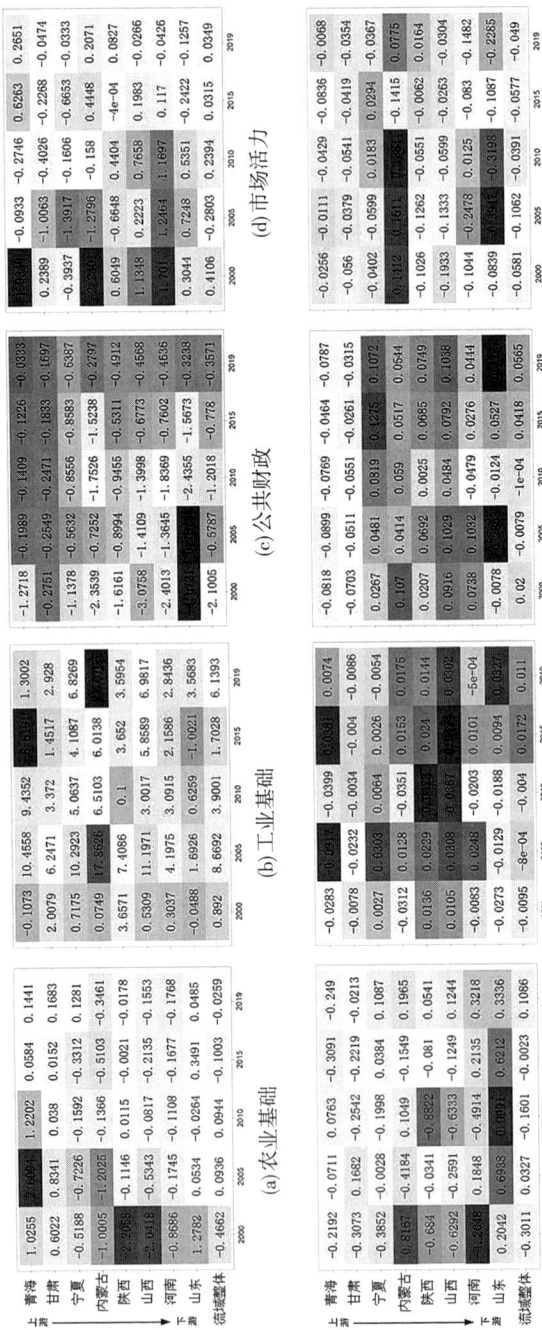

图 6 - 9　县域变量对黄河流域城乡空间融合影响的时空变化

农村地区经济发展受限，在一定程度上拉大了城乡经济差异，降低了城乡经济融合水平。

3. 市场活力与金融发展

市场活力对黄河流域城乡经济融合的影响如图 6－10（d）所示。总体来说，市场活力对城乡经济融合的影响是负向的。2000 年，表现为强正向影响的区域范围面积最大；2010 年后，市场活力对城乡经济融合的作用逐渐负向加强。随着生态环境保护的加强，各地注重发展生态环境友好型产业，一些传统资源型产业、重工业受到影响，对城乡经济融合起到一定的抑制作用。

金融发展对黄河流域城乡经济融合的影响如图 6－10（e）所示。金融发展对黄河流域城乡经济融合的影响以正向为主，并逐渐扩大和加强。2000 年，黄河流域绝大部分地区都表现为负向影响；2005 年后，金融发展的影响逐渐转换为正向。

4. 地区属性与交通区位

地区属性对黄河流域城乡经济融合的影响如图 6－10（f）所示。地区属性对城乡经济融合的影响主要是正向的，但正向影响随着时间的推移呈现逐渐减弱的趋势。从 2000 年到 2005 年，正向影响转弱的趋势不是很明显，主要表现为黄河流域西部正向影响显著，而东部地区正向影响相对微弱；从 2005 年到 2010 年，在大部分地区正向影响转向比较微弱的态势，并一直维持到 2015 年；2015 年后，正向影响程度略有提升。

交通区位对黄河流域城乡经济融合的影响如图 6－10（g）所示。交通区位对城乡经济融合的影响主要是正向的，在局部地区的某些年份存在负向影响。总体上看，正向影响主要集中在黄河流域的东部地区，负向影响主要集中在黄河流域的西侧。

5. 地形地貌

地形地貌对黄河流域城乡经济融合的影响如图 6－10（h）所示。整体上看，地形地貌对黄河流域城乡经济融合存在正向影响，在小部分地区存在负向影响。从时间趋势上看，正向影响的范围呈现扩大趋势。原因可能是由于道路等基础设施条件的改善弥补了地形起伏的不足，地形地貌对城乡经济融合的负向影响得到了平衡和缓冲。

（四）社会维度

1. 产业基础

农业基础和工业基础对黄河流域城乡社会融合的影响如图 6 - 11 （a）、6 - 11 （b）所示。农业基础对黄河流域城乡社会融合的影响在 2005 年前后经历了较大的空间变化，2005 年后，农业基础对黄河流域城乡社会融合的影响以负向为主。工业基础对黄河流域城乡社会融合的影响主要为正向，且正向影响的范围逐年扩大。工业发展对劳动力有较强的吸纳能力，会不断吸收周边农村地区剩余劳动力，加快城乡社会融合进程。但是由于城乡户籍、社会保障、市民化等制度障碍的存在，农村居民社会维度的进一步融合受阻。

2. 公共财政

公共财政对黄河流域城乡社会融合的影响如图 6 - 11 （c）所示。公共财政对黄河流域城乡社会融合既存在正向影响，也存在负向影响，从整体来看以负向影响为主。空间分异上看，正向影响由西部转移到北部，继而转移到中部和东部地区，再转移到东北部和南部地区。

3. 市场活力与金融发展

市场活力对黄河流域城乡社会融合影响的作用如图 6 - 11 （d）所示。研究期内，市场活力对黄河流域城乡社会融合既有正向影响，也有负向影响，总体为负向影响居多，正向影响的区域范围逐渐缩小。

金融发展对黄河流域城乡社会融合的影响如图 6 - 11 （e）所示。金融发展水平对黄河流域城乡社会融合同样既有正向影响，也有负向影响，总体为正向影响区域居多，且正向影响区域的范围逐渐扩大。2000 年，金融发展水平对黄河流域城乡社会融合的影响主要为负向；2005 年后，正向影响的范围逐渐扩大，且正向影响的程度加深。

4. 地区属性与交通区位

地区属性对黄河流域城乡社会融合的影响如图 6 - 11 （f）所示。地区属性对黄河流域城乡社会融合的影响主要为正向，从时间趋势来看，正向影响的程度逐渐加强。

(a)农业基础

	2000	2005	2010	2015	2019
青海	-6.9248	-4.4048	-2.923	-0.6694	-1.2371
甘肃	-2.004	-1.2188	-0.2711	-0.7683	-1.0077
宁夏	-1.6888	-1.204	-1.069	-1.4669	-1.0186
内蒙古	-4.8219	-2.3248	-2.1404	-1.4499	-1.4201
陕西	-1.5433	-1.3682	-0.3733	-0.8157	-0.8631
山西	-1.5022	-0.7447	-0.3124	-0.5204	-0.5426
河南	-1.1197	-0.4457	-0.1804	-0.6599	-0.5699
山东	-0.8312	-0.1713	-0.0397	-0.4759	-0.3548
流域整体	-2.3842	-1.4853	-0.9137	-0.8533	-0.8767

(b)工业基础

	2000	2005	2010	2015	2019
青海	-2.9891	0.6759	10.8758	13.8896	19.2714
甘肃	2.9707	6.6012	6.5848	12.0943	13.4553
宁夏	1.3229	10.8993	12.2505	10.684	14.796
内蒙古	4.768	7.8229	7.7693	9.694	21.024
陕西	4.2552	10.1668	6.8993	3.3313	8.8932
山西	1.3	8.2097	5.0104	11.48	9.3485
河南	7.5549	7.9987	3.0039	6.5571	5.829
山东	1.3878	2.9239	0.9997	5.1043	3.5124
流域整体	2.0349	6.9098	6.6742	9.9793	12.1283

(c)公共财政

	2000	2005	2010	2015	2019
青海	-1.0863	-0.6005	-0.5272	-0.2807	-0.502
甘肃	-1.1583	-1.4996	-0.5222	-0.8341	-0.2431
宁夏	-1.794	-2.5351	-1.4246	-1.2105	-1.2286
内蒙古	-5.2203	-3.6915	-4.2515	-5.0749	-2.4784
陕西	-2.3057	-1.6469	-1.0923	-1.2144	-0.5413
山西	-2.7329	-1.5928	-1.408	-1.229	-0.5647
河南	-2.8392	-1.4695	-1.8502	-1.3162	-1.018
山东	-11.366	-0.573	-4.1117	-3.9136	0.0231
流域整体	-3.5628	-1.6367	-1.8985	-1.9979	-0.6796

(d)市场活力

	2000	2005	2010	2015	2019
青海	0.4331	0.609	-0.455	-0.1889	-0.6538
甘肃	0.1983	-1.2275	-0.9211	-1.0706	-0.8112
宁夏	0.6666	-3.9651	-1.4501	-1.6577	-0.4702
内蒙古	1.7711	-3.7908	-2.8102	-0.782	-1.209
陕西	0.4229	-1.9581	-1.2074	-1.1253	-1.5886
山西	0.5256	-1.3901	-0.6223	-0.2178	-1.614
河南	0.9608	-0.9789	-0.2605	-0.2732	-1.8712
山东	1.5283	-0.8849	-2.0452	0.7128	-2.5874
流域整体	0.8133	-1.7009	-1.2215	-0.5753	-1.3507

(e)金融发展

	2000	2005	2010	2015	2019
青海	0.1307	0.1229	-0.1424	-0.2651	0.2223
甘肃	-0.0276	0.243	0.203	-0.0357	0.3679
宁夏	-0.4535	0.8882	0.3915	0.089	0.5349
内蒙古	-1.19	0.1658	1.0289	0.5403	1.5077
陕西	-0.3256	-0.1481	0.3245	0.1464	0.525
山西	-0.1243	-0.1585	0.1665	0.1628	0.4729
河南	-0.9907	0.233	0.2095	-0.1626	0.497
山东	-1.5196	-0.0941	1.0911	-0.9661	0.6912
流域整体	-0.5626	0.1565	0.4091	-0.0614	0.5577

(f)地区属性

	2000	2005	2010	2015	2019
青海	0.3618	0.29	0.0949	0.0719	0.1162
甘肃	0.1609	0.0882	0.0177	0.0255	0.0664
宁夏	0.1041	0.0366	-0.0105	-0.003	0.0404
内蒙古	0.1239	0.0953	-0.0259	-0.0252	0.0959
陕西	0.0843	0.0591	0.0034	0.0318	0.0486
山西	0.0844	0.0611	0	0.0417	0.0509
河南	0.0733	0.0713	-0.001	0.0611	0.0727
山东	0.09	0.0893	0.0321	0.0796	0.1121
流域整体	0.1353	0.0989	0.0138	0.0354	0.0754

(g)交通区位

	2000	2005	2010	2015	2019
青海	-0.0581	-0.0736	-0.0341	-0.0584	-0.026
甘肃	-0.0199	-0.0192	-0.004	0.0258	0.0045
宁夏	0	0.0231	0.075	0.1143	0.0845
内蒙古	0.059	-0.0406	0.0093	0.0412	0.0514
陕西	0.0508	-0.0521	0.0485	0.0718	0.0208
山西	-0.0017	-0.0058	0.0202	0.0605	0.0105
河南	0.0203	-0.0384	-0.0154	0.0062	-0.0261
山东	0.0303	-0.286	0.0869	0.0949	-0.0044
流域整体	0.0101	-0.0486	0.0233	0.0445	0.0144

(h)地形地貌

	2000	2005	2010	2015	2019
青海	0.0612	0.0391	-0.0058	0.0304	0.0818
甘肃	0.0439	0.0277	0.0493	0.0551	-0.0523
宁夏	-0.0345	-0.0851	0.0715	0.0528	-0.0826
内蒙古	-0.2152	-0.2898	0.0508	-0.396	-0.0622
陕西	-0.0509	-0.0292	0.1511	0.1143	-0.0149
山西	-0.0884	0.0713	0.1866	0.1031	0.0652
河南	0.0099	0.1325	0.1665	0.0413	-0.0012
山东	0.3608	0.1293	0.2018	0.0368	0.0114
流域整体	0.0108	0.037	0.109	0.0047	-0.0069

图 6-10　县域变量对黄河流域城乡经济融合影响的时空变化

交通区位对黄河流域城乡社会融合的影响如图 6 - 11（g）所示。交通区位对黄河流域城乡社会融合的影响主要为正向，正向影响的范围随着时间的推移逐渐扩大，影响的程度逐渐增加。

5. 地形地貌

地形地貌对黄河流域城乡社会融合的影响如图 6 - 11（h）所示。地形地貌对黄河流域城乡社会融合的负向影响居多。2000 年，地形地貌对城乡社会融合为负向影响的区域广泛分布在除山东省、河南省外的大部分地区；2005 年后，负向影响的区域减少，陕西省、山西省等部分区域逐渐转成了微弱的正向影响。

（五）生态维度

1. 产业基础

农业基础和工业基础对黄河流域城乡生态融合的影响如图 6 - 12（a）、6 - 12（b）所示。整体上看，黄河流域农业基础对城乡生态融合的影响以正向为主，在多数年份呈现出下游正向影响、上游负向影响的格局。从时间趋势上看，正向影响的范围在逐年扩大，影响强度略有提升。工业基础对黄河流域城乡生态融合既有正向影响，也有负向影响，以正向影响为主，且正向影响的极值点集中在黄河流域西部的青海省和甘肃省。从时间趋势上看，正向影响的范围有一定的波动，整体有所减少。

2. 公共财政

公共财政对黄河流域城乡生态融合的影响如图 6 - 12（c）所示。公共财政支出对黄河流域城乡生态融合既具有正向影响，也有负向影响。正向影响强的地区集中在黄河流域的中下游地区，整体呈现出由东南向西北递减的趋势。

3. 市场活力与金融发展

市场活力对黄河流域城乡生态融合的影响如图 6 - 12（d）所示。市场活力对黄河流域城乡生态融合既有正向影响，也有负向影响，整体上表现为负向影响。2000 年，除山东省和青海省外，其他区域基本上都是正向影响；2005 年后，正向影响的区域开始减少；2019 年，大多数地区市场活力对城乡生态融合为负向影响。

图 6-11 是一组县域变量对黄河流域城乡社会融合影响的时空变化矩阵图，各子图分别对应不同变量，行标签自上而下为：上游（青海、甘肃、宁夏、内蒙古）、下游（陕西、山西、河南、山东）及流域整体；列为 2000、2005、2010、2015、2019 年。

(a) 农业基础

	2000	2005	2010	2019
青海	0.6873	-5.3018	-1.7824	-0.8166
甘肃	0.3153	-1.2211	-0.5568	-1.0548
宁夏	-3.3153	-1.1277	-0.8784	-0.6972
内蒙古	-4.3515	-2.2638	-2.0388	-0.9274
陕西	-1.7942	-0.9148	-0.5821	-0.5001
山西	-2.8477	-0.8381	-0.287	-0.0105
河南	-1.2873	-0.4633	-0.4672	0.234
山东	0.1495	-0.3316	-0.2027	-0.234
流域整体	-0.3163	-1.5054	-1.3189	-0.5008

(b) 工业基础

	2000	2005	2010	2015	2019
青海	3.1815	6.3802	22.7333	24.4938	18.067
甘肃	3.2811	7.4067	3.3246	12.2204	11.366
宁夏	0.2052	7.2225	4.007	5.3156	7.4959
内蒙古	0.3236	9.0583	10.5837	18.2122	15.359
陕西	-2.6697	3.4522	7.0019	5.4134	4.353
山西	0.3201	5.6691	4.7151	8.6057	5.1778
河南	1.2158	2.8588	0.3349	2.4113	0.4036
山东	0.4199	1.0328	1.3719	1.7294	3.8961
流域整体	0.7847	5.7476	6.3031	9.6671	3.7056

(c) 公共财政

	2000	2005	2010	2015	2019
青海	2.708	-0.3248	-0.3349	0.3186	-0.3718
甘肃	-0.3105	-1.0864	-0.2095	0.0567	-0.1597
宁夏	-0.1369	-0.8846	-0.3287	0.2176	-0.0835
内蒙古	-3.2563	-1.4198	-0.4465	0.6341	0.0598
陕西	-0.6086	-0.4543	-0.4229	-0.2405	-0.2552
山西	-0.5095	-0.7058	-0.9118	-0.0567	0.1313
河南	-0.6786	-1.2765	-0.6347	-0.0298	
山东	1.896	-2.2296	1.1522	0.4098	0.1131
流域整体	-1.1341	-1.0477	-0.2671		

(d) 市场活力

	2000	2005	2010	2015	2019
青海	0	1.505	-2.2327	1.792	-1.4839
甘肃	0.8102	1.4215	0.0211	-1.8364	-0.5841
宁夏	0.6505	-0.6971	0.3018	-0.9809	-0.3093
内蒙古	1.8636	-1.6414	1.7762	-0.4171	0.2766
陕西	0.3713	0.353	0.3444	-0.1304	-0.2655
山西	-0.0724	0.6941	1.5639	0.1113	-0.7885
河南	-0.0314	0.9435	0.7377	0.4818	-2.2006
山东	0.2502	-1.1816		-1.5118	-1.9454
流域整体	0.5996	1.013	0.1663	-1.007	-1.0376

(e) 金融发展

	2000	2005	2010	2015	2019
青海	-0.1918	0.6861	-0.3952	0.7806	1.1738
甘肃	-0.0334	-0.0984	-0.1443	0.382	
宁夏	-0.0342	0.7875	0.0892	0.3603	0.2289
内蒙古	-0.2501	0.7197	-0.6611	0.1886	0.4455
陕西	-0.334	-0.1312	-0.2042	-0.029	0.2619
山西	0.2311	0.3556	-0.4423	0.0874	0.5192
河南	0.2309	0.5547	0.1615	-0.1916	0.8163
山东	-0.5163	0.1838	0.5749		-0.553
流域整体	-0.1122	0.1057	-0.0205	0.2697	0.4093

(f) 地区属性

	2000	2005	2010	2015	2019
青海	0.0055	-0.0445	0.4699	-0.0095	0.1561
甘肃	0.0287	-0.0016	0.0247	0.1002	0.1063
宁夏	0.046	0.0214	0.0749	0.1451	0.1792
内蒙古	0.1238	0.1095	0.1964	0.1435	-0.2196
陕西	0.0362	0.053	0.0749	0.1139	0.06
山西	0.0394	0.0223	0.052	0.0293	-0.028
河南	0.0235	0.0231	0.0202	0.0317	-0.0294
山东	0.0074	0.044	0.0943	0.0928	-7e-04
流域整体	0.0388	0.0284	0.0587	0.0809	0.075

(g) 交通区位

	2000	2005	2010	2015	2019
青海	0.0111	0.0024	0.0273	0.049	
甘肃	0.04	0.0457	0.0272	0.0741	0.0631
宁夏	0.0471	0.0307	0.0371	0.1005	0.1023
内蒙古	0.0469	0.0149	-0.0055	0.0511	0.0312
陕西	0.026	0.0355	0.0525	0.0635	0.0319
山西	0.0043	0.0311	0.0592	0.0067	-0.0094
河南	0.0195	0.0479	0.0766	0.1165	0.118
山东	0.0397	0.0111	0.1621	0.184	
流域整体	0.0293	0.0274	0.0546	0.0703	0.0786

(h) 地形地貌

	2000	2005	2010	2015	2019
青海	-0.0109	-0.1186	-0.3069	-0.0077	0.059
甘肃	-0.0259	0.0138	0.035	-0.0093	0.0531
宁夏	-0.1452	-0.084	-0.003	-0.0871	-0.0551
内蒙古	-0.5119	-0.368		-0.492	-0.4887
陕西	-0.062	0.0814	0.1597	-0.0198	-0.0374
山西	-0.0457	0.2338	0.1064	0.0103	-0.0016
河南	0.485	0.1503	-0.0161	-0.2335	-0.2556
山东	0.0292		-0.1015	-0.3699	0.3289
流域整体	-0.0498	-0.0498	-0.0934	-0.1511	-0.1555

图 6-11　县域变量对黄河流域城乡社会融合影响的时空变化

185

金融发展对黄河流域城乡生态融合的影响如图 6 - 12（e）所示。金融发展对黄河流域城乡生态融合的影响既有正向，也有负向。整体上看，黄河流域上游和下游以正向影响为主，中游地区由微弱的负向影响转变为微弱的正向影响。

4. 地区属性与交通区位

地区属性对黄河流域城乡生态融合的影响如图 6 - 12（f）所示。地区属性对黄河流域城乡生态融合的影响总体上以正向为主，从空间特征上看，中下游地区以正向影响偏多，上游的青海省在较长的时间内呈现负向影响。

交通区位对黄河流域城乡生态融合的影响如图 6 - 12（g）所示。交通区位对城乡生态融合的影响主要为正向。2000 年，正向影响最强的区域集中在宁夏回族自治区、青海省一带；2005 年后，正向影响最强的区域转变为甘肃省、山东省等区域。

5. 地形地貌

地形地貌对黄河流域城乡生态融合的影响如图 6 - 12（h）所示。地形地貌对黄河流域城乡生态融合的影响以正向为主。2005 年以前，黄河流域的东部和西部大部分地区呈现正向影响，仅在中部的陕西省、宁夏回族自治区等区域呈现负向影响；2005 年后，正向影响的范围基本上覆盖黄河流域全域。

（六）要素维度

1. 产业基础

农业基础和工业基础对黄河流域城乡要素融合的影响如图 6 - 13（a）、6 - 13（b）所示。农业基础对城乡要素融合的影响主要是负向的，且负向影响趋势呈现逐渐增强的态势。2000 年，农业基础对城乡要素融合的正向影响区域主要集中在黄河流域的西部地区，包括青海省、陕西省、宁夏回族自治区、甘肃省等区域；2005 年后，负向影响区域逐渐增多。工业基础对黄河流域城乡要素融合既有正向影响，也有负向影响。整体上看，正向影响居于主要地位，负向影响仅在少数年份出现。从时间上看，正向影响的区域逐渐扩大，强度逐渐增加。

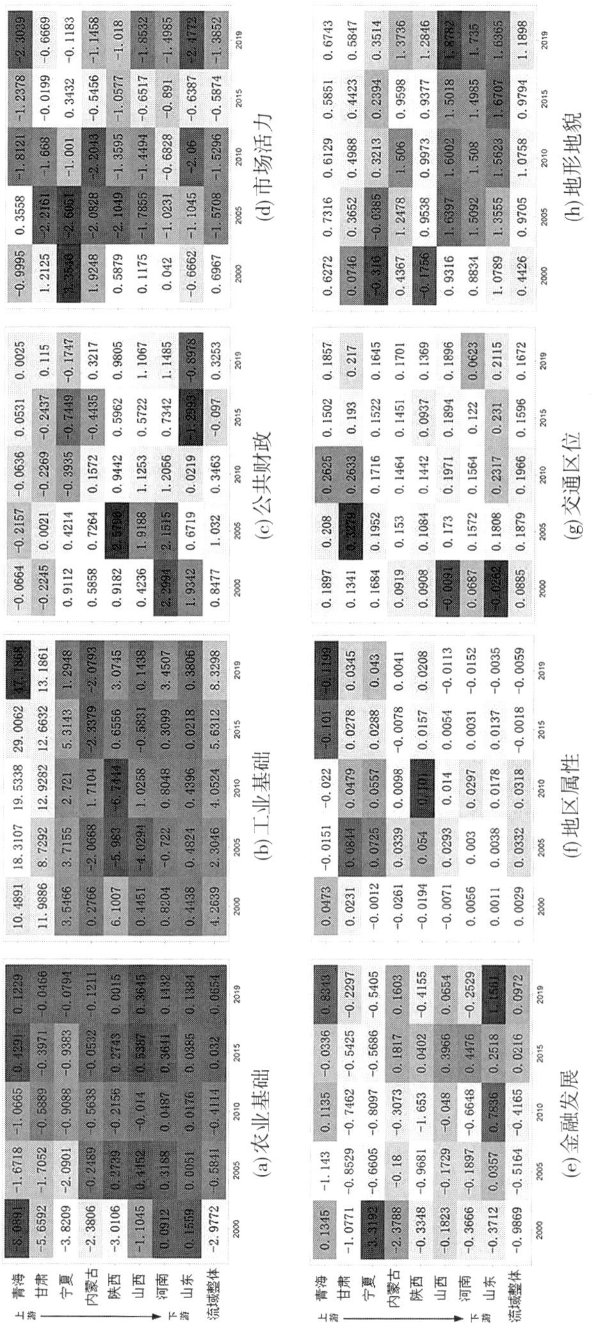
上游
下游
青海
甘肃
宁夏
内蒙古
陕西
山西
河南
山东
流域整体
2000
2005
2010
2015
2019
(a)农业基础
(b)工业基础
(c)公共财政
(d)市场活力
(e)金融发展
(f)地区属性
(g)交通区位
(h)地形地貌

图6-12 县域变量对黄河流域城乡生态融合影响的时空变化

2. 公共财政

公共财政对黄河流域城乡要素融合的作用如图 6-13（c）所示。可以看出，公共财政对城乡要素融合的影响主要是负向的，正向影响区域范围较小且主要集中在青海省。这一特征反映出公共财政支出越大，市场受行政的干扰程度越深，要素配置对行政依赖性更高，要素自由流动程度下降。

3. 市场活力与金融发展

市场活力对黄河流域城乡要素融合的影响如图 6-13（d）所示。市场活力对城乡要素融合既有正向影响，也有负向影响，正向影响呈先增加、后减少的特征。2000 年，黄河流域的正向影响主要在中下游区域；2005 年后，正向影响的区域范围不断扩大。

金融发展对黄河流域城乡要素融合的影响如图 6-13（e）所示。从空间上看，正向影响的范围主要在黄河流域中上游地区，负向影响多出现在下游。从时间来看，2000 年，负向影响的区域范围较大；2005 年后，负向影响区域逐渐减少。

4. 地区属性与交通区位

地区属性对黄河流域城乡要素融合的影响如图 6-13（f）所示。地区属性对城乡要素融合的影响以正向为主。空间上看，黄河流域下游地区正向影响更明显，中上游地区影响较弱。

交通区位对黄河流域城乡要素融合的影响如图 6-13（g）所示。交通区位对城乡要素融合的影响主要为正向，负向影响的区域逐年减少。负向影响在黄河流域下游的山东省持续时间长，交通改善的效果不明显。2000 年，正向影响最强的区域集中在青海省和甘肃省；2005 年后，正向影响区域不断扩大。

5. 地形地貌

地形地貌对黄河流域城乡要素融合的影响如图 6-13（h）所示。地形地貌对城乡要素融合的影响以负向为主。空间上表现为从东到西，地形地貌的负向影响逐渐增强，对城乡要素流动的抑制作用在中下游平原地区更加显著。

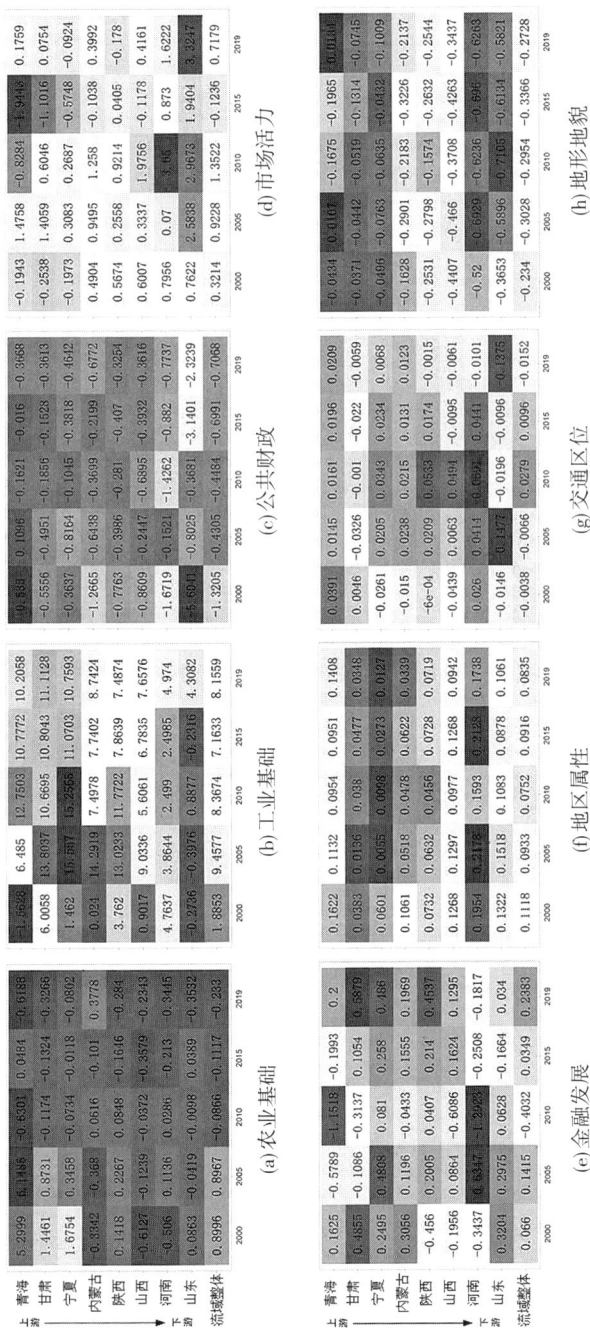

图 6-13 县域变量对黄河流域城乡要素融合影响的时空变化

(a) 农业基础

	2000	2005	2010	2015	2019
青海	5.2999	6.1486	6.5301	0.0484	0.6188
甘肃	1.4461	0.8731	-0.1174	-0.1324	-0.3266
宁夏	1.6754	0.3458	-0.734	-0.118	-0.0802
内蒙古	0.3342	0.368	0.0616	-0.101	0.3778
陕西	0.1418	0.2267	0.0848	-0.1616	-0.284
山西	-0.6127	-0.1239	-0.0372	-0.3579	-0.2343
河南	-0.506	0.1136	0.0286	-0.213	-0.3445
山东	0.0863	-0.0419	-0.0098	0.0889	-0.3632
流域整体	0.8996	0.8967	-0.0866	-0.1117	-0.233

(b) 工业基础

	2000	2005	2010	2015	2019
青海	1.5688	6.485	12.7503	10.7772	10.2058
甘肃	6.0058	13.8097	10.6695	10.8943	11.1128
宁夏	1.462	15.667	13.2566	11.0703	10.7593
内蒙古	0.021	14.2919	7.4978	7.7402	8.7424
陕西	3.762	13.0293	11.7722	7.8639	7.4874
山西	9.0336	5.6061	6.7835	7.6576	7.6576
河南	4.7637	3.8644	2.499	2.4985	4.974
山东	-0.2706	-0.3976	0.8887	2.3246	4.3082
流域整体	1.8853	9.4577	8.3674	7.1633	8.1559

(c) 公共财政

	2000	2005	2010	2015	2019
青海	0.583	0.1096	-0.1621	-0.016	-0.3668
甘肃	-0.5556	-0.4951	-0.1856	-0.1528	-0.3613
宁夏	-0.3637	-0.8164	-0.1045	-0.3818	-0.4642
内蒙古	-1.2665	-0.6438	-0.3699	-0.2199	-0.6772
陕西	-0.7763	-0.3986	-0.281	-0.407	-0.3254
山西	-0.8609	-0.2447	-0.6895	-0.3932	-0.3616
河南	-1.6719	-0.1621	-1.4262	-0.882	-0.7737
山东	-5.6041	-0.8025	-0.3681	-3.1401	-2.3239
流域整体	-1.3205	-0.4305	-0.4184	-0.6991	-0.7068

(d) 市场活力

	2000	2005	2010	2015	2019
青海	-0.1943	1.4758	-0.8284	4.9446	0.1759
甘肃	-0.2538	1.4059	0.6046	1.1016	0.0754
宁夏	-0.1973	0.3083	0.2687	-0.5748	-0.0924
内蒙古	0.4904	0.9495	1.258	-0.1038	0.3992
陕西	0.5674	0.2558	0.9214	0.0405	-0.178
山西	0.6007	0.3337	1.9756	-0.1178	0.4161
河南	0.7956	0.07	3.46	0.873	1.6222
山东	0.7622	2.5838	3.9673	1.9404	3.3217
流域整体	0.3214	0.9228	1.3522	-0.1236	0.7179

(e) 金融发展

	2000	2005	2010	2015	2019
青海	0.1625	-0.5789	1.1518	-0.1993	0.2
甘肃	0.4855	-0.1086	0.3137	0.1054	0.5879
宁夏	0.2495	0.4808	0.081	0.258	0.186
内蒙古	0.3056	0.1196	-0.0433	0.1555	0.1969
陕西	-0.456	0.2005	0.0407	0.214	-0.4587
山西	-0.1956	0.0864	-0.6086	0.1624	0.1295
河南	-0.3437	0.6347	1.2921	-0.2508	-0.1817
山东	0.3204	0.2975	-0.0628	-0.1664	0.034
流域整体	0.066	0.1415	-0.4032	0.0349	0.2388

(f) 地区属性

	2000	2005	2010	2015	2019
青海	0.1622	0.1132	0.0954	0.0951	0.1408
甘肃	0.0383	0.0136	0.038	0.0477	0.0348
宁夏	0.0601	0.0055	-0.0098	0.0273	0.0127
内蒙古	0.1061	0.0518	0.0478	0.0622	0.0339
陕西	0.0732	0.0632	0.0456	0.0728	0.0719
山西	0.1268	0.1297	0.0977	0.1268	0.0942
河南	0.1954	0.2128	0.1593	0.0878	0.1738
山东	0.1322	0.1518	0.1083	0.0916	0.1061
流域整体	0.1118	0.0933	0.0752	0.0835	0.0835

(g) 交通区位

	2000	2005	2010	2015	2019
青海	0.0391	0.0145	0.0161	0.0196	0.0209
甘肃	0.0046	-0.0326	-0.001	-0.022	-0.0059
宁夏	-0.0261	0.0205	0.0343	0.0234	0.0068
内蒙古	-0.015	0.0238	0.0215	0.0131	0.0123
陕西	-6e-04	0.0209	0.0533	0.0174	-0.0015
山西	-0.0439	0.0063	0.0494	-0.0095	-0.0061
河南	0.026	0.0411	0.0694	0.0441	-0.0101
山东	-0.0146	-0.1373	-0.0196	-0.0096	-0.1375
流域整体	-0.0038	-0.0066	0.0279	0.0096	-0.0152

(h) 地形地貌

	2000	2005	2010	2015	2019
青海	-0.0434	0.0101	-0.1675	-0.1965	0.0134
甘肃	-0.0371	-0.0442	-0.0519	-0.1314	-0.0745
宁夏	-0.0496	-0.0763	-0.0635	-0.0432	-0.1009
内蒙古	-0.1628	-0.2901	-0.2183	-0.3226	-0.2137
陕西	-0.2531	-0.2798	-0.1574	-0.2632	-0.2544
山西	-0.4407	-0.466	-0.3708	-0.4263	-0.3437
河南	-0.52	-0.6929	-0.6236	-0.696	-0.6263
山东	-0.3653	-0.5896	-0.7165	-0.6134	-0.5821
流域整体	-0.234	-0.3028	-0.2954	-0.3366	-0.2728

（行分组：上游 青海、甘肃、宁夏、内蒙古、陕西、山西、河南；下游 山东）

189

第四节 小 结

本章从市域和县域两个尺度分析了黄河流域城乡融合的主要驱动因素以及各驱动因素的影响程度。首先，从理论上解析了产业基础、公共财政、市场活力、金融发展、地区属性、交通区位以及地形地貌对黄河流域城乡融合发展的影响机理。其次，从县市两级尺度，构建GTWR模型，估计了各因素对城乡融合的影响程度，分析不同尺度下城乡融合影响因素的空间差异。

市域尺度选取第三产业产值占地区生产总值的比例、年末金融机构各项贷款余额与地区生产总值的比值、政府教育支出占地区生产总值的比例、当年实际利用外资与地区生产总值的比值、客运总量、货运总量、地形起伏度7个变量来分别衡量产业高级化、金融发展、政府投入、市场开放度、交通区位因素等对黄河流域不同维度城乡融合的影响。县域尺度选取第一产业增加值、规模以上工业企业个数、一般公共预算支出占地区生产总值比例、储蓄增长额与地区生产总值的比值、年末金融机构各项贷款余额与地区生产总值的比值、是否为中心城区以及到市中心的距离、地形起伏度7个变量来分别衡量农业基础、工业基础、公共财政、市场活力、金融发展、地区属性、交通区位、地形地貌等因素对黄河流域不同维度城乡融合水平的影响。

第七章

城乡融合现状的微观考察

在城乡融合发展进程中，涉及地方政府、农村集体、农民、企业等多种相关利益主体，不同利益主体在城乡融合过程中的角色和需求不尽相同，对城乡发展的关注点也各不相同。因此，城乡融合发展不能单纯地被看作由政府主导推进的公共资源再配置过程，也不能将城乡融合发展单纯视为由微观主体实施的商品和要素流动过程，而应看到多个主体之间的功能互补与行为协同。农户是参与城乡互动的重要主体，更是影响城乡要素流动的重要决策者，应当给予重视。本章以农户调研数据为基础，深入分析城乡要素在村庄和农户尺度上的流动与组合情况，为从微观层面分析黄河流域城乡融合提供现实参考和依据。本章首先介绍了典型调研区域的概况；其次从微观层面分析总结调研区域城乡融合的基本特征；再次对典型调研区域进行分类与模式归纳；最后选取典型案例进行重点剖析。

第一节　调研区域选择与概况

一、调研区域选择

本书将黄河流域作为研究区域，从城市区位、城市形态、城市规模、农业类型四个方面对调研地点进行筛选，限于新冠疫情防控影响，结合就近原则，在陕西省内选取 2 个典型城市。城市区位方面，能够代表黄河流域不同位置典型城市特征；城市形态具备单中心、多圈层辐射特点，并考虑团块式和条带式两种主要类型。城市规模方面，涵盖中等城市（常住人口大于 50 万人，小于 100 万人）、大城市（常住人口大于 100 万人）两种类型；农业类型方面，主要选择普通旱作农业区。结合上述筛选原则，选择以下城市作为调研区域：

1. 铜川市

作为陕西省辖地级市,铜川市位于西北地区东部、陕西省中部、关中盆地和陕北高原的交接地带,属于黄河流域的重要组成部分。铜川市下辖三区、一县,常住人口约为 69.83 万人。全市总面积 3 882 平方千米,农用地面积为 3 545 平方千米,其中包括耕地 857 平方千米,建设用地面积 270 平方千米。

2. 榆林市

榆林市是陕西省辖地级市,位于黄河中游几字湾流域,陕西省最北部,地处陕北地区和河套地区、黄土高原和毛乌素沙地交界处。全市辖 2 个区、9 个县,代管 1 个县级市,全市常住人口 362.58 万人。土地总面积 42 923 平方千米,农用地 39 208 平方千米,其中耕地面积 9 259 平方千米,占农用地总面积的 23.62%,建设用地 2 982 平方千米。

二、调研区域概况

经过实地调研,最终获得铜川、榆林 2 市,涵盖 3 区(县)、9 镇(街道)、28 村的有效问卷 427 份。问卷数量分布情况如表 7-1 所示。

表 7-1　调查区域收回有效问卷数

区域	耀州区（140）			宜君县（156）				绥德县（131）		合计
镇（街道）	董家河镇	锦阳路街道	孙塬镇	哭泉镇	棋盘镇	五里镇	宜阳街道	名州镇	张家砭镇	
有效问卷	13	91	36	19	16	35	86	66	65	427

铜川市和榆林市虽然都地处黄河流域,但两个城市的城乡融合状况却不相同。榆林市位于陕西省北部,拥有丰富的矿产、盐碱、天然气等资源,经济较发达,在基层社会治理创新、乡村振兴示范建设、城乡人居环境整治等方面成果显著,被列入全国首批乡村治理体系建设试点示范区、全国社区治理和服务创新实验区。

近年来,榆林市推动农业转型升级,大力发展休闲农业,为农村地区经济发展注入了源源不断的活力,改变了农民传统的小农生产和落后的种植观念。在鼓励农民利用新的生产理念和管理技术发展农业,优化产业结构的同时,也促进农村地区基础设施条件的改善以及生产能力的提高,推动城乡间要素自由流动，以提高城乡融合发展水平。另外，由于榆林市外出务工经商人员占比较大，农村地区人口老龄化与妇女化现象突出。此外，榆林市大力发展休闲农业有利于提供更多的就业岗位，增加农民收入。发展休闲农业也有利于提高农民的素质，改造当地的乡村景观，增强城乡在文化、商业等方面的交流，缩小城乡差距。针对养老医疗方面，榆林市正在加速构建以居家为基础、社区为依托、机构为补充、医养相结合、智慧化的养老服务体系，医养融合、智慧养老等新业态正在榆林市兴起。这些举措不仅有利于提高榆林市农村居民的生活满意度，完善农村基础设施建设，提高农村地区社会公共服务的水平，而且能进一步推动公共资源在城乡间的均衡合理配置，促进城乡交流和城乡融合。绥德县位于榆林市东南部，地处陕北黄土高原丘陵沟壑区，绥德全县辖4乡、12镇，本次调查在绥德县共调研了名州镇和张家砭两镇，收回有效问卷131份。

铜川市地处陕西省中部腹地，拥有丰富的煤炭、矿产资源，因此成为陕西省乃至西北地区重要的能源建材基地。铜川市地处鄂尔多斯台地与渭河断陷盆地的过渡地带，属于黄土高原的残塬区，地形地貌复杂多样。下辖3区（耀州区、王益区、印台区）、1县（宜君县）、1个省级经济技术开发区（铜川新区），共有20个镇、1个乡、17个街道。当地以玉米为主要的粮食作物，经济作物主要包括中药材、花椒和核桃等，当地的经济发展水平高，农业生产条件较好，农民生活质量也较高。

铜川市始终秉持着城乡统筹发展的理念，主要依托产业发展作为统筹城乡发展的战略基础，不断壮大经济总量，不断提高统筹城乡发展的能力。在工业方面，坚持以园区化推进工业化，努力打造一条资源综合利用、产业结构优化、能耗排放减少、综合效益提升的新型工业化之路；农业方面，把调整农业结构、促进农民增收作为解决"三农"问题的关键，在稳定粮食总产的前提下，引导农民依托资源优势，集中力量发展"果、牧、药、菜"四大优势产业，促进传统农业向城郊型都市现代农业转型，通过财政税收等手段扶持一批农业产业化龙头示范项目，积极推广"龙头＋合作组织＋基地＋农户"的农业产业化经营模式，提高农业的生产效率、生产能力以及生产效益，不断壮大产业规模，带动农民致富增收。在服务业方面，加大力度实施大商贸、大物流、大市场战略，并坚持以文化旅游产业的发展为依托。作为现代服务业的新增长点，着重打造照金香山、玉华宫、药王山、陈炉古镇四大旅游景区，将其作为铜川文化旅游精品。在社会保障方面，铜川市实施多层次的城乡居民医疗救助制度，对农村五保、城乡低保以及重点优抚对象给予及时的医疗救助。同时，铜川市大力促进城乡妇女就业创业，开展城乡妇女就业创业培训等活动，带动妇女创业就业3.2万人次。耀州区位于铜川市东南部渭北高原南缘，是关中通向陕北的天然门户，享有"北山锁钥""关辅襟喉"之美誉。本次调查在耀州区选择了董家河镇、锦阳路街道和孙塬镇，收回有效问卷140份。宜君县位于铜川市北部，是关中平原与陕北黄土高原的结合部，210国道和铜黄一级公路穿境而过，被誉为"关中通往陕北的天桥"，本次调查在宜君县共选择了4个镇，收回有效问卷156份。

由表7-2可知，受访者基本情况如下：性别上，男性183人，占42.86%，女性244人，占57.14%。年龄上，14~45岁受访者为82人，占19.20%，45~65岁受访者为227人，占53.16%，65岁以上受访者为118人，占27.63%。农村户籍占比87.12%，城镇户籍占比12.88%。文化程度上，以小学及以下和初中及中专为主，分别占41.92%和40.05%。

表7-2 受访对象基本情况

样本变量	分类	数量（人）	比例（%）
性别	男	183	42.86
	女	244	57.14
年龄分布	14~45岁	82	19.20
	45~65岁	227	53.16
	65岁以上	118	27.63
文化程度	小学及以下	179	41.92
	初中及中专	171	40.05
	高中及大专	72	16.86
	本科及以上	5	1.17
户籍	农村	372	87.12
	城镇	55	12.88

第二节 城乡融合现状分析

本节从微观层面对调研区域城乡融合现状以及城乡融合基本特征进行分析，主要包括受访家庭基本情况，教育、医疗与社会保障，文体娱乐与交通，居民收入与财产状况，公共服务与人居环境。

一、受访家庭基本情况

（1）家庭结构趋于简单，部分乡镇独居和二人居住比例高。如图 7 - 1 所示，县级尺度上受访对象间的家庭结构区别不大，都是以 2～4 人居住为主。耀州区的独居受访对象占比偏低，相应的 5 人住户比例较另外两县高。但从镇域尺度上看，棋盘镇、名州镇、哭泉镇的独居住户比例高于 10%。此外，哭泉镇、名州镇两地独居住户和二人住户的比例之和超过半数，通过实地调研可知是由于当地较多年轻劳动力选择外出务工，家里只剩老人居住。

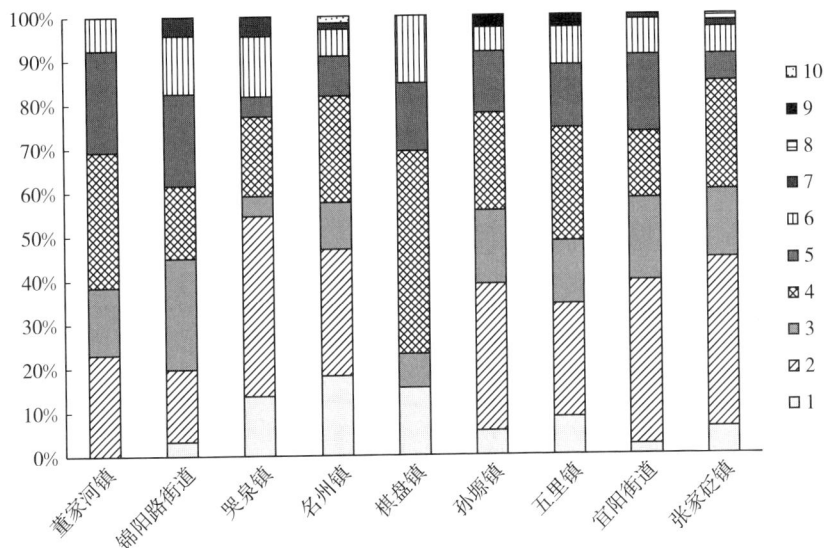

图 7 - 1 调查区域受访家庭人口数量

（2）非固定收入人口比重大，务农人口众多，倾向就近择业。如表 7-3 所示，从受访对象目前职业状况、务农情况、工作地点来看，绥德县受访对象中无业或离退休人口所占比例最大，反映出该地区留守的无劳动能力人口较多。而耀州区非固定收入人口占比较大，结合其较高的务农人口比例，反映出该受访区域的农业生产和个体工商业从业人数占比较高。从三个县（区）的务农情况来看，绥德县完全务工的人口所占比例较高，而耀州区完全务农的人口所占比例较高，宜君县完全务工、完全务农和兼业人口所占比例相对另外两个区县较为均衡。从工作地点来看，大多数受访者偏向就近就业，在本村镇从事农业和个体工商业等经济活动。除在本地就近择业外，三县（区）受访者在本省就业人口所占的比例均高于县和市的比例，反映出农村劳动力前往中心城市的流动幅度较大，县城和地级市对劳动力的吸引力相对弱于本省中心城市。

表 7-3　调查区域受访对象职业状况

县（区）	职业状况			务农情况			工作地点				
	非固定收入	固定收入	无业或离退休	完全务农	完全务工	兼业	本村/镇	本县	本市	本省	外省
绥德县	37.01%	7.87%	55.12%	21.57%	62.75%	15.69%	69.23%	3.85%	5.77%	21.15%	0.00%
耀州区	74.31%	7.64%	18.06%	61.48%	12.30%	26.23%	88.14%	3.39%	0.00%	8.47%	0.00%
宜君县	60.26%	12.18%	27.56%	42.73%	30.00%	27.27%	67.92%	0.00%	0.00%	31.13%	0.94%
合计	58.08%	9.37%	32.55%	47.00%	28.27%	24.73%	76.81%	2.17%	1.09%	19.57%	0.36%

二、教育、医疗与社会保障

（1）子女受教育阶段主要以义务教育阶段为主，相比之下耀州区子女接受高等教育的比重更高。如表 7-4 所示，从子女受教育情况来看，三个县（区）受访对象数量相当，但子女受教育阶段分布存在较大差异。三个县（区）义务教育阶段人数比重相当，但宜君县高中及职业教育人数占比明显高于另外两个县（区），耀州区的本科及以上教育阶段人数占比高于另外两个县（区）。总的来看，188 位受访者家中总计有 254 位正在上学的孩子，其中处于义务教育阶段的为 199 人，占比最大，达 78.35%；职业教育与高等教育人数占比相近，均为 11% 左右。

此外，与受访农户相比，农户子女的受教育程度明显提升，这与受访者年龄、教育重视程度等有关。在铜川市宜君县宜阳街道的调研中发现，由于家乡的教育资源匮乏、城乡间教育不均衡现象严重，许多受访者表示迁入城市主要是为了让子女接受更好的教育。然而，棋盘镇棋盘村拥有幼儿园、小学和中学完善的教育链条，距家几公里便有着较为优质的教育资源，因而学生多在本地上学，减少了农户的租房支出，在一定程度上反映出地方教育资源较丰富，城乡教育资源分布相对均衡，城乡居民在教育意识上的差距较小。

表7-4　城乡居民子女就学情况

子女受教育阶段	绥德		耀州		宜君		总计	
	数量（人）	占比（%）	数量（人）	占比（%）	数量（人）	占比（%）	数量（人）	占比（%）
义务教育阶段	64	32.16	63	31.66	72	36.18	199	78.35
高中或职业教育阶段	5	18.52	8	29.63	14	51.85	27	10.63
本科及以上	6	21.43	14	50.00	8	28.57	28	11.02
合计	75	29.53	85	33.46	94	37.01	254	100.00

（2）区县之间医疗资源差距和医疗支出差异明显。如图7-2所示，从医疗情况来看，受访对象绝大多数选择到就近的村卫生室或者区县医院寻求医疗救助。从区县之间的差异来看，绥德县和宜君县的受访对象大多选择区县医院就医，而耀州区受访对象则更偏向于村卫生室，一定程度上反映出三个区县的村公共卫生资源配置差异。与城市居民一般选择前往规模较大、口碑较好的医院就医相比，农村居民更愿意前往村卫生室或者区县医院。从受访对象的医疗支出来看，总体来说大多受访对象医疗支出在2万元以内。宜君县的医疗支出呈现出较强的极化特征，医疗支出大于 20 000 元以上的受访对象数多于另外两个区县，同时医疗支出小于 500 元的受访对象数少于另外两个区县。

（3）养老费用来源渠道多元，社会转移是主要的养老费用来源。将养老金、退休金、低保和社会救济为主的养老费来源归类为社会转移来源养

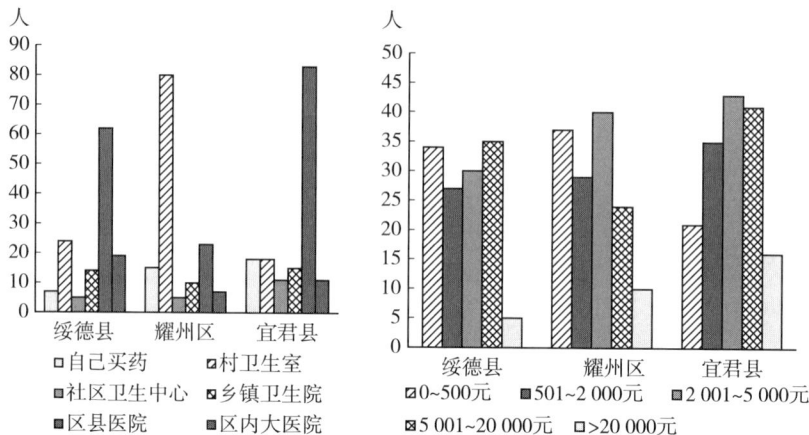

图7-2 城乡居民受访对象医疗状况

老金，将储蓄、投资理财收入、房产收益和田地承包收入为主的养老费来源归类为财产性收益来源养老金，将儿女赡养和其他为主的养老费来源划归为家庭转移来源养老金。如图7-3所示，绥德县和宜君县养老费获取渠道以养老金、退休金、低保和社会救济等社会转移来源为主，耀州区养老费获取渠道以财产性收益来源为主。这在某种程度上说明耀州区相较于其他两个县，经济较为发达，城乡间差距相对较小，居民养老金来源更稳定。

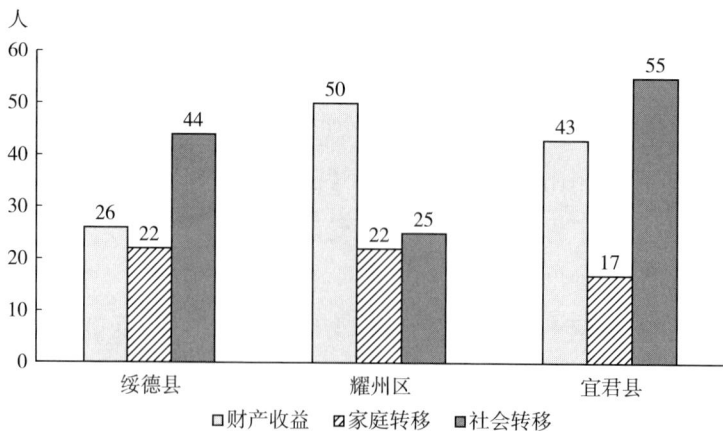

图7-3 调查区域城乡居民养老费来源

三、文体娱乐与交通

（1）休闲娱乐生活水平偏低。从总体来看，黄河流域受访对象的休闲娱乐生活水平有待进一步提升。如图7-4所示，日常出行距离最近的是耀州区，反映出耀州区居民的日常需求能在较短的距离得到满足。宜君县受访对象休闲娱乐距离较其他二者更远，多在本县内进行娱乐活动，不同于另两个县（区）以本镇/村委为主要娱乐活动范围，说明宜君县受访对象对娱乐生活有更高的需求。与此同时，虽然三个县（区）的娱乐花费都较少，但宜君县的娱乐花费中选择每月100～300元的受访群体比重相对较高。耀州区的休闲娱乐时间选择最低档的比重更大，反映出耀州区受访群众的娱乐生活相对不足。同时，通过调研了解到，许多居民因为家里有农活或者要照顾老人孩子，因此牺牲了休闲娱乐的时间，这也从侧面反映出在农村由于生活保障以及社会公共服务不完善等问题而导致生活质量较低。

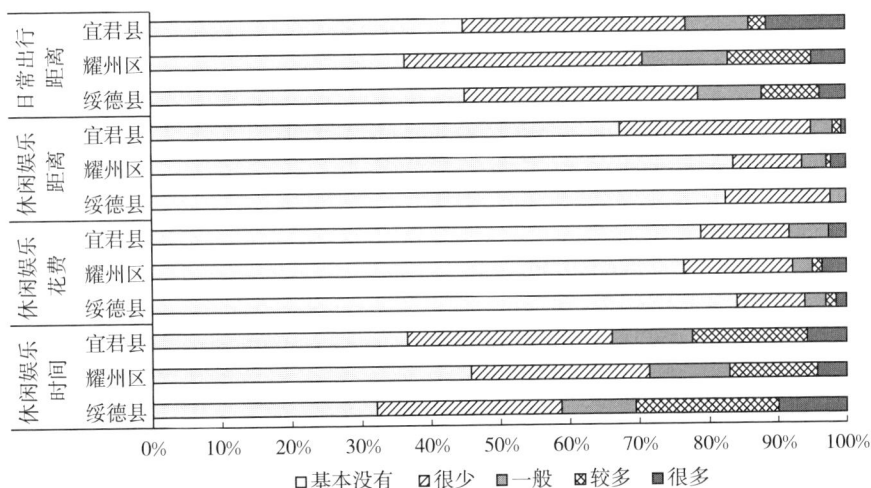

图7-4 城乡居民文体娱乐与交通出行

（2）城乡居民日常出行频次少。如图7-5所示，自驾机动车和公交车是受访对象主要的日常出行方式。绥德县主要以自驾机动车为主，其次为公交车和步行。公交车是宜君县受访对象使用频率最高的出行方式，其次是自驾机动车和步行。在耀州区自驾机动车和公交车是居民主要的日常出行方式。从居民日常出行频率来看，三个县（区）具有高度相似性，大多数受访居民表示几乎不出门，这也从侧面反映出城乡生活习惯、生活条件等的割裂，城乡间的联系不强。另外，城市居民现在出行依靠公交车、私家车、共享单车等方式极为方便，但通过调研发现，农村居民出村方式非常受限制，公交车班次较少，有时要靠步行或者自驾机动车，出行十分不方便，目的地也十分受限，农村的公共交通网以及便捷的交通工具均需要进一步完善。

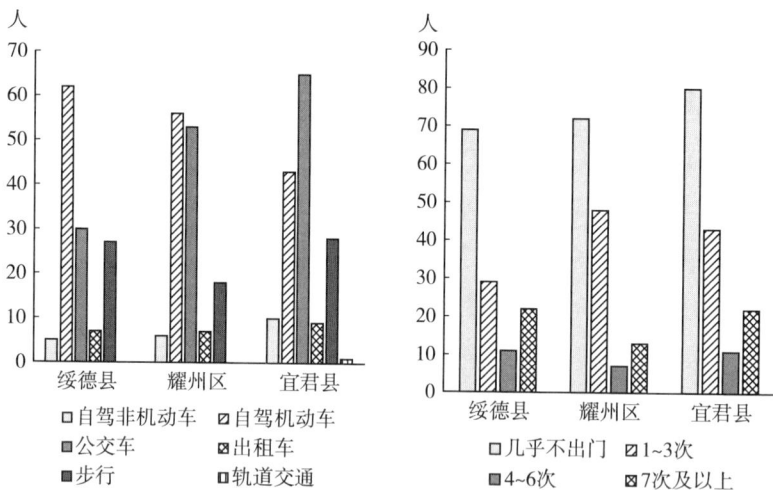

图 7-5　城乡居民日常出行方式和频率

四、居民收入与财产状况

（1）近年来城乡收入水平变化不大，收入差距无明显缩小。如图 7-6 所示，从受访对象收支的主观感受来看，三个县（区）有 20%～30% 的居民认为家庭收入呈减少趋势，其中绥德县表示收入趋势减少的受访对象所占比例最高，同时表示自己收入增加的受访对象所占比例最低。从收入差距来看，各县（区）受访对象对收入差距的主观感受较为相似，绝大多数受访者表示收入差距呈现持平或扩大态势，这间接反映出在城乡融合进程中需重点关注城乡收入差距的缩小。

（2）城乡生活支出总体较低，区域差距较大，以生存性消费为主。总体来看（图 7-7），受访对象住房年支出多集中在 2 000 元以下。但不同县

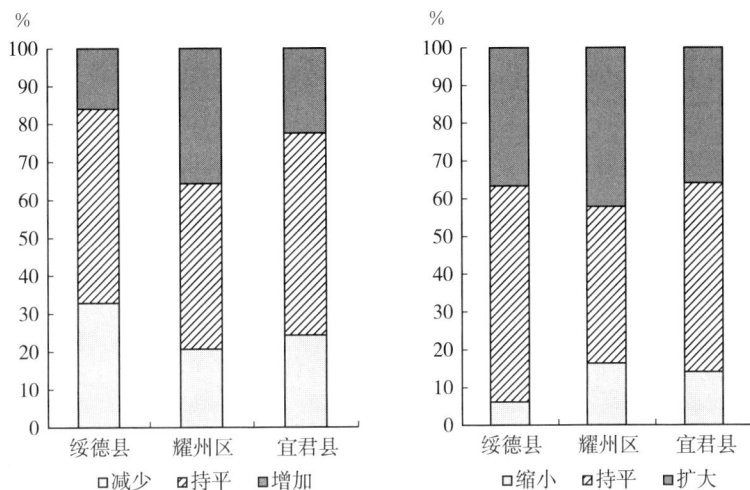

图7-6　城乡居民家庭收入趋势和邻里收入差距

（区）住房支出分布存在较大差距，宜君县住房支出相对另两个县（区）偏高，反映出宜君县房屋商品化程度相对较高。耀州区住房年支出集中在200元及以下，多为不需要缴纳额外费用的自有房屋。从主要支出来看，受访对象的主要支出以生存性支出为主，其次是教育性支出，娱乐性支出和投资性支出非常少。反映出受访区域当前消费结构以生存性消费为主，发展性消费不足。由于消费升级和生活质量改善的关键在于增加居民的可支配收入，受访区域迫切需要通过提高收入来改善当前的生活质量，从注重生存性消费逐渐转变为追求发展性消费，切实提高农村居民的生活质量和增强其获得感和满意度。

（3）住房以农村住宅为主，农村住宅市场化程度低。如图7-8所示，受访对象的住房类型中农村住房占比高，除了宜阳街道和张家砭镇其他类型住房占比接近50%之外，其他地区大多为农村住房。居民对于农村宅基地和房屋的转让意愿很低。宜君县受访对象的转让意愿相对最高，但也仅有10%左右，而绥德县受访对象的转让意愿几乎为0，大多数受访对象表示不想转让农村住房的原因在于目前农村住房仍在使用状态，其中绥德县的受访对象较多表现为对农村住宅市场吸引力的顾虑。

（4）家庭基本功能空间有待完善，常规家用设备普及程度高，改善型家

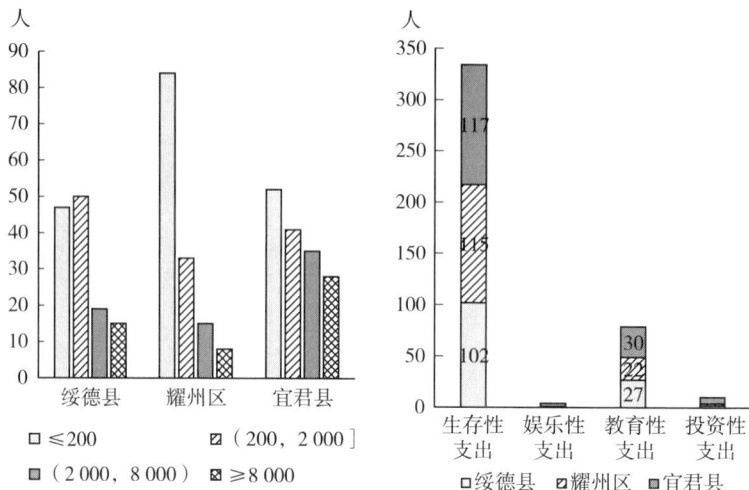

图 7-7　城乡居民住房支出和主要支出项目

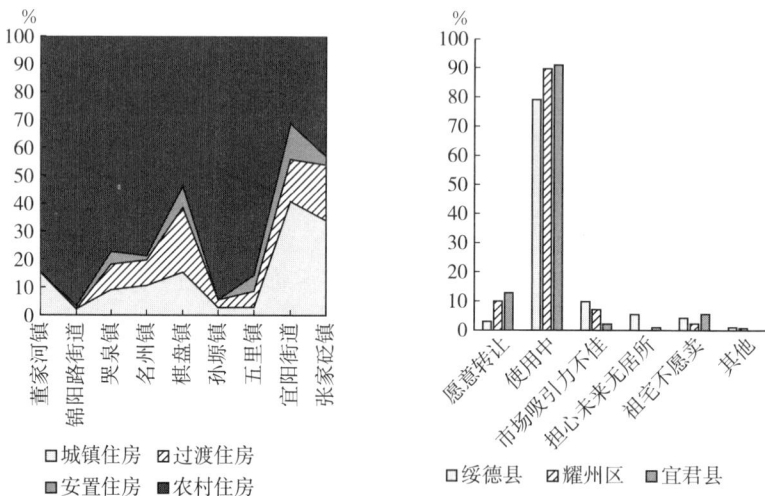

图 7-8　城乡居民住房类型和农村住房转让意愿

用设备普及程度较低。从住房功能空间来看，如图 7-9 所示，80% 以上的住房配备有厨房，但只有不到 60% 的受访对象家里配备有室内厕所，不到 70% 的受访家庭配备有专门的浴室。从家庭拥有的家用电器及设施来看，电视、冰箱、洗衣机这类家用电器基本普及，成为受访区域的家庭必需品，空调、电脑、太阳能、抽油烟机和小轿车的拥有率仍然较低。对于城市居民来说，厕所、浴室以及空调等家用电器已经非常普遍，但相对来说农村居民的改善型家用设备还不够普及，生活水平有待进一步提高，城乡之间差距依旧十分显著。

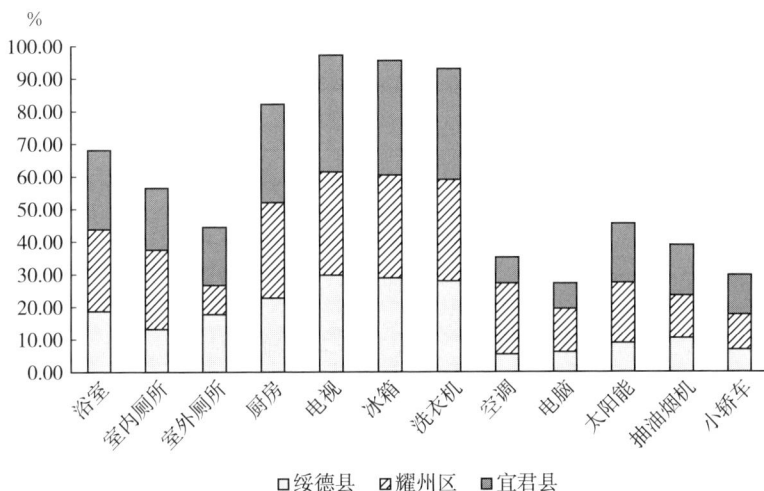

图 7-9　城乡居民住房空间及家庭设施

五、公共服务与人居环境

（1）城乡居民基层政治参与意识薄弱。如图 7-10 所示，受访居民基层干部选举投票参与率过半数，其中，耀州区基层干部选举投票参与率最高，在 70％左右，宜君县和绥德县相差不多，仅为 50％左右。贫困户认定参与率低于 20％，三个县（区）情况相似，参与率有待进一步提高。我国社会历来提倡公民有序地参与政治生活，这有利于让更多的公民和利益群体参与到经济发展和社会改革中来，以便于实现利益共享、社会和谐。城市居民一般具有较强的政治参与意识和热情，能够积极主动地参与选举等活动，以此来保障自己的利益；相对而言，农村居民人数众多但文化素养和政治素养普遍不高，"搭便车""随大流"的现象十分普遍。从调查结果也可以看出农村居民的政治参与率并不高，甚至非常低，导致农村居民的政治参与意识和热情远不如城市居民，城乡差距较大。

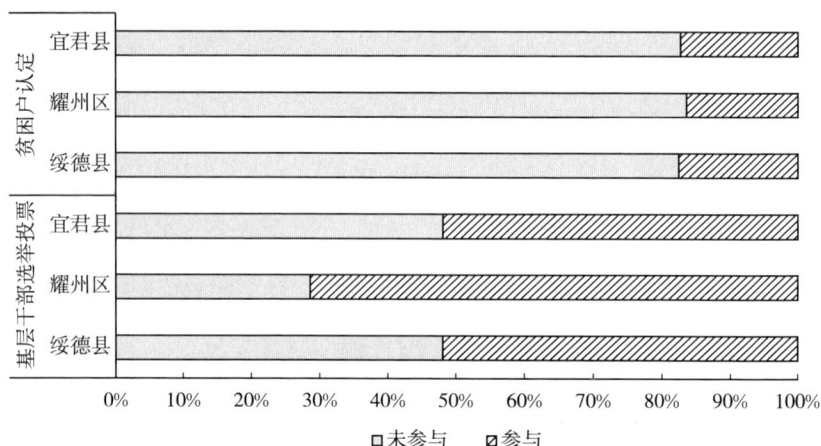

图 7-10 城乡居民政治参与情况

（2）基础公共设施相对便捷，但公共养老设施有待完善。从医疗、养老和文娱设施、出行和政府服务等公共服务状况来看，如表7-5所示，医疗、文娱机构及政府机构等公共服务机构大部分在1千米范围内。从样本数量来看，大部分居民的日常活动需求能得到基本满足。但是，从养老服务来看，排除部分不清楚养老机构位置的受访者，接近半数的受访者表示最近的养老服务机构位于10千米之外，覆盖率极低，难以满足居民的养老需求。如今农村年轻劳动力大量外流已是不可逆转的趋势，随着农村人口老龄化和妇女化现象越来越普遍，养老机构的服务则显得愈发重要。而通过调研结果可知，大多数调研对象对当前的养老服务不满意，养老机构覆盖率低，城乡之间差距较为显著。

表7-5 城乡公共设施距离

距离	医疗设施		养老机构		文娱设施		日常出行距离		政府服务机构距离	
	样本数（个）	占比（%）	样本数（个）	占比（%）	样本数（个）	占比（%）	样本数（个）	占比（%）	样本数（个）	占比（%）
0~1千米	185	43.33	35	10.74	97	64.24	81	53.64	96	64.43
1~3千米	93	21.78	44	13.50	38	25.17	41	27.15	33	22.15
3~5千米	63	14.75	44	13.50	5	3.31	16	10.60	10	6.71
5~10千米	33	7.73	45	13.80	6	3.97	7	4.64	7	4.70
10千米以上	53	12.41	158	48.47	5	3.31	6	3.97	3	2.01

各县（区）在公共服务设施分布上存在明显差异。如图 7－11 所示，耀州区和宜君县的医疗设施多分布在受访居民 0～1 千米范围内，而绥德县的医疗基础设施多分布在 5 千米范围内。养老机构普遍距离较远，尤其是耀州区仅有 1/3 左右的受访居民表示 10 千米以内有养老服务机构，而另外两个县过半数的受访者表示养老服务机构在 10 千米范围内。文娱设施、日常出行距离和政府服务机构距离在比重上存在相似特征，绝大部分公共基础设施在 3 千米范围内。整体看，宜君县的公共服务距离远小于其他两个县（区），城乡社会融合相对更好。

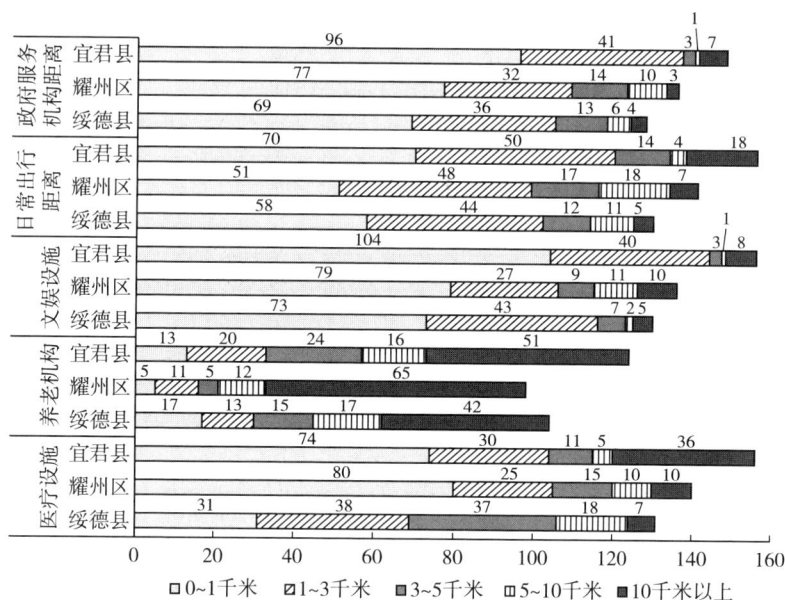

图 7－11　城乡公共设施和日常出行距离

（3）居住环境基本能满足城乡居民需求。就城乡居民对居住区域环境的主观满意度来看，如表 7－6 所示，过半数的居民对政府服务不满意，而对于自然环境，过半数居民表示基本满意或满意。

如图 7－12 所示，就居民对所在地环境的主观满意度来看，宜君县受访居民对食品安全满意度最高，其次是绥德县和耀州区。三个县（区）受访者对所在地政府服务和生态环境的满意度较为相近，未表现出明显的区域差异。但宜君县受访者对生活污水处理、生活垃圾处理、生活用水质量以及空气质量的不满意程度略高于另外两个县（区）。

表7-6 城乡居民居住环境整体主观评价

主观评价	政府服务		空气质量		生活用水质量		生活垃圾处理		生活污水处理		绿化环境		食品安全	
	样本数（个）	占比（%）	样本数（个）	占比（%）	样本数（个）	占比（%）	样本数（个）	占比（%）	样本数（个）	占比（%）	样本数（个）	占比（%）	样本数（个）	占比（%）
满意	13	3.16	77	18.08	51	11.94	60	14.05	58	13.58	74	17.33	38	9.16
基本满意	47	11.44	251	58.92	211	49.41	255	59.72	238	55.74	255	59.72	280	67.47
一般	74	18.00	56	13.15	77	18.03	53	12.41	73	17.10	65	15.22	84	20.24
不满意	225	54.74	33	7.75	59	13.82	45	10.54	48	11.24	26	6.09	12	2.89
极不满意	52	12.65	9	2.11	29	6.79	14	3.28	10	2.34	7	1.64	1	0.24

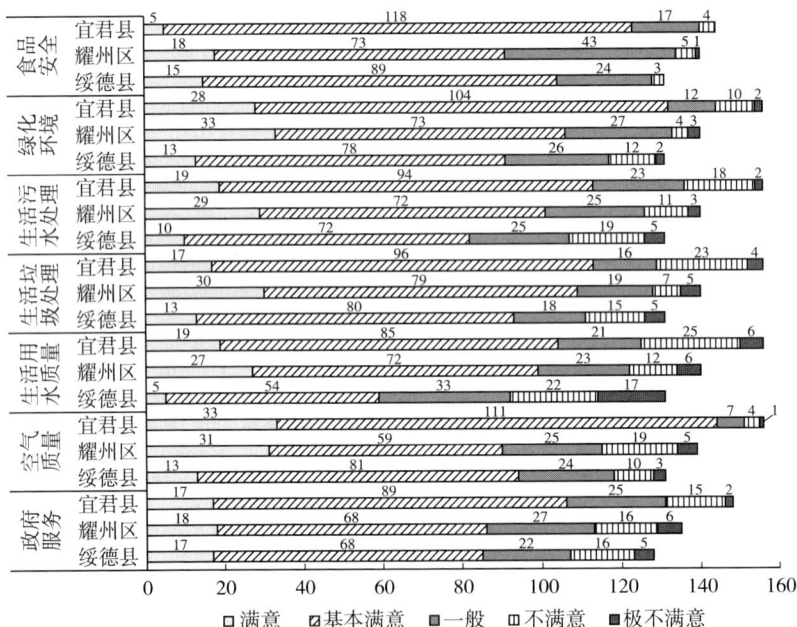

图7-12 城乡居民居住环境分县（区）主观评价

第三节 城乡融合类型划分

本节根据调研区域整体状况，从镇域层面对调研区域的城乡融合特征进行归类，对每一种类型的特点进行概括分析，并对每一种城乡融合类型下的镇（街道）进行详细介绍。

一、划分方法

调研过程中，宜阳街道、名州镇、锦阳路街道在空间位置上距中心城区较近，能够有效接受中心城镇区域的辐射。在中心区域经济社会发展的带动下，基础设施不断完善，并可以与中心区域产生便利的要素流动。同理，张家砭镇位于绥德县城边缘，在县城扩张过程中逐渐成为绥德县城的组成部分，与此同时，该镇经过土地制度改革和集体产权制度改革，已经发展起初具雏形的乡村旅游业。孙塬镇距耀州区城区 6 千米，镇内旅游资源得到开发，水泥建材等产业发展较好。此外，董家河镇早年被列入全国小城镇建设试点镇，哭泉镇已经建成了涵盖周边几个村落村民的安置区，已经开始有纺织厂等生产企业运营，产业发展与地方政府的干预密切相关。棋盘镇、五里镇是典型的欠发达农村地区，区位上距离中心城区较远，且地形地貌复杂，资源相对贫瘠，缺少地方发展政策有力支持，经济社会发展有待提升。典型区域城乡融合不同类别特征归纳如表 7-7 所示。

表 7-7 典型区域城乡融合类型区划分

类型区划分	典型区域	主要特征
中心城区辐射型	宜阳街道、名州镇、锦阳路街道	位置接近中心城区，交通等基础设施便捷
资源禀赋带动型	张家砭镇、孙塬镇	历史文化资源丰富，旅游资源得到开发，有便捷的交通
地方政策推动型	董家河镇、哭泉镇	政府政策支持，通过基础设施建设、产业区规划推动区域经济和社会发展
融合困难型	五里镇、棋盘村	地处偏远，基础设施落后，交通不便，资源禀赋欠缺，公共服务水平有待提升

二、中心城区辐射型

宜阳街道处于宜君县城的北部，隶属县城的中心地带，区域内基础设施和公共服务完善，环境卫生治理情况良好，产业水平和居民生活收入水平较高。基础设施方面，县道公路网布局中有六条经过宜君县，为宜阳街道对外交流提供便利的交通运输条件，医疗、娱乐和基础教育设施在宜阳街道分布较为密集，县医院、中心广场、几所中小学都分布在宜阳街道。宜阳社区还依托"社区 e 站"终端设备，使得社区的一些日常工作透明化、数据清晰化、信息精准化、讯息传递快捷化，公共服务公开程度相对较高。环境卫生方面，有专门组织牵头开展环境卫生整治工作，重点关注农村地区环境卫生整治、绿化美化亮化、垃圾污水废水处理、改厕改水、制度建设秩序管理等工作，实施"厕所革命"，逐步建立健全"户分类、组收集、村清运、乡处理"的农村垃圾收集处理体系，大力推进农村污水处理设施建设，建立合理的农村环境卫生清扫保洁清运机制。产业和居民收入水平方面，传统新型产业齐头并进，实施"3＋X"产业发展战略，培育新型经营主体，2020 年农业生产总值突破亿元大关。建设曹塬村、善家河村生猪标准化养殖场和牛家庄村、崖尧村等 3 个村的中药材种植基地，在黑家河村、十里铺村尝试探索瓜果采摘、休闲旅游等经济发展模式，培育以西邮美农、五福醋业、千禧豆腐等为代表的一批新型农业经营主体。

名州镇是绥德县城所在地，位于榆林市绥德县西南部，作为陕西省四大交通枢纽中唯一的县级枢纽，其境内已形成以公路、铁路两种运输方式为主的交通运输网络。西包线铁路、青银高速公路、210 国道、307 国道过境，辖区内有客运站 2 个，可通往省内外许多城市。建有 3 条县乡公路，进一步优化了路网结构，提升了县城与乡镇、乡镇与乡镇之间的通行水平，辖区内囊括了 5 条公交线路，是晋、陕、宁、内蒙古四省连接的交通枢纽。产业上，以粮食作物谷类为主，经济作物主要包括油料作物、蔬菜、瓜类等，畜牧业以饲养生猪、羊、家禽为主。该地区的文旅产业兴旺，自古就享有"秦汉名邦""天下名州"的美誉，2015 年 7 月名州镇被住建部和国家旅游局授予"全国特色景观旅游名镇"，2016 年 12 月被陕西省旅游局授予"陕西省旅游特色名镇"。

铜川市耀州区锦阳路街道和寺沟镇与宜君县宜阳街道的相似之处在于地理位置靠近县域发展中心，能与中心城区保持较为密切便捷的交流往来，基础设施、公共服务、环境质量和经济发展水平相较于其他农村地区更好，城乡融合过程具有优势。

三、资源禀赋带动型

张家砭镇紧邻绥德县城，位于城西 2 千米处，交通条件好，具有明显的区位优势，242 过境线、307 国道、绥延高速穿境而过，辖区内设有陕西四大铁路枢纽中心之一的绥德站，是绥德县的西大门。镇域主导产业以农业种植、养殖、劳务输出、小作坊加工为主，2020 年农民人均纯收入为 10 320 元。该镇拥有丰富的旅游资源，区内有 3A 级旅游景区郝家桥村、黄家沟毛主席转战陕北时居住过的旧址、道教名胜合龙山、佛教古刹观音寺，依托这些特色景点，该地致力于打造红色旅游和乡村旅游为一体的文旅产业体系。2020 年张家砭镇被榆林市文化和旅游局命名为"市级旅游特色名镇"以及"省级重点镇建设示范镇"。

孙塬镇位于耀州区东南部，距西南城区 6 千米，咸铜铁路、西延高速公路、210 国道过境西北部，交通相对便利。镇内有药王山景点，2019 年被授予"陕西省级历史文化名镇"称号。除发展旅游业外，孙塬镇的农业主导产业以苹果、花椒为主，同时立足水泥建材优势，促进了经济的发展。中药材是孙塬镇的一大优势产业，耀州区是著名的医药学家、养生学家孙思邈的故里，有着"药材之乡天然药库"之美誉，"耀州黄芩"经农业农村部认定为道地中药材，而孙塬镇生产的黄芩中黄芩苷等含量远远超过国家规定的标准。当前孙塬镇黄芩留存面积 3 000 亩，年产 260 吨，产值近 460 万元。孙塬镇依托良好的地域优势和生产条件，大力发展中药材产业，不断扩大中药材的种植规模，同时为农户统一提供育种、栽培、技术等一系列标准化服务，有序组织引导农户根据市场需求，有计划、有针对性地种植，提高中药材的质量，并大力推进机械化、规模化种植，使其成为该区域内高效高产的优势产业。孙塬镇积极推动基础设施建设和环境整治，建立卫生管理长效机制和垃圾日产日清的环保专项治理活动，对镇内水泥熟料粉尘排放污染超标及不稳定的企业进行停产治理，环境综合整治取得显著成效。

四、地方政策推动型

董家河镇距离铜川市郊 12 千米，210 国道及铜黄一级公路穿境而过，交通便捷。乡镇企业发展起步早，1995 年被列为全国小城镇建设试点镇，后又被列为陕西省小城镇综合改革试点镇和省乡镇企业工业示范小区，相继获得"省级新型工业化铝产业示范基地""省级循环经济试点单位""国家级循环经济教育示范基地"称号，属城郊型工业城镇。在政府政策的推动下，供水、道路、通信、电力等基础设施建设逐渐提升，全省首个航汽铝工业园区在此落地，镇内机构齐全，主要包括工商、税务、财政、金融、电力、保险、卫生院、中学、公安等。董家河镇是铜川市陶瓷、耐火材料、煤炭的重要产地，耀州瓷的原产地，拥有一大批大中型企业及陶瓷建材企业。董家河镇部分村庄已纳入黄堡耀瓷文化产业园，打造完整的耀瓷小镇。在城乡融合发展过程中，董家河镇以资源优势和政策支持为依托，秉持着绿色、节约、生态、低碳、环保的理念，大力发展包括建筑陶瓷、工业陶瓷、民用陶瓷等在内的现代陶瓷；通过研发创新，人才推动，加快发展紫砂产业。此外，该镇联合铜川市王益区王家河工业园，凭借陕西火凤凰艺术陶瓷有限公司的生产，完美地将陶瓷文化与酒文化融为一体，建设园中园，打造陶瓷特色文化产业聚集区。同时，依托现代网络媒介，加大对陈炉"东方陶瓷古镇"、耀瓷文化的开发、宣传和推广，着重发展耀州传统瓷、陶瓷体验和陶瓷旅游等特色文旅产业。

哭泉镇位于宜君县城以南 12.5 千米处，210 国道穿境而过，交通便利。区内梁、峁、沟、壑等地形地貌纵横交错，复杂多样。以地膜玉米、核桃种植为区域内的主导产业。2009 年哭泉镇开始实施移民新村建设工程，同期实施了移民新村至国道水泥路建设工程，并进一步推动镇内工业发展，依靠政策支持，正处于乡村发展和城乡融合的前期阶段。

五、融合困难型

五里镇位于宜君县东北部，距县城 26 千米，宜（君）白（水）、五（里）黄（龙）2 条县道过境，镇内有公路桥 2 座，主街道、背街道 2 条主干道，各项基础设施和公共服务相对落后、村容村貌治理不佳。产业发展以农业为主，土壤肥力一般，该地区主要种植小麦、玉米、蔬菜、苹果、核桃，畜牧业以羊、牛、生猪养殖为主，工业方面，有面粉加工厂、砖厂等企业，竞争优势不显著。

棋盘镇位于宜君县城东南 30 千米处，哭（泉）雷（塬）公路是连接棋盘镇与宜君县城的唯一公路，该地区地形地貌复杂、山地较多，滑坡等地质灾害频发，公路崎岖。根据实地调查得知，棋盘镇下辖棋盘村没有专车前往宜君县城，村民前往县城的唯一途径是自驾出行，公共交通缺乏，交通极为不便。此外，区内主要以农业为主，受限于地形等自然条件，主要农作物为玉米和核桃，农业生产条件差，耕地质量低，大部分耕地属于低等地；镇内多有荒草地，位于坡度大、土层薄的陡坡区，同时水资源缺乏，生态环境极为脆弱，不适合开垦为耕地，可供开发的耕地后备资源匮乏。受限于交通和区位等地理条件，镇内工业发展条件差，难以形成有竞争优势的工业产业。

第四节　城乡融合典型村庄

一、耀州区董家河镇王家砭村

（一）王家砭村城乡融合的现状

董家河镇王家砭村属于典型的地方政策推动型城乡融合发展区域。210 国道、西铜高速公路、咸铜铁路穿村而过，出行便捷，北依耀州窑博物馆，南邻铜川市董家河循环工业园区，有利的区位条件使得王家砭村具有较高的城乡融合水平，居民收入和生活质量较高。王家砭村村情如图 7-13 所示。

1. 农民收入提高，城乡差距缩小

王家砭村一贯秉持着"强工、兴农、活商、富民"的发展理念和思路，依托本村的优势，竭力把建材、陶瓷、养殖三大产业融入乡村经济振兴战略上来，现有村办企业和个体私营企业 36 家，其中村办集体企业 8 家，各类经济组织 10 余个，安置剩余劳动力 750 人，实现了村经济的快速发展。

图 7 - 13 王家砭村村情简介

2020 年全村工农业总产值达 3.65 亿元，农民人均纯收入为 21 300 元。此外，王家砭村进行了产权制度改革，完成了确权、确股，农民由普通村民转变为拥有股民和农村职业工人双重身份，从而不仅可以获得股份分红的财产性收入，还能在企业园区工作获得工资性收入，切实提高了农村居民的收入，同时在一定程度上缩小了城乡收入差距，促进了城乡融合发展。2021年 10 月，全村现集体资产 5 834.8 万元，其中公益性资产 3 709.90 万元，经营性资产 2 124.9 万元，参加股份集体经营性资产 1 618 万元，股民股份总份数 2 268.25 份。

2. 城乡要素合理流动，投资吸引力度大

将集体承包地、荒山荒坡、沟滩地由原先上百个农户经营变成一个合作社集体经营，凭借招商引资，实现了规模化租赁经营，也有利于科学化种植。2017 年，投资 3 630 万元建成铜川市耀州区王家砭村 LNG 加气站、加油站，年收入 1 500 万元，年均利润 260 万元，同时使 33 人实现稳定就业。2018 年，投资 2 400 万元建成铜川市路桥工程公司沥青拌合站，年收入3 000 万元，可安置 42 人就业，现已投入生产运营，有效促进本村经济发展。2019 年，投资 3 000 万元建成高德汽配城，年纯利润 150 万元，进一步促进了村庄产业发展。

3. 基础设施逐步健全，人居环境不断改善

村庄先后建设阳光住宅小区、社区住宅楼、村史馆、好人馆、党建楼、文化大礼堂、幸福院、休闲广场（图7-14、图7-15），人民群众的幸福生活指数直线上升。先后建设村民住宅楼三栋，安置村民84户，天然气入户率达80%，自来水入户率达100%，完成污水管道2千米，完成主干道路硬化、村民小巷道硬化全铺盖，"白改黑"主干道三处4.5千米，建成无害化厕所582座，提升改造公厕8所，设置垃圾箱20处80个，村庄绿化8处，面积8 000余平方米。

图7-14　王家砭村住宅小区、公厕、幸福院、卫生室等基础设施

图7-15　王家砭村文化服务中心

（二）王家砭村发展经验：新型集体经济推进市场化进程，实施集体产权制度改革

王家砭村自改革开放以来就积极发挥新型集体经济在市场化进程中的作用，探索集体经济与个体经济结合发展的集体致富模式。王家砭村的新型集

体经济发展模式，主要囊括了"集体搭台、个人唱戏"的集体经济增长机制，"村企合一、集体所有、承包经营"的集体经济经营机制，"奖惩有据、统分结合、服务社会"的集体经济积累和分享机制。一方面，王家砭村委会利用集体积累投资 1 000 余万元，农户以奶牛入股，注册成立了王家砭神原现代农业有限公司，建立了现代化奶牛饲养基地、饲料库房、宿办楼等设施，农民只需按照每头牛每月 10 元的标准象征性缴纳费用就可以使用这些设施。另一方面，王家砭村利用奶牛厂，将分散的奶牛集中，一家一户小农特色的个体经济发挥出了规模化的市场效应。这样"集体搭台、个人唱戏"的集体经济增长机制使得集体积累为个体承担了市场净收益的前期成本，又通过统一经营实现了规模效应，充分调动了村民养殖奶牛的积极性，可以最大限度地发挥奶牛养殖场的经济效益。王家砭村神原现代农业有限公司的领导成员全部由村干部兼任，会计、出纳、厂长、副厂长、书记等主要职务由村里统一任命，在承担本职工作的同时，通过监督机制约束干部行为，这种"村企合一"的机制一方面有效降低了管理成本，另一方面也提高了管理效率。虽然大部分的村干部在村企业中兼职，但是他们只负责企业的经营管理，而不是所有者，村企业依然归村集体所有，这种"集体所有，承包经营"的机制有效避免了集体资产的流失和私有化，有力地保障了农村集体经济持续发展。同时，王家砭村以利润为导向，实行考核与奖励相结合、上缴与分成相结合的集体积累制度，促进企业按照市场规律发展的同时，也提高了企业管理人员的积极性。

王家砭村构建了公益优先、服务社会的集体积累共享制度。在周边村镇范围内，王家砭村最早实现了全村巷道、道路的水泥硬化，集体供应自来水，建起了包括"万村书库工程"、电子阅览室、民俗作品陈列室、文化器材室等在内的占地 350 平方米的村级综合文化室，为开展群众集体文化活动搭建了良好的平台，这样"奖惩有据、统分结合、服务社会"的集体经济积累和分享机制不仅积极推进了城镇化建设，同时也真正实现了新型集体经济发展成果由村民共享。王家砭村的新型集体经济机制不仅带动了当地的经济发展和城镇化进程，缩小了城乡差距，同时也为其他欠发达地区的农村积极推进市场化进程提供了成熟的经验。

王家砭村是铜川市 2016 年确定的全市首批农村集体产权制度改革的试点村，在中央和地方相关文件指导下，完成了集体产权制度改革工作。走"股份经济合作社"的改革模式，成立"村股份经济合作社"，实现"资源变股权、资金变股金、农民变股民"。专业化的经营模式改变了以往一家一户的小规模自主经营，使农村经济向专业化、制度化、产权化方向发展。另外，明确村民与股民的区别、核定集体经济组织成员的身份，这在一定程度上改变了村民的心理认知，身份的转变为下一步改革的进行提供思想上的保障。设置股权、制定合作社章程、选举董事会和监事会、发放股权证等措施为合作社改革提供了制度上的保障。通过一系列的改革，增加了农民的收入，缩小了城乡差距，经济差距的缩小为进一步推进城乡其他维度的融合提供资金保障。

二、宜君县宜阳街道城关村

（一）城关村城乡融合现状

宜阳街道是宜君县政府驻地，全县的政治、经济、文化中心，各类生活服务、文娱设施、政府机构分布在该街道上，因此靠近主干道上的居民，如宜阳社区和宜园社区的居民，生活获得感、满意度和幸福感都比较高。通过对宜阳街道边缘的住户进行访谈发现，距离主干道越远，居民的生活状况越差，各类生活服务配套设施的数量减少、质量下降，交通便捷程度降低，不仅公交车班次线路少，出租车也较少。城关村位于宜阳街道边缘，是典型的城乡结合部，在宜阳街道发展的过程中，对城关村的带动作用不足，城乡融合程度较低。

1. 村民收入水平较低，生活成本较高

城关村居民多数仍通过小面积种植玉米获取口粮，少部分居民以玉米种植为主要收入来源。城关村地处城乡结合部，基础设施条件落后，村内人口较少，低收入群体生活条件差，普遍收入较低，无法应对临界县城中心的高生活成本。

2. 公共服务体系不健全，资源布局较难满足需求

城关村道路崎岖，由于距离城镇较近，多数居民选择去县医院或者市医院进行治疗，本村诊所条件较差、利用率不足。城关村文娱基础设施缺乏，娱乐活动较少，农民休闲娱乐方式呈现出简单化、边缘化的特征，居住在城镇的老人通常可以在附近广场进行娱乐活动，居住在农村的老人由于腿脚不便和道路难行等原因很少出门。

3. 基础设施条件差，人居环境待改善

该村地势较低，村入口处有大斜坡，道路条件差，限制村内老年人出行。部分居民的房屋处在沟边，降水引起的滑坡导致大量沙土堆积在屋面上，威胁居民的人身安全，村民缺乏住房修缮资金，影响正常生活。村庄由于地势较低，经常遭受泥石流等自然灾害的破坏，在一定程度上不断消耗居民人力物力，与宜阳街道中心区域相比，该村基础设施差距大（图7-16），城乡融合程度较低。

图7-16　宜阳街道中心区域和城关村基础设施对比

（二）城乡融合不足的主要原因

1. 城乡要素单向流动，未形成有利的非农产业

在调研中发现，城关村内居民较少，绝大部分是留守老人，家里的青壮年多流动到铜川新区打工。同时由于城乡教育资源不平衡，部分居民为了子女教育也选择入城。宜阳街道中心区域外围的城关村经历了长期的要素流失，难以支撑村庄的进一步发展。此外，要素以农村向城区的单向流动为主，政府资金、技术等要素回流较少，导致该村尽管临近中心区域，但未形成有利的非农产业，发展迟缓。

2. 对基础设施建设重视程度不足，基层治理能力不高

在城市优先发展理念下，中心城区与城关村在基础设施建设上存在较大差异（图7-17），这也是目前我国广大农村地区普遍存在的问题。在调研过程中还发现，基层管理机构在解决民众困难时存在责权不清等问题，基层治理能力一定程度上增加了城乡融合难度。当地自然灾害频发，村民生活质量偏低，民生问题需进一步改善。

图 7-17　城关村居民与宜阳街道居民住房条件的对比

三、城乡融合中农村发展不足

当前我国社会主要矛盾是人民日益增长的美好生活需要和不平衡不充分的发展之间的矛盾，这种不平衡不充分的发展在广大农村地区的表现尤为突出，缩小城乡差距，推动城乡融合，实现乡村振兴，关乎着国计民生。乡村振兴发展战略将农村与城市放到了同等重要的地位，转变了"以城市为先"的发展模式。2021 年 10 月国务院印发的《黄河流域生态保护和高质量发展规划纲要》中指出要充分发挥区域比较优势，深入落实乡村振兴战略，构建区域之间各具特色、各就其位、协同联动和有机互促的发展格局。因此，有必要从农村实际情况和典型村庄融入城镇发展的实际情况出发，总结黄河流域农村在城乡融合中的主要不足。

（一）社会保障差距显著

城市居民的社会保障体系已比较完善成熟，相比之下农村居民的社会保障力度较小、层次较低，且农村居民的社会保险意识不强。城乡间养老保障差距悬殊，阻碍城乡融合发展的进程，农村的养老服务基础设施比较落后，政府投入不足，较难满足农村养老的需要。调查发现，受访农村空巢老人群体普遍存在经济来源不足的现象。经济状况成为影响空巢老人生活质量的重要因素，他们通常没有固定的经济来源，有退休金的受访对象通常为城镇居民，而 44.33％的老年人靠子女赡养维持生活，36.08％的老年人靠储蓄和务农收入生活，有受访老人表示"现在的收入别说住养老院了，够花就不错了"，可见，逐步改善农村养老条件是城乡融合发展中亟待解决的重要问题。

农村地区一般只有村卫生室（图7-18），仅能治疗简单的疾病，无法进行较大病症的医治，农村医疗机构的医疗条件、规模等与城镇医疗机构差距大。由城乡发展不均衡导致的城乡居民收入存在较大差距的前提下，在追求同等医疗服务水平过程中，城市居民所要承担的医疗费用占收入比例更小，同时城市居民承担能力较强，而农村居民则要付出更大的生活成本。

图7-18　泥阳村卫生室

（二）人居环境状况较差

在农村环境治理的过程中，大部分以政府为主，村民参与少，使得整治不合理现象频发，环境质量的提升效率低。在农村地区，很多村民尤其是沿河居住的村民，处理污水的方式仍是直接倾倒在河流中，严重影响村庄河流质量，导致夏天河流细菌滋生，不仅产生异味，还不利于沿河居民的身体健康。调查发现，尽管近年来政府投入大量资金改善农村人居环境，仍有7.69%的受访者认为污染处理"非常差"。此外，农村水质也存在问题，农村地区的基础设施建设尚在完善，多数农村没有水质净化设备及污水处理厂，村民生活用水供应都是直接从水库和河道中抽取，水质相对城市居民生活用水差距较大，加强污水处理是受访村民关心的问题。

由于技术和资金的缺乏，很多农村仍然是高污染、高投入的农业种植方式，绿色生产占比较小，大量化肥农药的使用破坏土壤结构，导致土壤污染。另外，耕地撂荒现象普遍，大量耕地由于种种原因荒废，土地利用率低。调研发现，农村闲置宅基地、破旧住房较多，既影响农村环境与风貌，也造成土地浪费。

（三）公共基础设施质量低

从基础设施配备角度看，城镇和农村的公共基础设施数量和规模已经可以满足当前居民的需求。但从质量和品类上看，农村的小广场、村民活动中心或者是社区活动中心都存在设施单一、设备简陋的问题，难以满足居民的多元化需求。尽管近年来农村公共文化硬件设施逐渐健全，但使用率严重不足。政府对公共设施的后期管理和投入不足，如存在现有文化设备缺乏管理和维修更换资金、损毁后无人修复等问题。

第五节 小 结

本章在前文剖析黄河流域城乡融合现状和驱动因素基础之上，选取榆林市绥德县、铜川市宜君县和耀州区作为调研区域，通过实地调研从微观层面直观了解了城乡融合现状。调研区域大部分家庭的青壮劳动力进城打工或就业，大部分中老年劳动力倾向就近择业。调研区域城乡教育资源不均衡，区县之间医疗资源差距和医疗支出差异明显，大部分地区养老资源匮乏，老年人经济来源不足，城乡差距较大。农村休闲娱乐生活水平总体偏低，区县之间交通设施以及交通出行便利度差距较大，需要不断扩大农村居民收入来源，提高生活质量和生活品质。基于调研区域农村的城乡融合现状，选取董家河镇王家砭村和宜阳街道城关村作为典型村庄，分析了二者城乡融合发展水平存在巨大差距的原因，并发现调研区域农村在城乡融合发展中存在社会保障、人居环境和公共基础设施差距显著等障碍。

第八章

城乡融合的微观着力点：
市民化感知分析

市民化是农村居民在城乡融合发展中最重要的主观判断，本章以"市民化"感知为切入点，首先，采用 MOA 理论模型分析调研区域城乡融合的成因框架；其次，从动力、机会和能力三个角度阐释城乡融合的微观成因；最后，总结调研区域城乡融合进程中存在的障碍因素，并提出相应的对策建议。

第一节　MOA 理论分析框架

MOA 理论模型是一个以信息处理为背景而提出的综合模型，主要用于分析信息接收和处理行为。相较于其他的行为理论分析框架，MOA 分析可以更加细化并且可操作化地分析个体的行为，适用于复杂多样的群体性调查。基本公式可表达为：$B = F(M, O, A)$，其中：M 为 Motivation（动机），个体的行为动机是由主观规范、态度和感知行为控制构成的，而 O 和 A 是除了 M 以外对个体行为起到决定作用的另外两类因素——Opportunity（机会）和 Ability（能力）。只有当这三个要素全部满足时，个体行为才会产生。

在本书中，"市民化"转变的动机主要是指居民在城乡融合方面所持的观念和意愿等主观想法的集合；机会是指各类公共服务设施的舒适性，进而反映城乡居民在公共服务方面存在的客观差异水平；能力主要是指在城乡融合发展过程中起主要影响作用的居民自身资本水平，具体的分析框架见图 8-1。

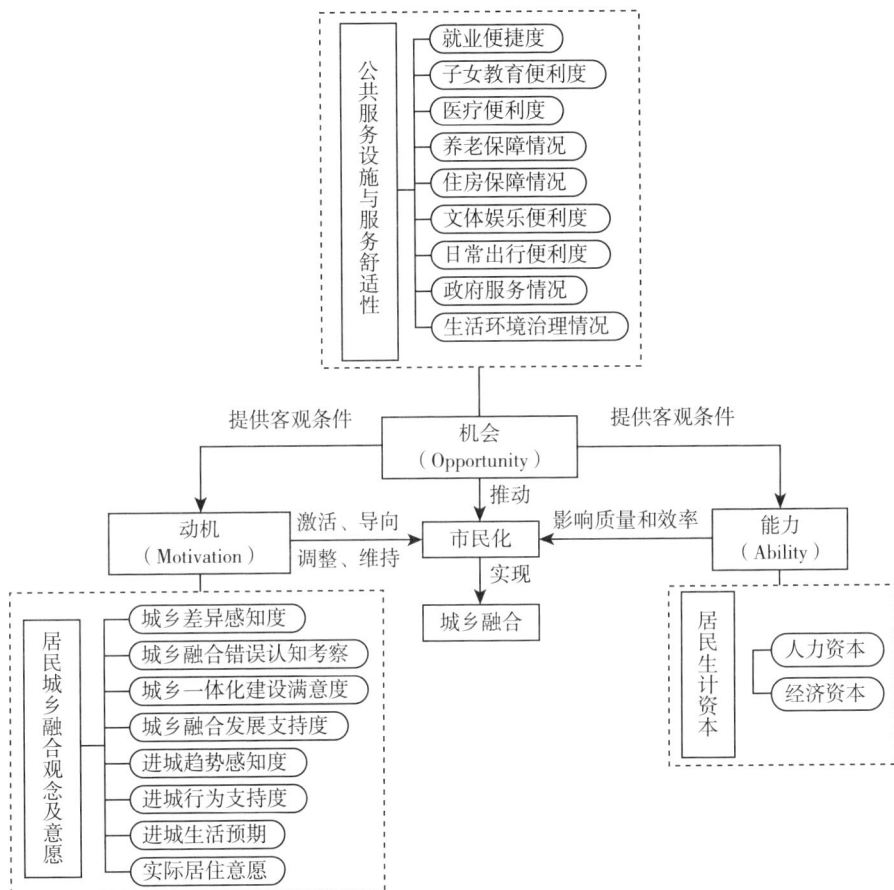

图 8-1　MOA 理论下城乡融合障碍成因分析框架

第二节　城乡融合的动机、机会与能力

在构建的分析模型基础上，利用从耀州区、宜君县和绥德县（榆林市）调研获取的数据，研究三地的城乡融合微观成因并进行对比分析。

一、融合动机

根据理论模型，融合动机应包括城乡居民在城乡融合方面的主观规范和态度。在调研中，主要从城乡差异感知度、城乡融合错误认知、城乡一体化建设满意度、城乡融合发展支持度、进城趋势感知度、进城行为支持度、进城生活预期、实际居住意愿8个角度出发，设置了12个问题，问题设置如表8-1所示。

表8-1　城乡居民的城乡融合主观意愿及态度考察内容与题项设置

考察内容	问题
城乡差异感知度	您认为城乡居民生活理念和方式差异大吗
城乡融合错误认知	您认同城乡融合发展就是城市向乡村蔓延吗
	您认同城乡融合就是乡村模仿城市吗
城乡一体化建设满意度	您对现在城乡一体化建设是否满意
城乡融合发展支持度	您是否支持推动城乡融合发展
进城趋势感知度	您认为农村户籍人口进城数量如何
进城行为支持度	您是否支持农村户籍人口进城
	您觉得农村户籍人口进城后的融入程度如何
	您觉得进城后收入来源/数额是否会增加
进城生活预期	您觉得进城后生活开销是否会增加
	您觉得进城后生活质量是否会改善
实际居住意愿	您是否有回村/进城居住的意愿

主观规范是指一个人在执行给定行为时感受到的压力以及遵守压力的积极性。因此，个体感知到的压力与一个人的家庭、朋友或是整个社会的期望有关。在此范围下，本章认为农村居民"市民化"转变行为的动机主要来源于个人对城市生活的追求、增加收入的迫切需求、对城市健全的社会保障体系的向往及城市导向的社会氛围等。

（一）城乡差异感知度

城乡差异感知度主要考察了居民对城乡生活理念及方式差异的认知。尽管我国城乡居民在思想观念、生活方式等方面存在较大差异，但随着城乡融合的演进和城乡一体化建设，城乡居民在这些方面的差异有缩小趋势，尤其是在某些发展状况较好的乡镇，农村居民的生活理念及方式与城区居民并无差别，城乡呈现出良好的融合态势。居民在城乡差异方面的感知度，可以反映居民在城乡融合中生活方式趋同的信心，当其感觉到的差异越小时，反映出城市给予其的隔阂感和陌生感越小，其越容易融入城市。

宜君县、耀州区、绥德县三地居民的城乡差异感知度调查结果如图8-2所示。宜君县的居民所感受到的城乡隔阂感最弱，其次是耀州区，居民对于城乡居民的生活理念和生活方式的差距感知两极分化最大。在三个地区之间，绥德县感知城乡差距较大的居民数量占比最大，该地居民所感受到的城乡隔阂感最强。

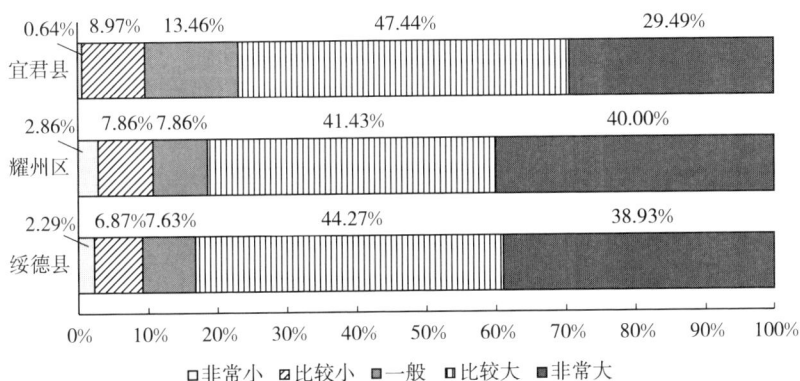

图8-2　三地区居民对城乡差异感知度调查结果

（二）城乡融合错误认知

城乡融合错误认知主要考察居民是否对城乡融合存在错误认知，包括城市蔓延认知和乡村效仿认知。城市蔓延是一种低效的城市发展形态，以侵吞城区边缘的农田、破坏自然环境为代价，严重损害城郊结合处居民的经济利益，是一种不可持续型的城市发展形态。城乡融合发展应促进城乡公共服务和基础设施均等化，在生活舒适的表现形式和城乡风貌上应具有差异性。通过对居民城乡融合错误认知的考察，可反映城乡融合的相关政策内容在民间的普及情况，居民拥有对城乡融合的正确认知，有助于将该认知转化为推动自身融入发展的动力。

宜君县、耀州区、绥德县三地居民的城乡融合错误认知调查结果如图8-3所示。在乡村模仿城市问题上，宜君县居民持正确认知的比例相对最高，但有较大比例的居民持错误的认知，耀州区居民持错误认知和缺乏相关概念认知的比例最高。绥德县的居民尽管较少对城乡融合持有错误认知，但有相当规模的人对城乡融合的概念模糊。在城市蔓延问题上，从三地的调查结果可知，更多的居民认为城乡融合发展是城市的蔓延现象，而非城乡均衡发展现象，这在一定程度上将影响农村居民在城乡融合中的主动性。

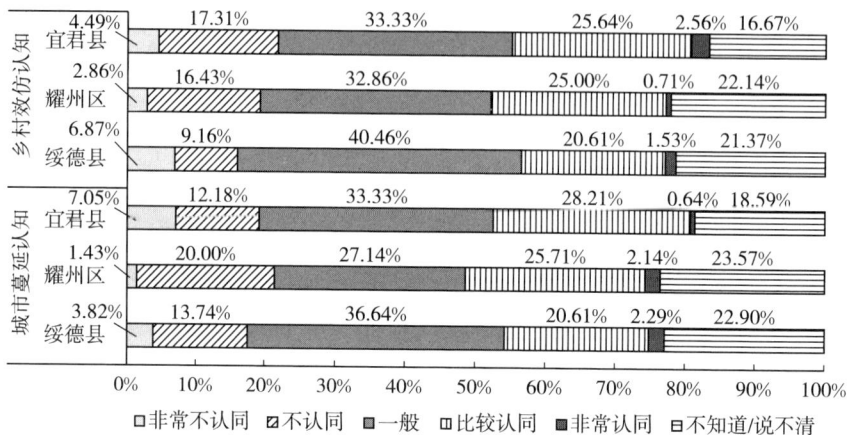

图 8-3　三地区居民对城乡融合错误认知调查结果

（三）民众满意度

本部分主要包括对城乡一体化建设满意度与城乡融合发展支持度的调查，总体表现为城乡融合政策在居民心中的利好程度。当居民对当前的城乡一体化建设越满意、越支持城乡融合发展时，证明其在城乡融合中的主动意愿越强。宜君县、耀州区、绥德县三地居民对目前城乡一体化建设的满意度调查结果如图 8-4 所示。总体对比来看，耀州区居民对城乡一体化建设满意度最高，绥德县居民存在大量对城乡一体化建设满意度概念模糊不清的情况，比例高达 16.79%，居民对政策不了解、不清楚，认为与自己生活相距甚远，这在一定程度上不利于城乡融合的持续稳定发展。

（四）进城预期满意度

预期满意度主要包括进城趋势感知度、进城行为支持度、进城生活预期及实际居住意愿，分别考察了居民城市生活趋势及进城意愿。当越来越多的农村人口向城市集中时，在从众心理的趋势下，居民被进城群体带动，希望融入城市生活。进城预期表现了居民对未来生活的预测，对自身能力及城市生活成本的判断。良好的心理预期，意味着更高的城市融入可能性、更稳定的就业和社

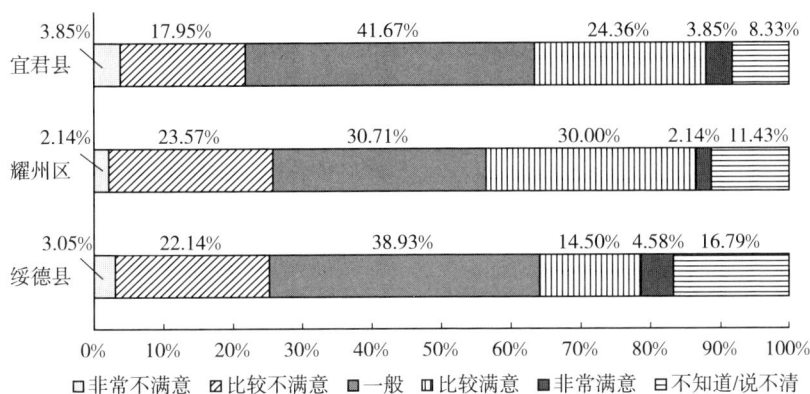

图 8-4 三地区居民对城乡一体化建设满意度调查结果

会保障状况，从而避免了城市化人群"进城又返乡"的现象（王向阳，2019）。

宜君县、耀州区、绥德县三地居民对进城趋势感知度的调查结果如图 8-5 所示。耀州区居民具有更明显的城市生活趋势，绥德县与宜君县居民的预期略低。三地居民均对进城行为表示大力支持，说明农村居民对城市生活的期待具有普遍性。虽然居民普遍认可城市生活趋势，但很多农村居民进城意愿不强，如图 8-6 所示，仅有 1/3 的居民认为可以很好地融入城市，而大量居民对自己进城的生活表示担忧，因此如何消除民众对融入城市生活的忧虑也是在城乡融合中需要解决的重要问题。

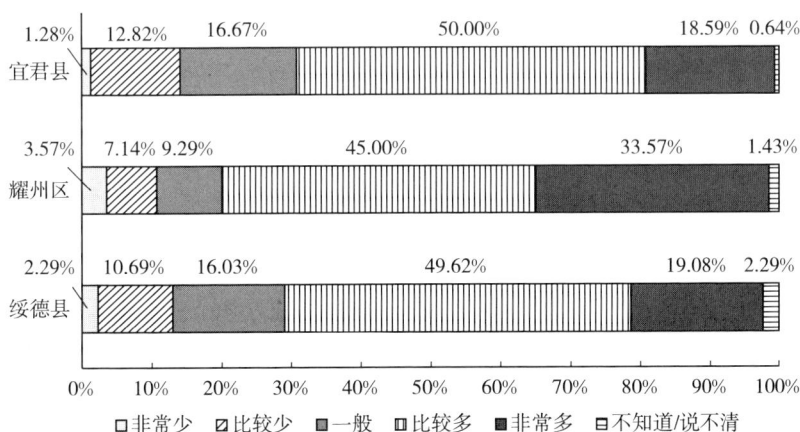

图 8-5 三地区居民进城趋势感知度调查结果

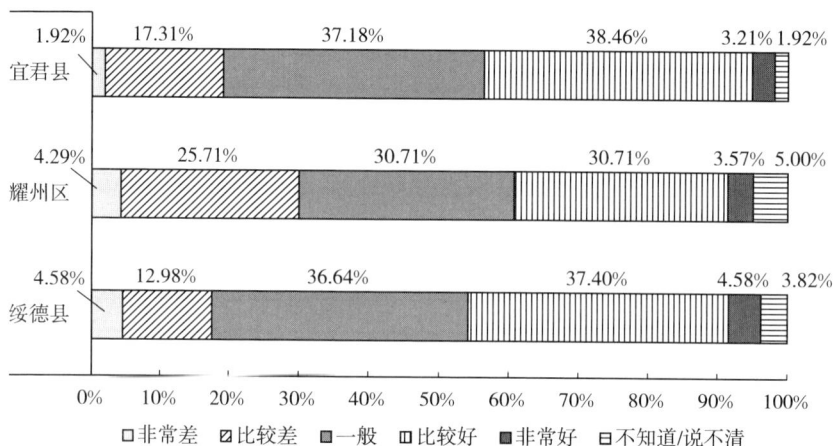

图 8-6 三地区居民对城市融入状况预期调查结果

二、融合机会

本节中的机会主要指外部机构（如当地政府、社区等）给予居民的各种社会帮扶和机会，以各类公共服务设施的满意程度来度量各项机会的优劣，包括居民在享受基础教育、医疗卫生、社会保障、精神文化等公共设施方面的使用距离及服务质量。在调研中，主要从就业便捷度、子女教育便利度、医疗卫生便利度、养老保障情况、住房保障情况、文体娱乐便利度、日常出行便利度、政府服务情况、生活环境治理情况 9 个角度出发，设置了 21 个问题，问题设置如表 8-2 所示。

表 8-2 城乡居民的城乡融合机会考察内容及题项设置

考察内容	问题
就业便捷度	工作地点与家距离多远
子女教育便利度	家中孩子上学的地点与家距离多远
	孩子就读学校的硬件设施（教室、教学设备）如何
	孩子就读学校的软件设施（老师的水平、学风等）如何
医疗卫生便利度	最常去的医疗机构与家距离多远
	您参加了哪些医疗保险
	您是否接受过社区提供的免费公共卫生服务

（续）

考察内容	问题
养老保障情况	最近的养老机构离您家多远
	您是否有/想接受社区养老服务
	没有/不想接受社区养老服务的原因是什么
住房保障情况	您是否了解农村宅基地相关政策
	您不想转让宅基地住房的主要原因是什么
	您在住房方面是否得到政府的帮助和支持
文体娱乐便利度	您居住地这边的文化娱乐活动多吗
	最近的休闲娱乐场所离您住处多远
日常出行便利度	您认为本地公共交通存在的最大问题是什么
	您日常买菜的地点离家多远
政府服务情况	平时办事最先找的行政办公机构与家的距离
	您对该行政办公机构服务和办事效率是否满意
	您感觉现在找政府办事是否比以前更容易了
生活环境治理情况	您所在地方对各项污染的处理或治理情况如何

就业及各项公共服务的可达性充分衡量了当地各项基础设施和公共服务设施的建设与配备状况，各地居民的城市融入与当地各类设施的供给息息相关，良好的设施供给能为居民提供了极大的市民化条件，提高他们融入城市生活的体验和机会。本次调研的地点集中在城郊结合部以及乡村地区，依据各个功能服务距离，能够分辨出当地 1、3、5、10 千米范围内的设施建设情况，10 千米以上的状况基本能够反映农村居民日常生活与市区的联系。

（一）基础生活保障健全

基础生活保障主要指在就业、教育、医疗、养老、住房方面提供的便捷服务。就业是一切的保障，当居民可以近距离择业时，融入城市的欲望会更强烈。教育在很大程度上影响了居民进城的意愿，医疗、养老、住房是关系民生的大事，基础设施完备，居民无后顾之忧，才能更好地融入城市生活。

宜君县、耀州区、绥德县三地居民工作地离家距离的调查结果如图 8-7 所示。约七成受访居民可实现近距离就业，便捷性强，其中绥德县便捷性最佳。这在一定程度上可以提高劳动力要素流动效率，促进城乡融合发展。

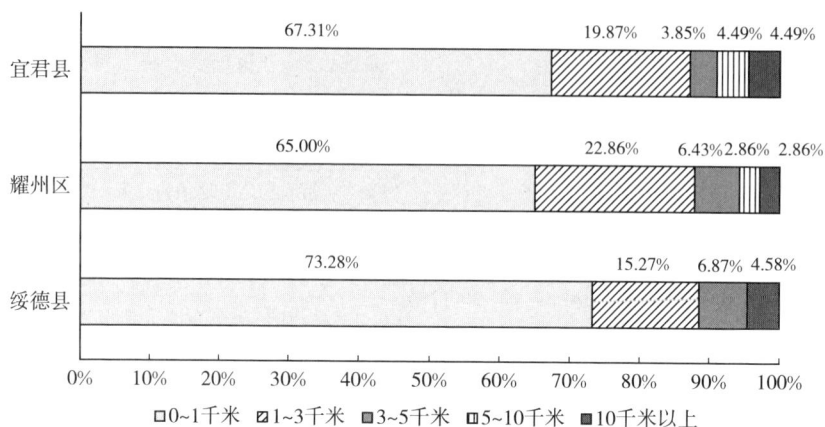

图8-7 三地居民就业便捷度调查结果

宜君县、耀州区、绥德县三地居民子女就读学校软硬件设施条件的调查结果如图8-8所示。综合各类教学机构的分布和条件来看，绥德县城乡结合部及乡村的居民大多愿意让子女就近上学，当地的教学资源较为丰富，教学条件普遍较好，而耀州区的居民中有较大比例的居民让子女到较远的地点上学，此地在教学软硬件条件上和其他县区相比有差距，宜君县农村教育资源较为充足。

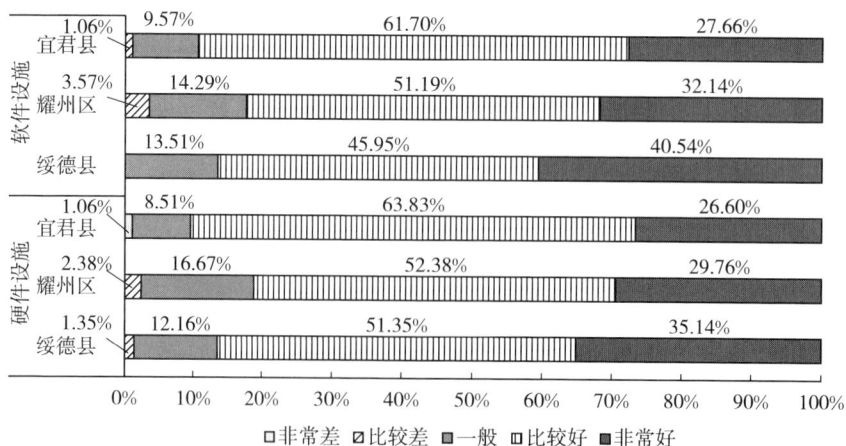

图8-8 三地居民子女就读学校软硬件设施条件调查结果

在调研中发现，耀州区的医疗资源较充足，居民看病就医较便捷，同时该地农村合作医疗保险覆盖度最高，利于减轻居民的医疗费用。宜君县城郊结合部及乡村的医疗机构较少，分布较为分散，部分居民就医路途较远，但该地在医疗保险覆盖上较为完备，且该地的社区医疗服务较好，城乡居民大病保险覆盖比例高，有效弥补了部分农村居民就医难的问题。绥德县的医疗机构分布较均衡，当地除大部分人参保农村合作医疗保险外，也有较大比例的居民参保城镇居民基本医疗保险。在本次调查中，社区医疗服务包括由社区免费提供的有关健康教育、妇幼保健、预防接种、传染病防控、计划生育等公共卫生服务，总体来看，三地在社区医疗服务上仍有待加强。

三地居民接受社区养老服务意愿调查情况如图8-9所示，仅有两成左右的居民有意愿接受社会养老服务，大部分居民还是以自我养老、子女养老为主，这在一定程度上不利于城乡养老市场的发展。通过调查发现，社会养老服务价格昂贵是民众普遍拒绝的一个重要因素，其次是担心设施过于简单、形式化严重，一定程度上反映了养老贵、养老难等问题，各地需加强社区养老服务设施建设，降低服务价格，扩大居民社区养老保障的覆盖面。

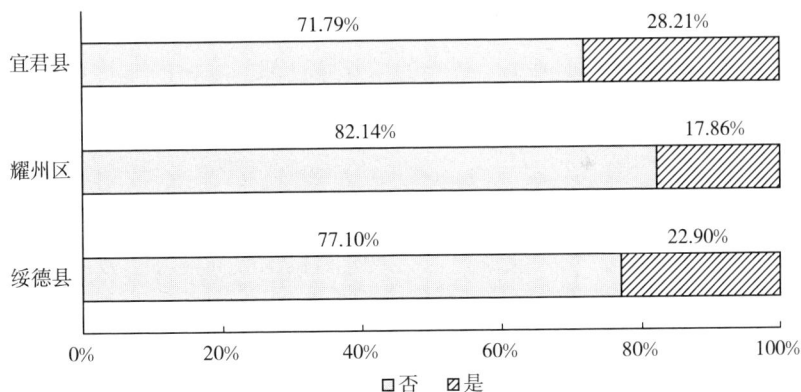

图8-9　三地居民接受社区养老服务意愿调查结果

宅基地相关政策鼓励农民通过闲置房屋流转、租赁、抵押等获取财产性收入。随着我国城镇化进程的推进，越来越多的农村人口进城落户，面对农村人少地多的情景，政策鼓励农村居民通过房屋流转，盘活闲置房屋资源，增加财产性收入。但通过调研发现，超半数以上居民对宅基地相关政策不了解（图8-10），反映出相关政策的宣传力度和普及度不够，也反映出激活闲置房屋资源很大程度上需要外部需求和资源输入。

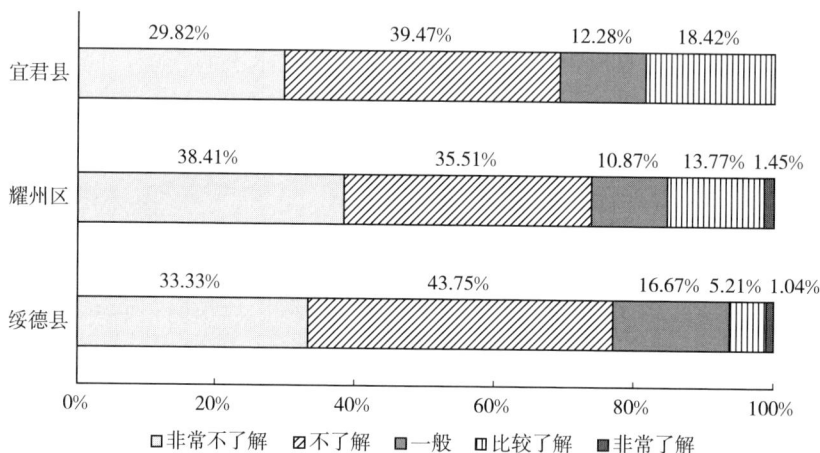

图8-10　三地农村宅基地相关政策普及度调查结果

文化娱乐活动可以满足居民的精神需求，但调研发现大部分地区的文化娱乐活动较少，形式单一。便利的交通条件可以联结城乡、加强城乡间沟通和要素流动。如图8-11所示，各地的城郊结合部、乡村的公共交通建设仍不够完备，影响居民日常出行及与市区的联系，阻碍农村居民与城市的互动交流和融合。

（二）政府服务质量趋优

宜君县、耀州区、绥德县居民对行政办公机构服务及办事效率满意度调查结果如图8-12所示，政府服务质量相对较好，但仍有提升空间；民众整体感觉满意，并感觉办事流程有所简化。

（三）生活环境治理向好

宜君县、耀州区、绥德县污染治理状况的调查结果如图8-13所示。对比三个调查区域来看，宜君县的污染治理状况相对较好，但其在农村污水、牲畜粪便等的治理上仍需提升。耀州区应重点关注周边工业污染及农村污水

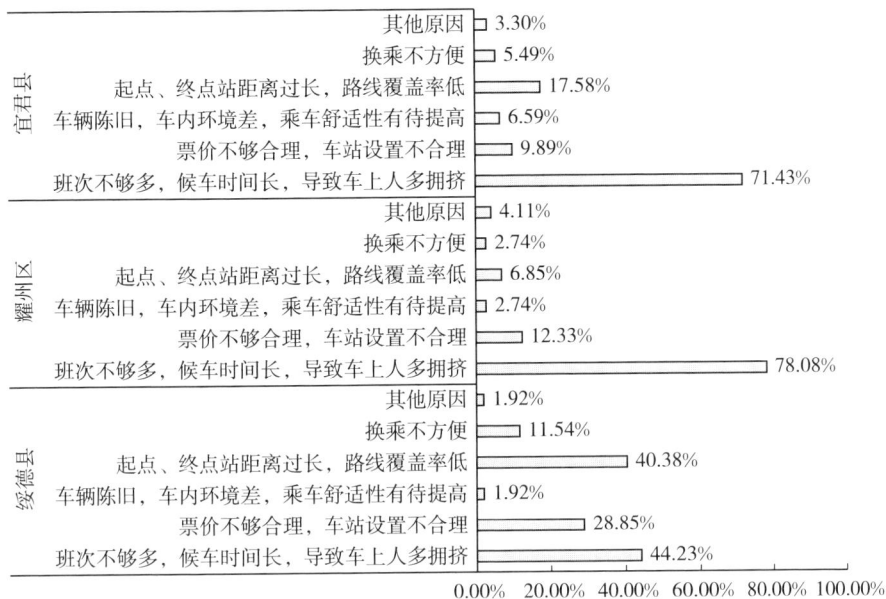

图 8-11 三地公共交通存在的问题调查结果

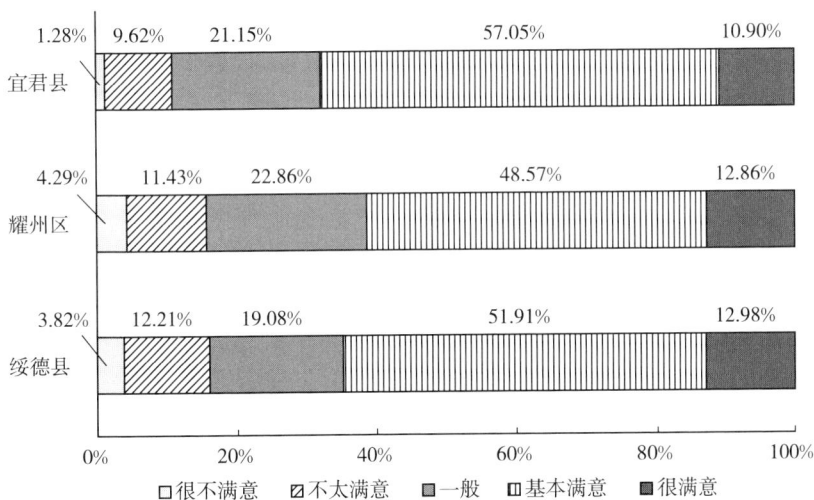

图 8-12 三地居民对行政办公机构服务及办事效率满意度调查结果

排放问题，同时加大对偏僻地区各类污染物的管控力度，绥德县应注重农村污水治理及牲畜粪便污染的治理。

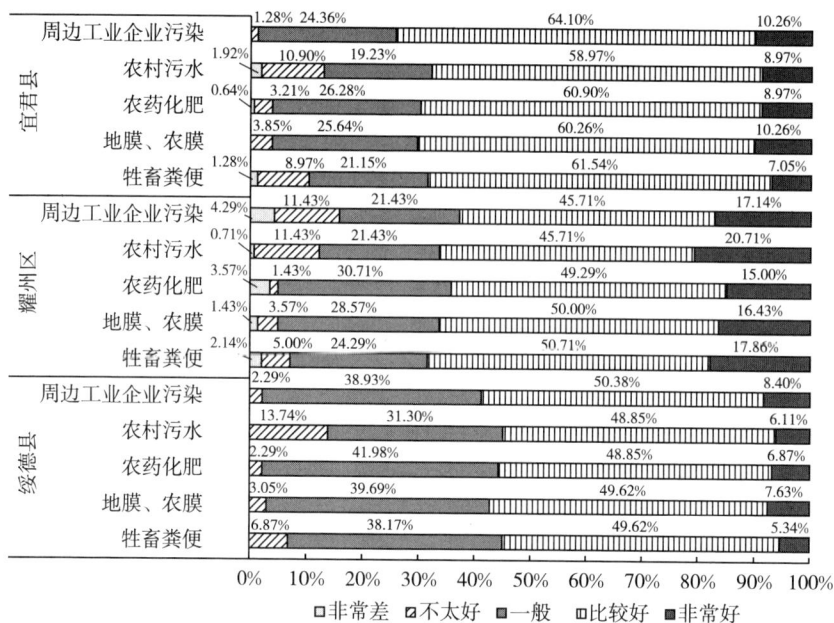

图 8-13　三地污染治理状况调查结果

三、融合能力

根据建立的理论模型，融合能力包括城乡居民在城乡融合过程中自身的资源禀赋水平。在调研中，主要从人力资本和经济资本两个角度出发，设置了 10 个问题，问题设置如表 8-3 所示。

（一）人力资本

人力资本主要考察了居民的身体素质和受教育程度。教育机会的供给与户籍制度紧密相连，且城乡在教育、医疗资源上差距较大，这些体制上的原因导致城乡人口在劳动力质量上存在较大差异。相对来说，身体素质较好的人群有更强健的体魄和旺盛的精力，在同等情况下，其劳动生产率更高；文化素质较高的人群更容易学习和掌握各种职业技能及生产技术，在同等情况下，文化素质高的群体所从事的工作技术含量更高，产出更高的价值，是推动区域经济增长和生产力发展的主要力量。考察居民在城乡人力资本方面的差异，可以反映出居民自发推动城乡融合的能力。综上，采用性别、年龄、受教育程度、健康状况、家庭劳动力年龄人口占比反映调查区域居民的人力资本。

表 8-3　城乡居民的城乡融合能力考察内容及题项设置

考察内容	问题
人力资本	性别
	年龄
	受教育程度
	健康状况
	家庭劳动力年龄人口占比（16～65 岁的人）
经济资本	您是否（曾经）是贫困户
	您家去年家庭总收入大致是多少
	您家近两年是否有借贷
	如果有借贷，是为何而借贷
	您家去年食品消费总支出占整年消费支出的比例是多少

三地受访对象中，约有 10％的人目前或曾经是建档立卡的贫困户。各地劳动年龄人口比例、年龄分布及健康状况的调查结果如表 8-4 所示，劳动年龄人口（16～65 岁）占家庭总人口的比重多在 50％以上，受访对象多为 45 岁以上人群，健康状况多为健康。而且受访对象多为小学和初中及中专文化水平，高中及大专文化水平的受访者较少。结合受访对象的性别特征和户籍特征，可以发现受访区域农村地区的多为年龄超过 45 岁的女性，受过较高教育的青壮年人群相对较少。

表 8-4　三地劳动年龄人口比例、年龄分布及健康状况调查结果

单位：人

县（区）	劳动年龄人口占比段				年龄段				健康状况			
	0	(0，50％]	(50％，100)	100％	(0，16]	(16，45]	(45，65]	>65	健康	轻疾	疾病	重疾
绥德县	22	25	29	51	1	27	67	32	85	30	12	0
耀州区	15	27	48	54	0	26	73	45	104	29	8	3
宜君县	20	41	43	52	0	39	76	41	104	45	6	1
总计	57	93	120	157	1	92	216	118	293	104	26	4

(二) 经济资本

经济资本主要考察了居民家庭收入和支出方面的差异。城乡收入差距是否合理能够反映社会的协调发展程度，影响区域经济的持续健康发展，农民的收入状况更是一个国家农村经济发展水平和城乡协调发展程度的综合反映。生产要素在城乡之间的不同配置机制和城乡间不同收入分配方式导致城乡居民收入在迅速提高的同时，收入差距也在不断变化。考察城乡居民在收入与消费方面的差异，可以反映居民推动城乡融合的经济能力。

宜君县、耀州区、绥德县受访对象家庭年收入如图 8-14 所示。受访对象家庭年收入主要集中在 3 万～15 万元，但仍有较大比重受访对象表示家庭年收入在 3 万元以下，属于低收入水平。此外调研发现，宜君县的借贷金额相对较高，借贷金额超过 10 万元的受访者多达 11 位，借贷原因多集中在购房、教育和医疗或是为子女成家的费用；耀州区借贷人数和借贷金额都较少，大多数借贷受访者表示借贷的主要原因集中在医疗方面；绥德县的借贷原因也多为购房和医疗。

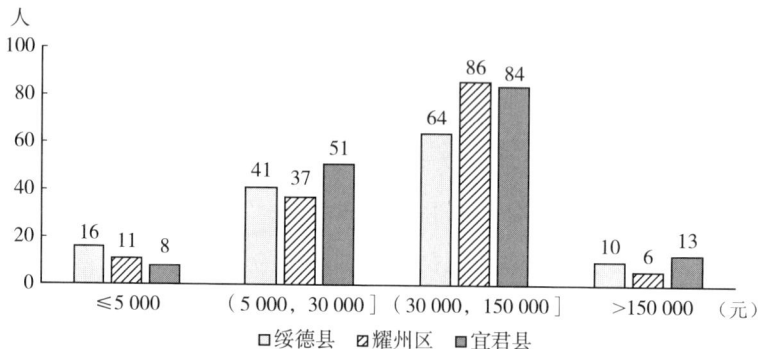

图 8-14　三地家庭年收入调查结果

第三节　城乡融合的障碍因素

调研区域呈现的城乡融合状况差异来源于城乡居民动机、机会和能力三方面的综合影响，三个因素之间相互关联，通过进一步分析，总结出城乡融合的主要障碍因素。

1. 城乡之间、乡村之间建设的不均衡降低居民融合信心与动力

当前我国的城乡发展差距仍显著，结合对融合机会的调查发现，城乡生活方式及理念的差异与各地城乡建设是否均衡协调密切相关。宜君县的城乡融合水平最好，城乡之间的发展较为均衡，使得城与乡在居民心中差异较小；耀州区的城乡建设不均衡，注重城镇建设，农村建设相对不足，造成了城乡发展差距较大的现状；绥德县的城乡差距最为显著，应提高对乡村建设的重视程度。除城乡建设不均衡外，乡村之间建设的不均衡问题使部分农村居民的生活需求不能得到解决，未能享受到城乡一体化建设带来的好处，导致对城乡融合发展信心不足，影响生活方式的市民化转变进程，削弱了融合的动力。

2. 城乡融合发展中存在农村建设简单模仿城市的现象

大多数居民错误地将城乡融合与城市蔓延、乡村模仿城市混淆，反映出各地在城乡融合政策宣传和落实上存在不足。宜君县在推进城乡融合过程中，较好地保留了乡村风貌，农村居民满意度较高，但其在部分地区的建设也同耀州区一样，存在着乡村建设盲目模仿城市的问题，降低了农村居民的舒适度。各地政府在推进城乡融合发展中，应因地制宜，探索结合村庄特色的融合发展方式，不应盲目模仿城市搞农村建设，需尊重农村居民的舒适感需求，使得在农村生产生活方式不断改善的同时保留乡村原有风貌。

3. 农村转移劳动力就业已从数量问题转变为质量问题

目前各地的就业资源在数量上较为充足，但存在工资水平低、质量参差不齐的问题，使得部分居民为了高薪选择远距离就业，降低了本地城乡要素融合中的劳动力质量。地方政府应进一步提高本地农村转移劳动力的培训和就业指导，一方面加强与大型企业、重大工程建设项目等的对接，鼓励企业、项目吸纳农村劳动力，拓宽农村人口的就业渠道，引导农村人口就地就近就业。另一方面可以采用开展公办职业技能培训课程、发放企业职工技能培训补贴等方式，提高农村转移劳动力的就业质量和薪资水平。

4. 城乡基本公共服务仍存在一定差距

近年来，我国医疗、教育、养老等公共资源在城乡间的配置实现了较大改善。但是，与中心城区相比，偏远及城郊农村地区的教学资源和条件仍需进一步改善，农村居民子女上学距离、受教育质量等仍较不均衡。此外，农村地区仍有少部分居民未参加任何医疗保险，城乡居民大病保险还未完全覆盖有需求的群体。当前各地的社区养老服务及设施建设也不成熟，甚至存在进入门槛，在老龄化不断加剧的农村地区，社会养老服务还需持续加强。此外，由于各地地形、村庄分散程度不一，各项公共服务设施难以全面覆盖。

5. 文娱设施条件和居民生计制约农村精神文明建设

很多农村的文化娱乐活动普遍较为单一、流于形式，不能满足农村居民的精神文化需求，大部分农村只有广场舞、打麻将等非常有限的文化娱乐形式，节庆活动、文艺汇演等有助于全体村民参与的文娱活动较少。尽管很多农村响应政策号召建立了农村图书室，但多流于形式，大多留守老年人习惯使用电视、广播、手机等信息接收方式，文化设施建设投资未能达到预期的效果。随着时代的发展，要进一步满足农村居民的精神文化需求，提供更多样的文娱方式和信息传播途径。当然，农村精神文明建设除受制于设施条件外，还受制于村民是否有充足的文娱时间，忙于生计的农民大多没有足够的经济基础和时间支撑对精神文化的追求，因此农村精神文明建设的基础是经济建设。

6. 基层政府服务及管理能力建设与中心城区存在差距

基层政府的治理能力关系到中央和地方政策的落实，基层政府是保障城乡融合实现的基础，但当前各地政务服务向基层延伸程度还有待加强，基层政府的办事效率、服务态度、办事手续等也需不断改进。尤其需不断充实和提升基层政府的高素质人才队伍及能力，缩小农村地区基层政府治理能力、治理水平与中心城区的差距，在管理和服务上实现城乡融合，提高广大农村居民的认可度。

7. 农民依靠传统务农务工获取收入增长的空间有限

农村家庭借贷数量、借贷金额的增加以及偏高的家庭恩格尔系数，反映了农村家庭收入和支出的不均衡，农村居民依靠传统农业、短期劳务来获得收入增长的空间越来越有限。需挖掘农村优势资源，发展新型农业集体经济组织，推进产业体系、生产体系、经营体系现代化。还要鼓励农民结合村庄特色资源开展个体经营和合作经营活动，拓宽增收的渠道；积极落实宅基地相关政策，盘活农村闲置房屋，增加农民财产性收入。

第四节 小 结

本章基于行为动力学的 MOA 模型，结合社会保障体系的构成及居民生计资本的内涵，将城乡融合过程中居民生活方式的市民化，定义为居民融合动机、融合机会、融合能力三方面综合作用的结果。构建 MOA 模型理论分析框架，对"市民化"进行了整体分析；并从动机、机会、成本三个角度分析调研区域的融合现状；最后，阐释了阻碍城乡融合发展的部分障碍性因素，如城乡间建设不均衡、城乡公共服务差距较大等。

城乡融合发展：国际经验与中国实践

城乡融合是我国当前和未来一段时间经济社会发展的重要目标，加快推进城乡融合发展进程需要立足我国基本国情和自身实际，学习、借鉴和总结国内外实际经验。本章首先介绍不同国家在面对城乡对立矛盾时的具体做法，并以此为基础提出可供我国借鉴和学习的经验与教训；其次，立足我国当前的实际情况，总结了国内部分地区在处理城乡关系中的成功经验与模式；最后，归纳了国内外在推进城乡融合发展中的一些措施。

第一节 城乡融合发展的国家差异

一、以英国为代表的欧洲国家城乡关系变革

近代欧洲是因为早期商贸而崛起的，随着商贸活动的不断发展，欧洲国家的工业化程度不断提高，城市化进程不断推进，农村人口逐渐向相对发达的城市地区涌入，此时人口越来越多地聚集在城市，城市逐渐发挥对乡村经济社会发展的主导作用。同时，伴随着人口的流出，乡村呈现出土地规模不变、人口数量减少的现象，为乡村农业实现规模生产提供了条件。19世纪末，英国约90%的人口居住在城市，小农经济基本消失。但是随着过多的人口聚集在城市，城市建设的进程逐渐落后于工业化进程，交通拥堵以及交通成本高昂、生活和环境压力与日俱增等"城市病"逐渐严重。面对工业化和城镇化进程快速推进带来的负面影响，英国等欧洲国家开始限制原有城市规模并对城市功能进行疏解，同时建设新的城市。

第一，探索并尝试建设新区。20世纪初，英国的埃比尼泽·霍华德等

人创办了城市公司，他们在乡村购买土地并且建设了高度城乡一体化的"田园城市"莱奇沃斯和韦林。建设新的"田园城市"这一举动，不仅可以减小原有城市的生产、生活和环境压力，还可以从源头上实现新城的城乡一体化发展，为规划城乡发展和促进城乡融合提供了新的思路和路径，同时，也为英国20世纪中期以后的新城镇运动奠定了思想基础。

第二，加强对乡村的重视和治理。随着城镇化的不断推进，城市人口趋于稳定，相关基础设施建设相对完善，此时，城市开始对周围的郊区产生辐射作用，中小城市的规模和在城镇体系中的比例逐渐增加。基于此背景，英国于1972年颁布了《地方政府法案》，使得乡村与城市一样具有了自主治理的法律地位和权力（陈国申等，2007）。这一法案的颁布，有助于农村地区加强对自身的治理和建设，有效避免了资金向城市地区倾斜的情况，使得城市与乡村处于同等地位，进一步改善了城乡关系。此后，欧洲国家开始重点关注中小城市的发展。

第三，城市功能向郊区和乡村疏解。20世纪下半叶，经过对乡村地区的治理，欧洲的乡村环境得到明显改善，不仅适宜人类居住，更吸引了越来越多的游客来到乡村观赏和游玩。同时，乡村的城市化水平有所提高，这意味着乡村人口的生活方式和思维理念与城市人口逐渐趋同。由于大中型城市的辐射带动作用，分布在其周边的郊区和乡村地区也逐渐发展成为城市；距离城市较远的乡村成为工业生产的聚集地，并通过工业发展带动乡村建设。因此，无论距离城市远近，乡村的生活方式也与城市相似。目前，随着乡村城市化水平的提高以及其特有的田园环境，越来越多的欧洲城市居民和外国游客来到乡村观光旅行和度假。由于城市地区资源要素的过度聚集和生活节奏过快，城市居民开始反向涌入周边的乡村地区，"逆城市化"现象明显，配套的基础社会服务和公共服务也随着人口流动涌入乡村，进一步加速了乡村地区的建设，缩小了城乡之间的差距。2016年，法国和英国的农业就业人数占总人数的比例分别为2.87％和1.12％，而乡村常住人口占比分别为20.25％和17.16％（叶兴庆，2019）。由此可见，欧洲国家的乡村不仅不是城市化和工业化进程的牺牲品，还充分体现了其区别于城市的优势和特色。

以英国为代表的欧洲国家在面对工业化和城市化带来的城乡差距扩大问

题时，采取措施转变乡村的传统角色，将乡村建设成为集城市功能和特色风光于一体的"田园城市"，同时顺应"逆城市化"这一趋势，促进城市资源要素流入乡村，从而推进城乡一体化进程。

二、美国经济高速度发展下的城乡关系表现

美国工业起步相对较晚，但是工业化和城市化的推进速度较快。从1870年到1920年，在美国进行工业革命的50年里，美国城市人口占比从20.0%增长至51.4%，增长了一倍以上（白永秀，2012）。随着工业化程度的提高，农业生产逐渐由机器设备取代了畜力，农业生产效率明显提高，部分农业劳动力得到解放，开始向城市转移。同时，城市功能逐渐凸显出来，例如，华盛顿表现为政治中心、纽约表现为商业和金融中心、底特律发展成为工业中心，这在凸显城市主业的同时也加快了城市化的进程。越来越多的农村人口向高度发达的城市迁移，城市劳动力人口趋于稳定，城乡之间差距逐渐拉大。面对这样的问题，美国利用工业化和城市化的快速发展来扶持农业进步，以工业反哺农业、以城市带动农村，利用先进的工业设备和生物技术提高农业生产效率，推动农业发展。

第一，城市工业化支持农业机械化。在工业化迅猛发展的过程中，美国顺应趋势，将工业产品很好地运用到农业的发展过程中，通过机器设备的推广使用，农业由传统的劳动密集型向现代化的技术密集型转型，极大地提高了农业生产效率，同时也为工业的深入发展提供了剩余劳动力，实现了工业和农业的良性互动。由于独特的自然条件，美国实施"地区专门化"经营，即在某一特定地区集中种植一种或几种农作物，这种经营方式有助于实现规模经营，大大降低生产成本，同时农业机械设备能够更大程度地发挥其价值和便利性，从而有效提高农业生产效率。在这一过程中，城乡之间的关系得到改善，城乡居民在生活质量和收入水平方面没有表现出明显的差距。从1997年到2007年，城乡居民收入保持在相当水平，其中4年农村居民的收入水平甚至高于城市居民（潘晓成，2019）。由此可以看出，美国在持续推进城市工业化进程的同时，也帮助农村和农业发展上升到一个新的阶段。

第二，高度发达的交通设施保持了城乡之间的密切互动。城乡一体化发

展与交通的建设和发展是密不可分的。美国在交通设施建设方面取得了很大成就，例如，早期东部水运的建设、太平洋铁路的修建、公路的发展、汽车行业的兴盛等，地区之间密集的交通运输网为促进城乡之间的紧密互动提供了条件。交通基础设施的建设不仅可以实现人在地区之间的快速移动，形成早上忙碌于城市工作，工作之余来到农村享受田园风光和休闲气息的常态，同时还可以实现资源在城乡之间的自由流动和合理配置，只有在保证资源要素互联互通的前提下，才有机会实现城乡协调发展。当前美国的铁路运输总里程达到22万千米，高速公路总里程超过7万千米，这为美国城乡互动提供了条件和便利。相比之下，中国的铁路和公路里程虽然实现了很大程度的提高，但是从人均铁路和公路里程数来看仍与美国等发达地区存在较大差距，这也在一定程度上限制了我国城乡融合的进度。

第三，农民不仅是生产者同时也是经营者。美国早期的南方富人不是工厂主而是庄园主。这是因为他们不仅负责组织农业生产活动，同时也参与到市场活动中，与中国不同，美国农场主在市场活动中发挥着重要作用，市场需要销售哪些农作物以及具体的市场销售价格都是由农业生产活动自身来决定的，这在一定程度上保证了农民的自主地位。随着工业的不断发展，这一主导地位才逐渐被城市商人所取代。因此，在美国，农业被看作是加工制造业的基础（农业部访美代表团，2001）。在农业发展过程中，美国逐渐建立起以家庭为经营单位的农业产业体系。这使得在农村人口逐渐向城市迁移的工业化过程中，具有相对优势的农户保留下来，资源向这些优势农户集中，进一步促进了农业规模化、专业化和集约化生产。

通过总结美国的具体做法，可以看到当其处于工业化快速推进过程中时，不仅没有忽视对农业的发展，反而利用工业技术设备来支持农业机械化，并实现了向专业化、规模化和集约化方向的转型，城乡之间差距小。

三、日本大规模惠农政策促进城乡融合

第二次世界大战后，随着日本城市化与工业化迅速推进，大量农村居民进入城市，城市人口急剧增加。从1950年到1975年，日本的人口城镇化率由37%提高到76%（李林杰等，2007）。逐渐形成了以名古屋、东京和大阪

三个城市为中心的都市区，这些城市发展成为商贸、服务、科技和金融中心。农业人口向城市迁移为城市的建设和发展提供了大量的人力资源，但是同时也使农村的发展受到阻碍。与城市的日益壮大不同，农村的劳动力不断外流，截至 2015 年，日本农业人口仅为 176.8 万人，且剩余在农村的居民多以老年人为主，其平均年龄为 67.1 岁。面对这一城乡发展不平衡的现状，日本开始制定一系列的举措来平衡城乡关系。

第一，制定政策促进农村发展。为了保障农民的权益，日本先后出台了《生活保障法》《国民健康保险法》《国民年金法》《农业基本法》《山区振兴法》《向农业地区引进工业促进法》等一系列政策法规，通过政府的调控和干预实现城乡之间的平等。具体来看，为了提升农村的人力资本水平，日本不断提高和完善农村的教育设施建设，同时大力投入高水平的教育资源，保障农村教师的薪资待遇，缩小城乡居民之间受教育程度的差距。同时，加大农村基础设施建设，完善社会保障体系。在薪资待遇方面，农民的收入水平甚至高于其他许多职业，对在城市工作的农民实行"终身雇佣制"，避免其面临失业的风险。此外，政府为了促进农村金融水平的提高，出资建立了一系列政策性金融机构，为农业农村的发展提供了资金支持和保障。日本政府为保障农民权益、支持农村发展采取了很多扶持措施，使得城乡居民之间的生活差距逐渐缩小，城乡一体化水平逐渐提高。

第二，稳固农业农村的发展基础。首先，由于日本耕地数量少，土地资源比较紧张，因此，日本规定不能私自改变土地用途，必须严格保护已有耕地。基于这样的自然社会条件，日本实现了大米等粮食作物的自给自足，在一定程度上保证了粮食安全和农民的就业稳定。其次，日本的农业保险覆盖范围较广（叶兴庆，2019）。由于农业生产具有不稳定的特点，导致以农业种植为生的农民在面临不确定因素时无法实现预期产量和收益，从而无法保障家庭收入来源的稳定，而农业保险可以有效缓解外界因素带给农民的收入冲击。此外，农协组织在农业发展的过程起到了重要作用。农协组织不仅是农业生产者，也是农业经营者，在农业发展的各个环节农协组织都具有自主决定权，这保证了对农民基本权益的保护。最后，农民获取收益的渠道更加多元化。农民实现收益的方式不仅仅只有销售农作物一种，还可以通过转让不动产的使用权来获取收入。20世纪90年代，不动产收入平均占到日本农村总收入的69.3%，已经成为农民获取收益的主要途径。通过政府部门采取的一系列措施，日本农民的基本权益得到保障，农村展现出较大的吸引力，越来越多的年轻劳动力选择回到农村工作，人口由城市向农村迁移的趋势也越来越明显。

第三，推动都市圈与中小城市共同带动农村发展。东京大湾区城市群是日本典型的现代化大都市聚集地，经济高度发达，吸引了更多转移人口，具有较强的社会经济影响力。都市群可以充分发挥自身的辐射和示范带动作用，实现与周边中小型城市的互联互通，既能避免资源要素过度聚集导致的综合实力下降等负面效应，还可以实现资源要素在中小城市的自由流动和合理配置，为农民的生存就业提供多样化选择，有助于农民收入水平的提高和生计的持续稳定。

日本在面对城乡二元矛盾时着重关注农业农村发展，出台一系列惠农政策为农业生产和农村发展提供保障和支持，同时发挥城市的辐射带动作用，引导和拉动农业农村向着更高质量发展。

四、韩国"新村运动"推进城乡融合

20世纪60年代，韩国依靠出口实现了经济在短期内的迅速增长，此时，经济增长速度达到10%，相比之下，农村的经济增速仅有3.7%，城乡之间的差距也逐渐凸显出来（石磊，2004）。当时，韩国的经济重心以制造业为主，城市的发展水平和城市居民的收入水平不断提高，更多的农村人口为了获得就业机会和更高的薪资、享受更优质的生活质量选择迁入城市，此时韩国在处理城乡关系时主要依靠发达城市对周边农村的辐射作用。但是，城市化的快速发展使得城乡之间的矛盾越来越突出，大量农村人口尤其是年轻劳动力涌入城市，导致"空心村"现象明显，同时，留在农村的老龄劳动力无法胜任传统的农业生产，甚至会选择放弃农业，导致生产力下降，粮食安全无法得到保障（韩立民，1996）。面对城乡关系不协调的威胁，韩国在20世纪70年代掀起了"新村运动"的热潮，在政府的资助和支持下，帮助和引导农民创业，改善居住和生活环境，提高生活质量，提升收入水平，为

农民的基本生活和农业生产提供保障。

第一，加强顶层设计。政府作为"新村运动"的组织者和主导者，同时也是出资者，不仅制定各项政策引导和调控农业产业发展和农民收入稳定，同时投入大量资金积极推进农村建设。政府投资部分占到20%以上，最多可以达到59.2%（韩立民，1996）。在农村人口大量涌入城市的过程中，农业逐渐实现规模化生产。以工业反哺农业，推行"农业机械化五年计划"，在农业生产过程中引入农业机械设备，促进传统农业向现代农业转型。同时，将农业与服务业结合，发展农业旅游业，实现农民收入来源多元化。另外，政府鼓励更多的青年志愿者下到农村，关注并了解农村的真实发展状况，拉近城市与农村之间的距离，促进城乡人口双向流动。最后，政府大力发展农村金融业，为年轻劳动力回乡创业和就业提供了条件。

第二，发扬新村精神，改善农村居住环境。为了充分发挥农民在农业农村发展过程中的主观能动性，韩国政府采取了"样板示范"和"奖勤罚懒"的政策，对于在建设农村过程中表现勤奋和有贡献的农民给予奖励，同时对工作积极性差的农民进行惩罚，并树立起良好的标杆样板，以此来激励农民积极工作，推进农村发展进程。同时，重视对农民的教育，通过办学、培训等方式提高农民的人力资本水平，从思想认知上增强其对农村的认同感。另外，以"勤勉、自助、协作"的精神来引导农民之间自愿互助，不仅实现个人利益最大化，同时也要将集体利益放在重要地位。随着新村精神深入人心，农民的积极性和主动性实现了很大程度提高。此外，由政府出资为农村建设提供钢筋、水泥等必要物资，鼓励农民主动进行农村建设。同时，政府为农村修建桥梁、水坝、房屋、公路等公共设施，极大地方便了农民的生活生产活动。新村运动在帮助改善农民居住和生活环境的同时，也为农村经济发展提供了物质基础。

第三，鼓励农村实现产业多元化。在新村运动初期，韩国政府采取大量措施促进农业发展，例如，在全国范围内推广高产水稻新品种，提高粮食的自我供给水平，推广科学的育苗和栽培技术等。同时，鼓励农产品加工业、特色农业和畜牧业的发展，实现传统农业向新型农业转型。另外，政府实施农村工厂计划，为在农村设立工厂提供资金和技术支持，同时对这些企业给予金融贷款和税收优惠，不仅为实现农民就业非农化提供了良好的外部环境，有助于农民提高非农收入，还有助于实现人口在农村的聚集，使农村向小城镇转型，缩小农村与城市之间的差距。

韩国的"新村运动"从思想精神层面和实际政策帮扶层面为农业农村发展提供了强大的推动力，尤其是使农民能够自主进行农村建设，相比其他国家的模式，这种模式更具有深远影响。

五、以色列高度城镇化与乡村集体化推进城乡融合

以色列人口稀少、土地资源稀缺，且大部分地区为沙漠，周边地区长期处于战乱之中。在这样的自然条件和社会环境下，以色列仍然实现了经济的快速增长，并以发达的农业技术和节水型森林城市闻名。以色列的城镇化率很高，大约90％的人口生活在城市地区，这些城市不仅保存了老城市风貌，还体现了城市的现代化元素，这些现代化元素使得在城市中也可以享受美好的田园风光和自由和谐的人际关系，打破了城市和农村之间的壁垒，实现了城乡融合。同时，农村地区也逐渐向小城镇转型，因此无论是在城市还是农村，城乡之间的界线被打破，二者都是城乡共存的表现。

第一，在城市建设社区花园。以色列的特色是在城市中建设社区花园，这些社区花园兼具生产功能和景观观赏功能。社区花园的建设，不仅使城市充满了乡村元素和美丽风光，同时在修建过程中也可以拉近人与人之间的距离，实现社会融合。目前，社区花园在以色列城市地区分布较广，社区花园已在中心城市外围实现了全覆盖，参与修建过程的居民大约占10％（方田红等，2019）。收入水平较高的群体通过社区花园进行生产性种植，在工作之余享受休闲的耕作乐趣；收入水平较低的群体可以通过帮助修建社区花园获取额外收入，这在一定程度上避免了不同群体收入水平和生活差距的进一步扩大。城市社区花园的建设不仅使城市发挥农业生产功能，表现出农村特有的生产生活特征，同时在劳动过程中实现了不同群体之间的交流与互融，促进了人与人之间的融合。

第二，在农村推动集体农庄建设。为了促进城乡融合发展，以色列在农村成立了基布兹，这是一种类似于人民公社的社会组织，参与这一组织的农

民共同负责农业生产,尽力实现农业收益最大化。虽然加入这一社会组织的人数较少,仅占农业人口的5%左右,但是却实现了45%的全国农业产值,说明基布兹的生产效率极高。而全国的农业人口中仅有大约15%从事农业生产,80%的农业人口从事其他产业,农村居民在收入水平方面与城市居民相差较小。另外,乡村在建设过程中始终坚持后天建成的人工空间分布在内部、天然形成的自然田园风光分布在外围,学校、医院等基础设施和公共服务分布在农村中心地区的理念,这一空间布局与城市相差不大,使农村按照小城镇模式发展,因此城乡居民在生活方式和质量方面基本相同。此外,以色列非常注重对国民的教育。无论在城市还是农村,政府对教育的投资都达到地区生产总值的8%以上(林建,2003)。同时,政府还投资建成了基布兹教育学院,专门用于培训幼儿园和中小学老师,为城乡人才建设和培养提供基本保障和质量标准。

第三,实现农村自治。无论是自然环境还是社会环境,对以色列的发展都存在很大的不利影响,但是农村基层组织基布兹的存在很大程度上缓解了外部环境对以色列城乡发展的威胁。基布兹以互助为基本原则,聚集相对分散的农村劳动力共同进行农业生产和劳动,从而实现农业收益最大化。同时,基布兹组织以扁平化管理推动教育自治,在提高城乡人力资本水平的基础上,大大推进了农业现代化进程,从而进一步提高农业生产效益。

以色列在城乡建设过程中,充分考虑城乡元素的融合,通过合理布局城乡空间、推动农村基层组织自治,实现了城乡之间资源、收入、教育、科技等的协调发展。

六、"城市病"严重的拉美国家城乡关系积重难返

20世纪40年代,伴随着工业的发展,拉美国家的城市化进程迅速发展。20世纪50年代到80年代,拉美国家的经济发展迈入黄金时代,平均增速为5.3%,部分国家的经济增长速度甚至赶超欧洲国家,其中,巴西的经济增长速度超过了10%(潘晓成,2019)。在经济迅速发展这一过程中,大量的劳动力由农村地区向城市地区转移,城市化呈现出虚高的态势。此时,拉美国家的城市化水平远远超过工业化水平,城市化率是工业产值比重

的 2.6 倍，不符合城市化和工业化同步前进的基本规律。拉美国家表现出来的较高水平的城市化并不是现代化发展的结果，反而导致了很多负面效应。伴随着大量人口向城市涌入，大约 80％ 的人居住在城市，而贫困人口中大约有 65％ 的人口属于城市人口，同时由于三大产业布局不合理，导致失业率一直处于较高水平，因此即使人口迁移到城市也很可能会面临失业和贫困的风险。有数据显示，在拉美国家大约 1/3 的城市人口生活在贫民窟，占总人口的 1/4。同时，随着人口在城市地区的大量聚集，拉美地区的"城市病"越来越明显，经济发展停滞、社会治安受到威胁、生活环境逐渐恶化等，随着这些问题的产生，拉美地区的政治局势动荡不安，对地区和世界发展产生了严重的阻碍作用。

第一，政府没有充分发挥出统领和引导的作用。拉美国家在经济发展和城市规划过程中多依靠市场的自发调节作用，很少通过政府进行调节和干预。在工业化和城市化进程中，大量的农村人口转移到了城市，在没有政府部门调节和干预的情况下，导致城乡发展严重失衡。同时，政府采取"出口替代工业化战略"，主要以出口来促进工业化发展，这一战略在很大程度上受到国际市场的影响，具有较大的不确定性。拉美国家的政府在面对城乡二元关系时没有把握住合适的时机，积极采取行动予以协调和调控，导致经济社会局面向着更加不可控的方向发展，城乡关系日渐失衡。

第二，对现代化的认识不够深入。现代化在推动国家发展和经济增长过程中发挥着重要作用，它是一个多维度多领域的概念，包括政治层面的民主化、经济层面的工业化、社会层面的城市化、文化层面的科学化等。现代化的内涵相比工业化更加丰富，但是拉美国家将现代化简单地认识成工业化和城市化，认为只要实现更高水平的工业化和城市化就实现了现代化，没有认识到工业化只是现代化的单一和阶段性目标。因此，拉美国家只注重工业发展和城市人口集聚，而忽略了不同产业之间的合理布局以及城乡之间的协调发展，导致国家和地区发展逐渐走上了片面极端的道路。

第三，无法提供就业保障。就业是国家实现经济发展的基本途径，同时也是人民生存和生活的根本保障。受殖民时期生产关系的影响，拉美地区实行了大地产制，大规模土地由大地产主所有，少数农民拥有少量细碎化的土地，数据显示大地产者仅占农民人口的 1％，但是却拥有 45％ 的土地（翟雪玲等，2007）。同时，当地种植的农作物品种相对单一，在生产过程中机械化程度比较高，农民的农业生产机会更少。在大地产制的压迫下，大量农村人口向城市转移，但是农业生产效率并没有随着农村人口的减少而提高，迁移到城市的农村人口也不能很好地融入城市生活，加之人口增长的速度明显快于城市发展的速度，导致大量人口失业。这不仅无法保障城乡居民的基本生存和日常生活，还造成整个经济社会动荡不安，严重扰乱了社会的正常秩序，不利于国家和地区的长期发展。

可见，即使拉美国家的城市化和工业化水平不断提高，但其仍然无法实现城乡之间的协调发展，反而造成了农村的贫困和城市发展的停滞。

第二节　我国统筹城乡关系的实践模式

一、产业融合模式

产业融合模式是指通过农业与工业、服务业之间的融合，实现产业链的不断延长和扩张，从而促进资源要素由城市不断向农村地区转移和流动，从而实现城乡一体化发展的目标。具体来说，将农业与工业结合，深入发展农产品加工制造业，实现产业链向一体化发展，生产和销售独具特色的产品，尽可能发挥品牌效应，通过实施差异化战略提高农产品的竞争优势。另外，可以将农业与服务业和旅游业结合，在种植农作物的同时引入休闲娱乐设施，打造优美的田园风光，完善周边基础设施以及餐饮业等的建设，大力发展农业旅游业，吸引更多的城市居民在闲暇时间来到农村欣赏美丽的风景、体验农业生产劳作、采摘品尝新鲜农产品等，在发展农业的同时实现农民收入来源多元化，促进农业农村高质量发展，同时也让城市居民放慢生活节奏，体验不一样的生活状态。

我国在统筹城乡发展中依靠产业融合模式的地区代表有云南省。云南省处于边界地区，多民族生活和聚居，具有特色农业发展的天然优势。在农业发展的过程中，通过建立农业示范基地和特色园区，将农业生产与旅游景点连接起来，制定和规划旅游路线时将这些农业示范基地和种植园区纳入推荐线路，使得农业与旅游业充分衔接，在吸引游客参观游玩的同时也促进了当地休闲农业的发展，同时，地方政府还制定有关政策吸引投资者对休闲农业进行投资。当地农业在选种种植到加工销售的过程中重视品牌的树立和培育，将先进的农业技术引入生产过程，生产出更具差异化的农产品，展示出更大的市场竞争优势，在一定程度上吸引更多的投资者对相关品牌和产品进行投资，推动优质资源向农村地区流动，有助于进一步实现农业大规模种植和品牌的推广。有关数据显示，云南省有 4 个国家认定的农村产业融合发展示范园，总投资 49.68 亿元，2020 年实现总产值 197.57 亿元，较 2019 年增加 35.07 亿元，同比增长 21.58%，其中第一、第二、第三产业产值分别为 28.86 亿元、69.85 亿元、98.86 亿元。云南省农业与旅游业融合发展不仅带动了城乡经济增长和社会就业，还推动了城市资本向农村地区的流动。

二、辐射带动模式

辐射带动模式是指以某一区域内的大中型城市作为中心，周围分布小城镇和农村，从而形成圈层结构进行推进。圈层的中心作为辐射作用的源头，需要具备丰富的资源和较强的内生发展动力，在经济社会发展过程中表现出较大的活力和实力，而大中型城市则满足这一要求。在发展初期，大部分资源要素会向中心城市转移，政策会向中心城市倾斜，中心城市基础设施建设更加完善，劳动力资源逐渐向中心城市转移以获得更具吸引力的工作等。随着资源的不断涌入，中心城市得到快速发展，经济实力不断提升。此时，中心城市对周围地区的辐射带动作用也开始逐渐发挥出来，周边地区开始模仿和学习中心城市的成功经验，中心城市的部分资源逐渐外溢。在这一过程中，外围地区积极融入中心城市，在中心城市的带动下，外围地区与中心城市的差距逐渐缩小，发展成次中心城市，使得辐射带动区域进一步扩大，进而继续带动新的外围地区实现融合。

我国在统筹城乡发展中依靠辐射带动模式的地区代表有义乌市。义乌市作为全国闻名的"小商品城"，自 1998 年以来，坚持实施新型城镇化与新农村建设统一发展的路径，以提高城乡一体化水平。在城乡发展过程中，义乌市首先通过城市集聚效应推进整体的经济发展。具体可以分为三个阶段：第一阶段是从 1978 年到 1988 年。在这一阶段义乌市是商贸集聚中心，此时第三产业都围绕商贸中心不断集聚，伴随着资源要素的积累和集聚，城市化水平逐渐提高，城区面积和人口实现了一倍以上的增长。第二阶段是从 1988 年到 1998 年。在这一阶段义乌市的城市化水平迅速提升，城区面积和人口急剧增加，周边建制镇迅速崛起。第三阶段是从 1998 年至今。在这一阶段义乌市呈现爆炸式发展，城市快速集聚，周边的乡镇向中心城市靠拢，城市的辐射带动作用日益增强。义乌市以点-线-面的形式逐渐推进城乡融合进程（徐剑锋，2002），在第一阶段，义乌市通过生产和销售小商品发展成为商贸中心，在其经济发展的同时通过交通干线与周边的乡镇建立联系，并通过辐射带动作用促进周边城镇的发展；在第二阶段，随着交通设施的建设和完善，更多交通干线附近的乡镇受到义乌城区的影响，实现经济的快速发展，中心城区与周边的城镇逐渐融为一体形成新的中心，继续对周边地区产生辐射带动作用；到第三阶段，义乌市正式完成了由点到线的布局，并在此基础上进一步实现由线到面的扩张。截至 2021 年，义乌市城镇化率达到 80.1%，已基本实现了城乡一体化发展。

在城乡融合发展中，义乌市重点围绕以下几个方面采取措施。第一，统筹城乡规划。通过明确各地区在发展过程中的主要功能和定位，保证整个地区有条不紊地推进经济发展、社会融洽和生态保护等进程。其中，将主城区作为政治、经济、文化中心，副中心作为先进制造区，城郊区作为生态农业区，远郊区作为生态保护区。在实现各地区功能的基础上，中心地区才可以更高效率地推进城乡融合进程。第二，统筹城乡基础设施建设。政府部门在为城市发展投入资金的同时，也关注农村地区的建设，投入大量资金用于农村改造、道路修建等工程。完善并延伸交通干线，为中心城市辐射带动作用的发挥提供依托。第三，统筹城乡产业发展。义乌按照城区—周边乡镇—全市乡镇—工业园区的线路进行产业规划和布局。依靠商贸发展的优势，发挥对周边地区工业发展的带动作用，实现以商业发展拉动工业发展、商业发展与工业发展的有机互动。同时，向农业和农村注入新的活力，指导农民参加非农生产活动，提升农民的收入水平和稳定程度。第四，统筹城乡社会保障体系。通过加强农村地区的教育基础设施建设和相关生产种植过程的技能培训，提高农民的受教育水平和生产能力，培养知识与技能兼具的新型农民。另外，鼓励农民返乡，完善相关金融支持机制，为人才回流提供足够的吸引力和政策支持。除此之外，完善农民的医疗和养老保障体系，在保障农民的生活需求和健康需求基本得到满足的同时，缩小城乡居民之间的生活差距。

三、城乡互助模式

城乡互助模式是指将城市和农村作为一个整体，在对这一整体进行合理规划和布局的基础上，完善城乡交通设施建设，为城乡之间资源要素流动提供支持，促进城市与农村、工业与农业共同发展，在保证工农业现代化同步发展的同时，促进工农业融合，实现农业产业化，促使产业链不断延伸，推动农业向更高质量转型。同时，促进城乡之间的资源流动，确保城市和农村能够实现协调发展，促进城市飞跃发展的同时也不损害农村的发展，努力实现没有"城乡差别的城乡一体化"。

我国在统筹城乡发展中依靠城乡互助模式的地区代表有上海市。1984年，上海市政府在制定城市发展策略时就提出了推进"城乡一体"的发展理念。在 1986 年举办的上海农村工作会议上再一次强调，要统筹兼顾城市与农村地区发展，对这一整体进行统一规划和合理布局，积极促进城市和农村地区之间的交流合作，促进资源在城乡之间的流动，从而推动城市和农村地区协调发展。20 世纪 90 年代，政府开始推进"三个集中"战略，使土地向规模经营集中、工业向园区集中、农民居住向城镇集中，为促进上海实现城乡一体化、农业现代化、农民市民化提供了重要思路。同时，政府部门对郊区农村产业发展规划由"一二三"的产业发展排序调整为"三二一"，将发展重心由原来的农业转变到服务业，通过服务业与工业发展带动农业发展，同时在实现农业与服务业、工业互融互通的基础上推进传统农业的转型。在这些政策的落实下，资源要素在城乡之间快速流动，城市与农村之间的联系更加密切。进入 21 世纪以后，以社会主义新农村建设为目标，上海市在全国首先对农村进行了一系列改革。党的十八大以来，上海市通过各种体制改革加快推进城乡融合发展。上海市的城镇化率由 2000 年的 48% 增加到 2020 年的 89.3%，经过 20 年的时间实现了近一倍的提升；2000 年的农业从业人员为 84 万，到 2020 年农业从业人员减少至 27 万，农业生产逐渐向规模化发展；农民人均可支配收入由 2000 年的 5 598 元增长到 2020 年的 34 911元，增长了 5.24 倍，农民收入水平实现飞跃式增长。

在政策引导下，上海市把城市和农村作为一个有机整体，明确中心城区以及周围郊区各自的功能定位，推动城乡融合发展。具体做法包括：第一，完善就业保障体系，保障城乡居民的就业尤其是农村人口的就业，为农村的进城务工人员增加更多的就业岗位。第二，完善土地制度改革，保障农村集体经济组织和农民的土地权益，同时推动农业现代化发展。第三，完善社会保障体系，保障城乡居民的基本生活质量，加快缩小城乡居民的生活水平差距。第四，进一步推进户籍制度改革，减小资源要素在城市和农村地区之间的流动壁垒，为城乡融合提供基本的制度保障和外部环境。第五，同时推进城乡基础设施建设，为城乡经济发展和人民生活水平提高提供良好的物质基础。同时，上海市中心城区的资金、技术、人才等优质资源逐渐向周边的郊区流动，表现出较强的辐射带动作用。上海市的城乡互助模式在推动城乡融合发展方面已表现出强劲动力和活力，具有鲜明的特色和独特的优势。

四、要素集聚模式

要素集聚模式是指根据各地区的资源禀赋和地理位置对其进行分工，使相同产业尽量分布在同一片区域内，实现资源集聚和规模化生产，降低生产的成本，提高生产的效率。具体来说，在进行城乡和产业布局时，使城镇和农村的生产要素向城市地区聚集，工业向高新区、工业园区、经济开发区聚集，耕地实现大规模机械化生产，减轻土地细碎化，使农业发展产业化。同时，通过改善农村的居住生活环境、对农村进行扶持等方式缩小城乡之间的差距。另外，农民向城市和小城镇聚集，在推进城市化进程的同时有助于提高进城务工农村人口的生活质量和收入水平，缩小城乡之间的差距。

我国在统筹城乡发展中依靠要素聚集模式的地区代表有成都市。在成都市工业发展过程中，政府首先明确了工业集中发展区，使得工业企业和工业用地向这一区域聚集，避免工业用地盲目扩张等问题的出现，同时规定工业用地集约化标准，促使工业企业提高用地集约化程度，高效利用土地资源，在实现工业集约化、集中化发展的同时，可以有效减少生态环境被破坏等问题，降低非期望产出。在发展农业的过程中，为了解决土地细碎化问题，村集体通过土地流转、入股等处置方式将土地集中收回进行统一生产和管理，农民从传统的生产经营者转变为股东、生产工人等，收入实现大幅增长。而且规模化和机械化种植大幅降低了生产成本，使整体收益相比之前的传统种植模式有了很大增长。另外，农民居住地逐渐向城镇、中心村和聚居点集聚，改善农村地区的生活条件，完善相关基础设施建设和公共服务体系，可以提升农村整体的发展水平，提高农村人口的生活质量，提升城乡融合程度。生产要素在区域内的聚集不仅能促进城市和农村的高质量发展，并有助于资源和要素在城乡之间自由流动，实现城乡之间互融互通，推动城乡一体化发展。

第三节　国内外城乡融合发展经验

一、农业发展是实现城乡融合的前提

从发达国家的城乡融合成功经验来看，工业化的快速推进不能以牺牲农业发展为代价，同时，在推进城镇化进程中也不能忽视农村的建设和发展。欧美等发达国家在推进工业化进程的同时也不断推进现代农业的发展，日韩等亚洲国家是在基本实现工业化时开始增强对农业发展的重视程度，并逐渐实现农业现代化。如果侧重其中一方的发展而忽视另一方，都会造成城乡关系失衡，城乡二元矛盾愈演愈烈，最终导致国家或地区社会经济发展受到阻碍，出现发展停滞。农业是工业发展的基础，在工业发展过程中农业发挥着不可或缺的作用。在工业发展初期，工业生产所必需的原材料和市场由农业提供，为了提高劳动生产效率，生产工人所需的食物也来自农业。进入工业发展中后期，农业为城乡居民的日常生活提供充足的农产品和绿色健康食品，不断提升居民的生活质量，保障国家粮食安全和人民食品安全，同时，可以为工业部门供应充足的劳动力，促进工业的加速发展。可见，无论处于工业发展的哪一阶段，农业的作用都是至关重要的，因此必须保证农业生产，推动农业生产效率的不断提高，促进城市与农村、工业和农业的协调发展，推进农业现代化，为城乡融合发展打好坚实的基础。

二、发挥政府与市场的双重作用是实现城乡融合的关键

20 世纪 20 年代至 30 年代，西方国家认为城乡的不平衡发展是暂时的，可通过自发的市场调节而逐渐减弱，但是事实并非如此。迈达尔提出累积因果论，认为当地区之间存在一定差距时，无论差距大小，表现相对较好的地区会在发展过程中不断积累有利的因素，而不利因素更可能被表现落后的地区吸收，进而使两个地区之间的差距不断增大。这一理论适用于城乡二元矛盾，市场的自发调节作用不仅无法缩小城乡差距，反而可能会加剧城乡二元矛盾。核心与边缘区理论认为，虽然核心地区发挥扩展效应带动相对落后的边缘区发展，但是极化效应会使资源要素由边缘地区流向核心区，并在核心区聚集。在市场的自发调节作用下，极化效应大于扩展效应，总体来看，核心地区和边远地区的差距会越来越大。在面对市场失灵时，国家政策干预是一种有效方式，政府部门需要制定相关政策法规引导和调控城乡融合发展。科斯的交易费用理论认为，配置资源的方式包括政府、市场、企业和合约，选择哪种方式则是根据交易费用最小来判定。在面对发展相对落后的农村地区时，通过企业和合约的方式与复杂的个体和组织谈判需要花费大量成本，此时，通过政府部门统一制定和实施相关政策、组织农村地区开发建设是最有效的方式。可见，市场自发调节和国家政策干预对城乡融合发展都是至关重要的。

我国农业人口众多，农业基础条件相对落后，农村发展水平较低。虽然改革开放以后，市场观念和商品意识不断在农村地区渗透和加深，农产品市场也不断扩大，但是农业和农村还存在一些计划经济的痕迹，市场化程度还有待进一步提高。因此，要面向市场，充分运用科学技术，积极参与产业分工，推进农业农村市场化进程，进而促进城乡融合。农业具有风险高、稳定性弱和竞争能力较弱等属性，市场机制的调节具有短期性、滞后性等特点，在对农业这种外部性较大的产业进行调节时存在一定的局限性。政府部门的宏观调控和干预是至关重要的。政府在发挥职能作用时，需要注意两个方面：第一，要纠正"错位"现象，将不属于政府部门管理范畴的事项交由社

会、企业和中介机构等处理，使其更高效地发挥各自的基础性作用，实现资源的有效分配；第二，要切实"到位"，对于属于政府部门管理范畴的事项，有关部门一定要充分履行好各自的职能，尤其是注重对公共服务和社会管理等职能的履行。

三、重视农村基础设施和教育投资是城乡融合的基础

交通路网的建设和完善作为基础设施建设中的重点，是西方发达国家开发和建设农村地区、促进城乡融合的重要条件。无论是城乡统筹发展还是城市带动农村发展，交通路网都是联通城市和农村的重要纽带，其作用在辐射带动模式下更加明显，城市的辐射作用主要随着交通网络的延伸发挥出来。日本政府在交通设施的建设方面投入大量财政资金，其高速路网持续通向偏远的农村地区，从而加强了这些偏远的农村地区与中心城区之间的联系，促进了城乡之间各类资源要素的流动，同时也为城市集聚资源提供了扩散空间。另外，农村基础设施的建设和完善，有助于改善农村的人居环境，使农村生活更加便利，提高居民的满意度和幸福感。重视和发挥科学技术在农业农村发展过程中的作用对实现城乡融合意义重大。美国政府一直把教育和科技放在至关重要的地位，始终认为教育和科技对促进西部地区发展具有不可替代的作用，因此对其给予极大的关注和支持。20世纪60年代，美国对落后地区的教育投资占到教育支出总额的45%，政府部门出台了一系列补贴措施鼓励大量优质人才进入落后地区进行建设，大大推动了落后地区新兴工业的发展。美国对教育和科学的重视使其成功赶超欧洲发达国家，同时也加速了西部地区的发展。因此，需要加大对农村地区的教育和科学技术投资，将农业和先进技术结合，通过大力推广新品种、开展知识和技能培训等途径提高农民的生产效率和农产品质量，实现农业现代化，推进农业农村转型，缩小城乡差距。

四、地方及民间力量参与是城乡融合的动力

中央政府从国家宏观视角进行调控和干预，而地方和民间力量可以结合当地具体情况来落实政策，充分激发地方政府工作的主动性，能够为当地农

业农村发展提供更加适宜的方式。农业经济合作组织的建立可以有效组织农民参与农业生产，提高农业生产力。从19世纪开始，美国、日本、欧盟等发达国家开始建立多种形式的农业合作社和农工商一体化经济组织，主要包括农业生产、农产品加工以及销售流通等方面的组织，增加农业产业的竞争优势。农业经济合作组织具有两个特点：第一，分布范围较广，且参会农户众多。日本在2014年时就已建立了近千个农业组织和协会，并基本覆盖了全体农民。第二，经营范围不断扩大。早期的农业经济合作组织主要负责供销和加工，目前逐渐扩展到农产品收购和加工、生产资料的供应和制造、科研、咨询等方面，甚至涉及国际贸易，逐渐实现农业与工业、服务业的结合，这有助于增加农民的收益，带动农业的进一步发展。另外，农业经济合作组织能够维护农民的经济利益和基本权益，有效防止农民的收入受到威胁。在我国，一方面，农村地域广阔，需要管理的对象众多，单靠政府部门无法实施有效的组织和管理；另一方面，我国不同地区的农业发展功能和定位不同，农民可以根据当地特色进行规划和生产，防止各个地区之间朝同质化方向发展，因此，有必要让地方和民间的力量参与进来，提高农民的积极性和热情，促进农业农村发展。

第四节　小　　结

本章首先从国际视角出发，介绍了欧美发达国家及日、韩、以色列等亚洲国家城乡融合发展中采取的具体措施，同时以拉美国家作为负面案例，反思了在推进城镇化进程中导致城乡二元矛盾逐渐升级的原因，为推进中国城乡融合提供经验借鉴。其次，从国内视角出发，将城乡融合具体实践归纳为产业融合模式、辐射带动模式、城乡互助模式和要素集聚模式，并分别以云南省、义乌市、上海市和成都市作为案例进行了详细介绍。最后，根据国内外的城乡融合典型事例，归纳总结相关经验，为黄河流域城乡融合发展提供借鉴和参考。

第十章

研究结论与建议

第一节 主要结论

（1）从城乡融合现状来看，黄河流域城乡融合发展趋势明显，乡村追赶城市，差距逐渐缩小。黄河流域在要素融合、社会融合和生态融合等方面还存在较大的进步空间，可以通过发挥城市优势带动农村发展，以进一步推动城乡融合进程。具体来看，人口大规模地由农村迁入城市，表现出明显的人口城镇化，下游地区城乡人口规模较大，城镇化率相对较低；土地要素在城市地区的活跃程度明显高于农村地区，且城乡土地要素利用程度差距逐渐拉大；城乡信息要素普及程度不断提高，城乡差距不断缩小，互联网普及程度由上游到下游逐渐提高。城乡之间的交通通达程度不断提高，基本实现全覆盖，但是仍需要加强高等级公路的建设。经济发展表现出巨大的活力，上中下游的地区生产总值与农林牧副渔总值依次增加，产业结构相对合理；城乡居民收入消费水平虽然还存在一定差距，但是农村居民的收入消费增速快于城市，城乡居民生活水平差距逐渐缩小。大量农村学生随父母迁入城市就学，享受更高质量的教学水平和教育条件，同时，农村也应提升教学水平并加强配套基础设施建设；城乡医疗卫生条件均有所改善，城乡差距逐渐缩小；城市就业人数大幅增多，农村就业人数开始减少。城乡人居生活环境均明显改善，但城乡差距仍然较大，需要对农村生态环境治理给予更多的关注。

（2）从城乡融合水平评价与时空格局演变来看，2000—2019年黄河流域城乡融合水平有了大幅提升，但区域差异显著。黄河流域低水平城乡融合区域在显著减少，高水平、较高水平与中等水平融合区域显著增多。下游地区始终是融合的高值区，地区融合不均衡现象开始出现。同时，黄河流域城乡融合有较强的空间相关性。根据黄河流域城乡融合水平的时空演化特征，将黄河流域划分为经济-社会主导型、要素-空间主导型、要素-空间制约型、经济-空间制约型和经济-要素制约型五种城乡融合发展区。不同的主导和制约维度形成不同的城乡融合发展区。两类主导型融合区主要分布在中下游，城乡区位对融合区的形成起着重要作用，主导型融合区的经济发展相对较好，在发展中应更多考虑经济与生态环境协调发展问题。而三类制约型类型区应更多地考虑如何在保证生态环境质量的同时，促进地区经济发展，增加农民收入，缩小城乡差距。城乡融合的关键是如何促进农村地区的发展，增加农民收入，提高农民幸福感。

（3）从城乡融合发展的主要驱动因素来看，产业结构、政府财政支持与市场化水平正向促进城乡融合。黄河流域早期产业结构调整促进了城乡要素融合和空间融合，中下游地区的工业起步相对较早，在发展工业的过程中引起劳动力、土地、信息要素的流动以及空间距离的拉近有助于缩小中下游地区城乡之间差距。随着工业化进程的推进，这种作用逐渐由中下游地区向上游地区转移，给上游地区的城乡融合带来正向作用。工业发展过程中，黄河流域经济迅速增长，就业机会增多，人民生活水平和环保意识逐渐提高，生态环境得到改善，在这些因素的共同作用下，黄河流域的城乡融合水平得到提升。政府财政支出主要通过影响城乡经济发展来带动城乡融合水平的提升。发展早期，黄河流域上游地区经济发展相对落后，当地政府大力投资城乡建设，以提升当地的经济发展水平。随着城镇化进程的推进，城乡差距逐渐拉大，中下游地区开始关注县域和农村经济发展，促进城乡融合。市场经济拉动对城乡融合的正向影响范围逐年扩大，城乡居民储蓄水平提高在一定程度上反映了其收入以及消费水平的提高，而市场行为能够促进资源要素的流动，实现资源在城乡之间的合理配置有助于提高城乡融合水平。此外，下游地区的市场拉动作用更加显著，主要由于东部地区市场体系更加完善，资源要素配置更加合理有效。

（4）从调研区域的城乡融合现状来看，尚存在城乡发展差距较大、城乡资源分布不均衡、存在融入障碍等现象。调研区域的务农人口众多，倾向就近择业；农村居民养老费主要来源于社会转移，区县之间医疗资源差距和医疗支出差异明显；休闲娱乐水平总体偏低，日常出行频次低、距离近；近年来居民收入水平大多持平，城乡收入差距未明显缩小，支出总体较低，以生存性消费为主；农村居民基本家用电器普及程度高，但住房功能空间有待优化；基础公共设施相对便捷，公共养老设施有待完善，居住环境基本满足居民需求。在对不同镇（街道）的分析中发现，宜阳街道、名州镇、锦阳路街道由于接近中心城区，交通等基础设施便捷，在中小城镇的带动下发展良好；张家砭镇和孙塬镇拥有丰富的旅游资源和便捷的交通，得以充分发挥资源禀赋优势，发展状态较好；董家河镇和哭泉镇在政策推动下，基础设施、工业区的建设推动了该区域的经济和社会发展；五里镇和棋盘镇地处偏远，基础设施落后，交通不便，特色资源开发不足，经济社会发展水平有待提升。社会保障差距、人居环境差距、基础设施和公共服务差距等是城乡融合发展中农村端面临的主要问题。

（5）从调研区域城乡融合问题成因来看，不同区域的城乡融合状况来源于居民动机、机会和能力三方面的综合影响。城乡之间、乡村内部建设的不均衡降低居民融合信心与动力，宜君县的城乡融合水平最好，城乡之间的发展较为均衡，使得在居民心中城与乡差异较小；但耀州区的城乡建设不平衡，过分注重城镇建设而忽视农村建设，造成了城乡发展差距较大的现状。低收入、高支出的城镇生活预期减弱了居民的融合意愿，面对城镇较高的生活成本等各方面压力，多数农村居民更愿意放下对城镇高质量生活的追求，选择居住成本较低、幸福感更高的农村生活，提高农民居民的收入预期是促进城乡融合的有效途径。基础设施条件和居民生计水平制约农村精神文明建设，目前农村文化娱乐活动普遍较为单一，流于形式，不能满足农村居民的精神文化需求。农村目前的人力资本存在着人口数量较多但受教育程度低、老龄化严重、健康状况较差、低收入群体比重大等问题，严重影响城乡融合进程。

第二节　促进城乡融合发展的建议

一、人口方面

中国长期实行的城乡二元户籍制度严重阻碍了城乡之间人口的自由迁移，打破城乡二元户籍制度，是切实提高中国城市化水平的关键所在。因此，为了进一步提升城镇化水平，实现人口自由流动，亟须改革不合理的户籍制度安排。建立城乡统一的户籍登记制度，全面放宽落户条件，破除隐藏在户籍制度差异背后的教育、医疗、养老、就业等公共服务差异，确保城乡居民能够享受同等的公共服务。

对促进劳动力合理流动的体制机制进行完善，不仅要充分发挥农业转移人口对城市建设的支撑作用，还要利用好各领域人才在农业农村发展中的带动作用。促进劳动力要素流向农村，以此弥补农业农村生产建设中的要素不足，进而为实现乡村振兴提供人才支撑。一方面，要建立和完善城市人才入乡激励机制，激励一批批热爱乡村以及有意愿在乡村进行发展的城镇人口流向农村；另一方面，制定有关的鼓励扶持政策，支持目前离岗或在岗的技术型人员返乡创业等，吸引与农业和农村现代化建设匹配的专业技术型人才。通过对人力资源配置的升级优化，利用劳动力要素的主观能动作用，充分释放乡村生产力和消费潜力，为农业农村的高质量发展和城乡融合提供重要支撑。

二、土地方面

加快农村土地制度改革红利的释放。需要盘活农村土地资源。不管是对乡村人居环境进行整治，还是发展乡村产业，都需要推进改革，激活土地要素活力，在推进农村土地经营权确权管理的基础上，拓展农地经营权的流转范围，以土地转包、出租、入股和托管等多项经营方式作为载体，支持农地经营权流转，引导农地经营权向家庭农场、合作社和农业企业等新型农业经营主体进行流转，并尽快推进土地适度规模化经营，同时加快农业产业多元化发展的进程，确保农民能够尽早享受到农业全产业链的红利，提高农业发展竞争力。

建立和完善土地要素的城乡平等交换机制。以满足国土空间规划与土地用途管制的要求为前提，允许农村集体经营性建设用地和国有土地在合法平等的情况下入市，建立城乡统一的土地定价制度，以此打破城乡土地的二元制结构，实现同地同权同价，使城乡居民公平享受土地出让经济补偿，确保实现农民对土地增值收益的公平共享，使农村土地出让收益能够更大程度地用在农业农村发展上；此外，健全土地增值收益分配机制并权衡好国家、集体及个人利益，向集体及农民倾斜，对农村集体经济组织收益分配进行合理规范，做到集体成员的收益共享。最后，进一步健全土地征收补偿机制，提升安置标准，加大对被征地农民的社会保障力度。

三、资金方面

财税政策对城乡融合发展的支持成效显著，能够有效地促进城乡融合发展的实现，也为乡村振兴提供了良好的支撑。加大政策性财政支持力度，并全面、及时、准确地落实各项优惠政策，对优势资源进行整合，提升财力保障水平，利用银行信贷支持、吸引社会资本参与等途径来对农业农村发展给予资金保障及政策扶持，一步步缩小城乡差距。构建城乡资本联动机制，以城带乡加速推进城乡规划建设，制定适合本区域的财税模式，逐渐实现城乡统筹发展、优势互补的高质量发展区域布局，从而实现城乡联动发展。

在农村产业发展过程中，金融资源不仅是一大重要源泉，更是推动乡村产业创新发展的主要动力。首先，要加快农村金融经济体系多样化的构造。从各个方面鼓励各地方的银行机构增加对信贷的投放，同时，与政策性金融机构进行全方位合作，通过发行企业债券、资本证券化等途径，扩大融资规模，推行政府与社会资本合作的模式。其次，建立稳定的收入渠道和合理的利益分配机制，针对农业产业、农业技术创新、农村第三产业等相关领域的贷款，可以考虑提供一定的利率优惠条件，以此充分调动社会资金更多地流向乡村，并使城乡金融资源配置失衡的现状有所改善。

四、产业方面

建立健全农业支持保护制度体系。立足于我国作为人口大国及农业大国的国情，建立覆盖广、指向准、重实效、配套全、易操作的农业支持保护制度，提高优先发展农业政策的精准性、稳定性、实效性，为农村产业转型升级保驾护航。建立并完善农业投入增长机制，加大对农业基础设施的投入力度，补齐薄弱的农业基础设施短板，构建主体利益联结机制，引导龙头企业和小农户、家庭农场、农民合作社等主体的高效衔接，进一步夯实并强化粮食生产能力。此外，完善主产区的利益补偿机制，充分激发地方政府重农抓粮及农民务农种粮的积极性。逐步健全农业补贴政策，深化农产品价格形成机制和收储制度改革，引导农民以市场的多元化需求作为导向，及时对种植结构进行调整，在大力发展绿色优质农产品的同时，尽量使农业生产风险降到最低，以此保障农民收入稳步上升。

建立城乡融合的科技支撑体系。通过向乡村引入科技要素、增强乡村居民对先进科学技术的掌握及应用能力来激发农村发展的活力，支撑城乡融合发展，缩小城乡发展差距。创新科技推广模式，以农业发展新需求作为科技创新目标，利用城市优势资源培育乡村内生创新活力，加强科技在农业农村职能与需求变化之间的有效衔接作用，提升科技转化为生产力的能力；完善科技扶持政策，如完善农村电子商务支持政策，依靠"互联网＋"和"双创"等项目加快农业生产经营模式的转变，完善乡村文旅农旅、健康养老等新业态的培育机制，在推动农业产业多元化发展的同时，实现城乡生产与消费多层次对接。

参 考 文 献

敖丽红，徐建军，2018. 新时代乡村振兴与城郊经济发展的理论与实践探索——乡村振兴与城郊发展新时代学术研讨会暨中国城郊经济研究会 2018 年会综述 [J]. 中国农村经济（10）：136-142.

白永秀，2012. 城乡二元结构的中国视角：形成、拓展、路径 [J]. 学术月刊，44（5）：67-76.

边雪，陈昊宇，曹广忠，2013. 基于人口、产业和用地结构关系的城镇化模式类型及演进特征——以长三角地区为例 [J]. 地理研究，32（12）：2281-2291.

蔡昉，杨涛，2000. 城乡收入差距的政治经济学 [J]. 中国社会科学（7）：11-22，204.

蔡继明，李新恺，2019. 深化土地和户籍改革 推进城乡融合发展 [J]. 人民论坛，642（24）：114-115.

蔡建明，杨振山，2008. 国际都市农业发展的经验及其借鉴 [J]. 地理研究（2）：362-374.

蔡书凯，倪鹏飞，2017. 极化抑或涓滴：城市规模对农业现代化的影响 [J]. 经济学家（7）：46-55.

蔡文浩，赵霞，王育新，2014. 西北少数民族地区工业化历史进程、现状评价与发展路径 [J]. 西北民族大学学报（哲学社会科学版）（1）：81-91.

车冰清，陆玉麒，王毅，2017. 江苏省城乡空间融合的形态演化研究 [J]. 长江流域资源与环境，26（7）：1022-1031.

陈斌开，林毅夫，2010. 重工业优先发展战略、城市化和城乡工资差距 [J]. 南开经济研究，151（1）：3-18.

陈丹，张越，2019. 乡村振兴战略下城乡融合的逻辑、关键与路径 [J]. 宏观经济管理，421（1）：57-64.

陈国申，李广，2007. 从城乡二元对立到一体治理——西方发达国家城乡治理模式变迁

及启示 [J]. 东南学术 (2)：62-68.

陈丽莎，孙健夫，2021. "十四五"时期支持城乡融合发展的财政政策研究 [J]. 河北大学学报（哲学社会科学版），46 (4)：147-152.

陈世强，张航，齐莹，等，2020. 黄河流域雾霾污染空间溢出效应与影响因素 [J]. 经济地理，40 (5)：40-48.

陈文烈，李小琴，李生芳，2021. 兰西城市群助推青海农牧区高质量发展研究——基于青海涉藏六州的经验数据 [J]. 青海民族大学学报（社会科学版），47 (4)：27-40.

陈文胜，2018. 中国迎来了城乡融合发展的新时代 [J]. 红旗文稿 (8)：19-20.

陈晓东，金碚，2019. 黄河流域高质量发展的着力点 [J]. 改革 (11)：25-32.

陈艳清，2015. 关于城乡融合发展的思考与实践——兼谈城乡融合的五种模式 [J]. 中国农垦 (9)：30-32.

陈钊，陆铭，2008. 从分割到融合：城乡经济增长与社会和谐的政治经济学 [J]. 经济研究 (1)：21-32.

程开明，2011. 聚集抑或扩散——城市规模影响城乡收入差距的理论机制及实证分析 [J]. 经济理论与经济管理 (8)：14-23.

程莉，2014. 产业结构的合理化、高级化会否缩小城乡收入差距——基于1985—2011年中国省级面板数据的经验分析 [J]. 现代财经（天津财经大学学报），34 (11)：82-92.

程莉，孔芳霞，2020. 长江上游地区农村产业融合水平测度及影响因素 [J]. 统计与信息论坛，35 (1)：101-111.

程丽辉，崔琰，周忆南，2020. 关中城市群产业协同发展策略 [J]. 开发研究 (6)：56-62.

程钦良，张亚凡，宋彦玲，2020. 兰西城市群空间结构演变及优化研究 [J]. 地域研究与开发，39 (2)：52-57.

戴铁军，王婉君，刘瑞，2017. 中国社会经济系统资源环境压力的时空差异 [J]. 资源科学，39 (10)：1942-1955.

戴雅娜，2021. 以"能人回乡"工程破解乡村振兴难题研究 [J]. 农业经济 (11)：119-121.

邓祥征，杨开忠，单菁菁，等，2021. 黄河流域城市群与产业转型发展 [J]. 自然资源学报，36 (2)：273-289.

丁学东，张岩松，2007. 公共财政覆盖农村的理论和实践 [J]. 管理世界（10）：1-7，50.

董龙飞，2022. 陕西交通运输业发展现状及对策研究 [J]. 市场周刊，35（7）：60-62，93.

杜鹏，2021. 郊区社会：城乡中国的微观结构与转型秩序 [J]. 社会科学文摘（7）：64-66.

范昊，景普秋，2018. 基于互动融合的中国城乡关联—共生发展区域测度研究 [J]. 商业研究（8）：45-54.

范祚军，关伟，2008. 差别化区域金融调控的一个分区方法——基于系统聚类分析方法的应用 [J]. 管理世界（4）：36-47.

方田红，李培，杨嘉妍，等，2019. 以色列社区花园发展及其对中国的启示 [J]. 北方园艺（1）：190-194.

方志权，1998. 日本都市农业的特征、功能、问题以及对策 [J]. 中国农村经济（3）：73-78.

封志明，唐焰，杨艳昭，等，2007. 中国地形起伏度及其与人口分布的相关性 [J]. 地理学报（10）：1073-1082.

冯雷，2010. 从城乡割裂到城乡融合 从分割发展到统筹发展 [J]. 中国人口·资源与环境，20（S2）：207-210.

傅振邦，陈先勇，2012. 城市化、产业结构变动与城乡收入差距——以湖北省为例 [J]. 中南财经政法大学学报（6）：8-14，142.

高波，孔令池，2017. 中国城乡发展一体化区域差异分析 [J]. 河北学刊（1）：101-108.

高波，孔令池，2019. 中国城乡融合发展的经济增长效应分析 [J]. 农业技术经济（8）：4-16.

高帆，2005. 论二元经济结构的转化趋向 [J]. 经济研究（9）：91-102.

高帆，2019. 中国新阶段城乡融合发展的内涵及其政策含义 [J]. 广西财经学院学报（1）：1-12，35.

高霞，2011. 产业结构变动与城乡收入差距关系的协整分析 [J]. 数学的实践与认识，41（12）：120-128.

高晓慧，2020. 四川省城乡发展耦合协调度的时空分异研究 [D]. 成都：四川省社会科学院.

龚勤林，邹冬寒，2020. 乡村振兴背景下工农城乡耦合协调水平测度及提升研究 [J].
软科学 (6)：39-45.

顾益康，许勇军，2004. 城乡一体化评估指标体系研究 [J]. 浙江社会科学 (6)：95-
99.

郭剑雄，2005. 人力资本、生育率与城乡收入差距的收敛 [J]. 中国社会科学 (3)：27-
37，205.

郭军，张效榕，孔祥智，2019. 农村一二三产业融合与农民增收——河南省农村一二三
产业融合案例 [J]. 农业经济问题，40 (3)：135-144.

郭岚，2017. 上海城乡一体化测度研究 [J]. 上海经济研究 (7)：93-104.

郭磊磊，郭剑雄，2019. 城乡融合：中国西部地区的分化 [J]. 西安财经学院学报 (1)：
62-68.

郭美荣，李瑾，冯献，2017. 基于"互联网＋"的城乡一体化发展模式探究 [J]. 中国
软科学 (9)：10-17.

郭庆然，2010. 扩大农村消费：日本的实践与我国的现实选择 [J]. 江苏农业科学 (2)：
400-402.

郭亚军，姚远，易平涛，2007. 一种动态综合评价方法及应用 [J]. 系统工程理论与实
践 (10)：154-158.

韩磊，王术坤，刘长全，2019. 中国农村发展进程及地区比较——基于 2011—2017 年中
国农村发展指数的研究 [J]. 中国农村经济 (7)：2-20.

韩立民，1996. 韩国的"新村运动"及其启示 [J]. 中国农村观察 (4)：62-64.

韩立岩，杜春越，2012. 收入差距、借贷水平与居民消费的地区及城乡差异 [J]. 经济
研究，47 (S1)：15-27.

韩欣宇，闫凤英，2019. 乡村振兴背景下乡村发展综合评价及类型识别研究 [J]. 中国
人口·资源与环境，29 (9)：156-165.

韩增林，曹锡顶，狄乾斌，2021. 基础设施投入效率时空演变及其关联格局研究——基
于中国地级以上城市的实证 [J]. 地理科学，41 (6)：941-950.

郝华勇，2018. 特色产业引领农村一二三产业融合发展——以湖北恩施州硒产业为例
[J]. 江淮论坛 (4)：19-24.

何广文，1999. 从农村居民资金借贷行为看农村金融抑制与金融深化 [J]. 中国农村经

济（10）：42-48.

何红，2018. 城乡融合发展的核心内容与路径分析［J］. 农业经济（2）：91-92.

何仁伟，2018. 城乡融合与乡村振兴：理论探讨、机理阐释与实现路径［J］. 地理研究，
37（11）：2127-2140.

侯新烁，杨汝岱，2017. 政策偏向、人口流动与省域城乡收入差距——基于空间异质互
动效应的研究［J］. 南开经济研究（6）：59-74.

胡惠林，2021. 城乡文明融合互鉴：构建中国乡村文化治理新发展格局［J］. 治理研究，
37（5）：86-93.

黄立华，2007. 韩国的新村运动及其启示——有关农村公共产品供给的成功经验［J］.
鲁东大学学报（哲学社会科学版），24（2）：116-118.

黄禹铭，2019. 东北三省城乡协调发展格局及影响因素［J］. 地理科学（8）：1302-
1311.

贾玉巧，2021. 城乡高质量融合发展与城乡要素流动［J］. 中国果树（10）：118-119.

江永红，段若鹏，2007. 工业化、市场化与城乡收入差距研究［J］. 中共中央党校学报
（1）：55-60.

姜作培，2004. 城乡统筹发展的科学内涵与实践要求［J］. 经济问题（6）：44-46.

靳卫东，2010. 人力资本与产业结构转化的动态匹配效应——就业、增长和收入分配问
题的评述［J］. 经济评论（6）：137-142.

李爱民，2019. 我国城乡融合发展的进程、问题与路径［J］. 宏观经济管理（2）：35-
42.

李宾，孔祥智，2016. 工业化、城镇化对农业现代化的拉动作用研究［J］. 经济学家
（8）：55-64.

李灿，薛熙琳，2019. 共享农庄研究：利益联结机制、盈利模式及分配方式［J］. 农业
经济问题（9）：54-63.

李红娟，董彦彬，2021. 中国农村基层社会治理研究［J］. 宏观经济研究（3）：146-
159.

李江涛，熊柴，蔡继明，2020. 开启城乡土地产权同权化和资源配置市场化改革新里程
［J］. 管理世界，36（6）：93-105，247.

李瑾，冯献，郭美荣，等，2017. 城乡一体化发展的时空演变特征与省区差异性分析
［J］. 中国农业资源与区划（11）：67-77.

李进涛，杨园园，蒋宁，2019. 京津冀都市区乡村振兴模式及其途径研究——以天津市静海区为例 [J]. 地理研究，38（3）：496-508.

李林杰，中波，2007. 日本城市化发展的经验借鉴与启示 [J]. 日本问题研究（3）：7-11.

李梦程，王成新，刘海猛，等，2021. 黄河流域城市发展质量评价与空间联系网络特征 [J]. 经济地理，41（12）：84-93.

李鸣骥，2001. 黄河上游带状城镇群发展研究 [D]. 兰州：西北师范大学.

李乾，卢千文，王玉斌，2018. 农村一二三产业融合发展与农民增收的互动机制研究 [J]. 经济体制改革（4）：96-101.

李文荣，陈建伟，2012. 城乡等值化的理论剖析及实践启示 [J]. 城市问题（1）：22-25.

李晓龙，陆远权，2019. 农村产业融合发展的减贫效应及非线性特征——基于面板分位数模型的实证分析 [J]. 统计与信息论坛，34（12）：67-74.

李雪萍，丁波，2015. 藏区差异性城镇化动力机制及其二元结构特征——以四川甘孜藏族自治州甘孜县为例 [J]. 中央民族大学学报（哲学社会科学版），42（6）：60-65.

李勇，2017. 剩余劳动力、资本非农化倾向和城乡二元结构转化 [J]. 中国经济问题（5）：58-69.

李玉红，2017. 中国农村污染工业发展机制研究 [J]. 农业经济问题，38（5）：83-92，112.

梁文泉，陆铭，2015. 城市人力资本的分化：探索不同技能劳动者的互补和空间集聚 [J]. 经济社会体制比较（3）：185-197.

廖洪乐，2007. 中国现代化进程中的农村土地制度问题研究 总报告 中国现代化进程中农村土地制度的改革与完善 [C] //中国经济改革研究基金会 2006 年研究课题汇编，125-146.

廖祖君，王理，杨伟，2019. 经济集聚与区域城乡融合发展——基于空间计量模型的实证分析 [J]. 软科学（8）：54-60，72.

林建，2003. 资本主义中的社会主义细胞——以色列"基布兹"的组织形式、发展原因及其启示 [J]. 当代世界与社会主义（6）：65-67.

林毅夫，2003. 中央财政支持"三农"的五个措施 [J]. 领导决策信息（16）：20-21.

林毅夫，蔡昉，李周，1994. 对赶超战略的反思 [J]. 战略与管理（6）：1-12.

林志鹏，2018. 乡村振兴战略需要坚持城乡融合发展的方向［J］. 红旗文稿（18）：23 - 24.

凌晨，张安全，2012. 中国城乡居民预防性储蓄研究：理论与实证［J］. 管理世界（11）：20 - 27.

刘春芳，张志英，2018. 从城乡一体化到城乡融合：新型城乡关系的思考［J］. 地理科学，38（10）：1624 - 1633.

刘贯春，2017. 金融结构影响城乡收入差距的传导机制——基于经济增长和城市化双重视角的研究［J］. 财贸经济，38（6）：98 - 114.

刘建华，黄亮朝，左其亭，2021. 黄河下游经济-人口-资源-环境和谐发展水平评估［J］. 资源科学，43（2）：412 - 422.

刘敏，王明田，2015. 县域城乡一体化规划路径研究［J］. 城市发展研究，22（2）：19 - 22.

刘明辉，卢飞，2019. 城乡要素错配与城乡融合发展——基于中国省级面板数据的实证研究［J］. 农业技术经济（2）：33 - 46.

刘守英，2017. 从土地看中国经济［J］. 国土资源（4）：4 - 19.

刘先江，2013. 马克思恩格斯城乡融合理论及其在中国的应用与发展［J］. 社会主义研究（6）：36 - 40.

刘小鹏，马存霞，魏丽，等，2020. 黄河上游地区减贫转向与高质量发展［J］. 资源科学，42（1）：197 - 205.

刘欣珂，2020. 长江经济带城乡融合水平测度及影响因素分析［D］. 重庆：重庆工商大学.

刘彦随，2018. 中国新时代城乡融合与乡村振兴［J］. 地理学报，73（4）：637 - 650.

刘彦随，2020. 现代人地关系与人地系统科学［J］. 地理科学，40（8）：1221 - 1234.

刘彦随，龙花楼，李裕瑞，2021. 全球乡城关系新认知与人文地理学研究［J］. 地理学报，76（12）：2869 - 2884.

刘彦随，张紫雯，王介勇，2018. 中国农业地域分异与现代农业区划方案［J］. 地理学报，73（2）：203 - 218.

刘拥军，薛敬孝，2003. 加速农业市场化进程是增加农民收入的根本途径［J］. 经济学家（1）：68 - 73.

刘玉邦，眭海霞，2020. 绿色发展视域下我国城乡生态融合共生研究［J］. 农村经济

（8）：19 - 27.

龙花楼，陈坤秋，2021. 基于土地系统科学的土地利用转型与城乡融合发展 [J]. 地理学报，76（2）：295 - 309.

陆大道，孙东琪，2019. 黄河流域的综合治理与可持续发展 [J]. 地理学报，74（12）：2431 - 2436.

陆铭，陈钊，2004. 城市化、城市倾向的经济政策与城乡收入差距 [J]. 经济研究（6）：50 - 58.

罗必良，2019. 从产权界定到产权实施——中国农地经营制度变革的过去与未来 [J]. 农业经济问题，469（1）：17 - 31.

罗雅丽，李同升，2005. 制度因素在我国城乡一体化发展过程中的作用分析 [J]. 人文地理（4）：47 - 50，86.

马海涛，徐楦钫，2020. 黄河流域城市群高质量发展评估与空间格局分异 [J]. 经济地理，40（4）：11 - 18.

马伟，王亚华，刘生龙，2012. 交通基础设施与中国人口迁移：基于引力模型分析 [J]. 中国软科学，255（3）：69 - 77.

宁志中，张琦，2020. 乡村优先发展背景下城乡要素流动与优化配置 [J]. 地理研究，39（10）：2201 - 2213.

农业部访美代表团，2001. 培育有竞争力的农业产业体系——关于美国农业的观察与思考 [J]. 中国农村经济（8）：72 - 80.

潘晓成，2019. 论城乡关系 从分离到融合的历史与现实 [M]. 北京：人民日报出版社.

钱忠好，2004. 土地征用：均衡与非均衡——对现行中国土地征用制度的经济分析 [J]. 管理世界（12）：50 - 59.

秦华，任保平，2021. 黄河流域城市群高质量发展的目标及其实现路径 [J]. 经济与管理评论，37（6）：26 - 37.

曲玮，涂勤，牛叔文，等，2012. 自然地理环境的贫困效应检验——自然地理条件对农村贫困影响的实证分析 [J]. 中国农村经济（2）：21 - 34.

任保平，杜宇翔，2021. 黄河中游地区生态保护和高质量发展战略研究 [J]. 人民黄河，43（2）：1 - 5.

任军，史润林，2009. 金融危机背景下内蒙古资源型产业的困境及其出路 [J]. 税务与经济（6）：60 - 65.

沈清基，2012. 城乡生态环境一体化规划框架探讨——基于生态效益的思考［J］. 城市规划，36（12）：33-40.

石磊，2004. 寻求"另类"发展的范式——韩国新村运动与中国乡村建设［J］. 社会学研究（4）：39-49.

石磊，张翼，2010. 农地制度、财产性收入与城乡协调发展［J］. 学术月刊，42（4）：62-68.

石培基，吴燕芳，2011. 陇南市建设用地集约利用时空差异评价研究［J］. 干旱区资源与环境，25（1）：80-85.

史官清，2015. 从"掠夺之手"到"扶持之手"——城镇化的反思与转型［J］. 财经理论研究（2）：7-13.

史清华，卓建伟，盖庆恩，2011. 都市农民收入现状与增收问题分析——以上海市闵行区七村调查为例［J］. 学习与实践（3）：5-21.

宋洁，2021. 新发展格局下黄河流域高质量发展"内外循环"建设的逻辑与路径［J］. 当代经济管理，43（7）：69-76.

谭文兵，2014. "城乡等值化"发展理念对城乡统一建设用地市场的启示［J］. 中国人口·资源与环境，24（S3）：179-181.

拓志超，2011. 城乡基本公共服务非均等化原因探析［J］. 经济论坛（11）：180-183.

汪茂泰，徐柳凡，2009. 市场化与城乡收入差距：基于中国省际面板数据的实证分析［J］. 改革与战略，25（11）：84-87.

汪婷，2021. 乡村振兴战略视域下城乡融合发展路径研究［J］. 农村经济与科技，32（1）：213-214.

王迪，蔡东军，房鑫炎，等，2019. 动态综合评价方法在电网应急能力评估中的应用［J］. 电力系统保护与控制，47（16）：101-107.

王发曾，刘静玉，徐晓霞，等，2008. 中原城市群整合发展的关键问题［J］. 经济地理（5）：799-804.

王芳，高晓路，2014. 内蒙古县域经济空间格局演化研究［J］. 地理科学，34（7）：818-824.

王芳，毛渲，2021. 环境公平视角下的城乡融合发展：价值审视与路向选择［J］. 农林经济管理学报，20（5）：686-692.

王飞，何丽丽，2016. 湖北省新型城镇化条件下农民收入增长研究［J］. 中国农业资源与区划，37（2）：119 - 123.

王录伟，黄华，刘会，2021. 乡村振兴背景下城乡融合的逻辑、特征及实现路径 [J].
当代农村财经（11）：20 - 25.

王南，2021. 我国城乡融合典型模式和研究 [J]. 城乡建设，610（7）：40 - 41.

王鹏飞，彭虎锋，2013. 城镇化发展影响农民收入的传导路径及区域性差异分析——基
于协整的面板模型 [J]. 农业技术经济（10）：73 - 79.

王维，2017. 长江经济带城乡协调发展评价及其时空格局 [J]. 经济地理（8）：60 - 66，
92.

王文彬，2019. 基于资源流动视角的城乡融合发展研究 [J]. 农村经济（7）：95 - 102.

王向阳，2019. 劳动力结构、家庭资源配置与农民家庭再生产——基于农民家庭"积累-消
费"结构的分析框架 [J]. 南京农业大学学报（社会科学版），19（5）：64 - 73，
156 - 157.

王向阳，谭静，申学锋，2020. 城乡资源要素双向流动的理论框架与政策思考 [J]. 农
业经济问题（10）：61 - 67.

王欣亮，刘飞，任彧，2017. 农业供给侧结构性改革背景下村镇发展战略研究 [J]. 中
国软科学，322（10）：63 - 71.

王艳飞，刘彦随，严镔，等，2016. 中国城乡协调发展格局特征及影响因素 [J]. 地理
科学（1）：20 - 28.

王颖，孙平军，李诚固，等，2018.2003 年以来东北地区城乡协调发展的时空演化 [J].
经济地理，38（7）：59 - 66.

魏后凯，2016. 新常态下中国城乡一体化格局及推进战略 [J]. 中国农村经济（1）：2 -
16.

魏后凯，2020. 深刻把握城乡融合发展的本质内涵 [J]. 中国农村经济（6）：5 - 8.

温涛，冉光和，熊德平，2005. 中国金融发展与农民收入增长 [J]. 经济研究（9）：30 -
43.

文余源，段娟，孙久文，2008. 中国城乡互动发展区域差异变动与收敛性分析 [J]. 华
中师范大学学报（自然科学版），42（1）：124 - 131.

吴成永，曹广超，陈克龙，等，2022. 黄河上游地区土壤保持服务时空变化及归因 [J].
水土保持学报，36（4）：143 - 150.

吴传钧，1991. 论地理学的研究核心——人地关系地域系统 [J]. 经济地理（3）：7 -12.

吴海峰，2021. 论城乡经济融合发展的内涵特征与实现路径 [J]. 中州学刊 (9)：41 - 47.

吴万宗，刘玉博，徐琳，2018. 产业结构变迁与收入不平等——来自中国的微观证据 [J]. 管理世界，34 (2)：22 - 33.

吴愿，2014. 产业结构转型对农民收入影响的实证研究 [J]. 蚌埠学院学报，3 (1)：104 - 106，129.

伍光和，蔡龙运，2004. 综合自然地理学 [M]. 北京：高等教育出版社.

武小龙，谭清美，2018. 城乡生态融合发展：从"策略式治理"到"法治化治理"[J]. 经济体制改革 (5)：67 - 72.

夏柱智，贺雪峰，2017. 半工半耕与中国渐进城镇化模式 [J]. 中国社会科学，264 (12)：117 - 137，207 - 208.

谢东东，赵泽皓，孔祥智，2021. 村庄何以开放——基于城乡融合视角 [J]. 南方经济 (8)：12 - 23.

谢磊，何仁伟，史文涛，等，2022. 黄河流域城乡融合发展时空演变和动力机制 [J]. 中国沙漠，42 (3)：31 - 40.

谢守红，周芳冰，吴天灵，等，2020. 长江三角洲城乡融合发展评价与空间格局演化 [J]. 城市发展研究，27 (3)：28 - 32.

熊钧，钟晓成，杨波，等，2020. 论以县域为载体推进乡村振兴——内在机理与金融服务路径 [J]. 西南金融 (12)：14 - 23.

熊鹰，黄利华，邹芳，等，2021. 基于县域尺度乡村地域多功能空间分异特征及类型划分——以湖南省为例 [J]. 经济地理，41 (6)：162 - 170.

徐宏潇，2020. 城乡融合发展：理论依据、现实动因与实现条件 [J]. 南京农业大学学报 (社会科学版)，20 (5)：94 - 101.

徐剑锋，2002. 发达地区县域城市化特征及其存在的问题——以浙江省义乌市为例 [J]. 上海经济研究 (12)：54 - 62.

徐礼志，李丽，2022. 陕西省黄河流域生态保护和高质量发展路径研究 [J]. 环境与发展，34 (4)：1 - 7，22.

徐晓慧，2016. 农村产业融合新理念促进农民增收的分析 [J]. 山西农经，34 (10)：6.

许彩玲，李建建，2019. 城乡融合发展的科学内涵与实现路径——基于马克思主义城乡关系理论的思考 [J]. 经济学家 (1)：96 - 103.

杨德智，张卫国，2010. 山东省城乡一体化规划的探索与实践［J］. 城市规划，34（4）：69-73.

杨林，郑潇，2019. 城市具备城乡融合发展的承载力吗——来自100个地级市的证据［J］. 东岳论丛，40（1）：121-132.

杨娜曼，肖地楚，黄静波，2014. 城乡统筹发展视角下湖南省城乡协调发展评价［J］. 经济地理，34（3）：58-64.

杨荣南，1997. 城乡一体化及其评价指标体系初探［J］. 城市研究（2）：19-23.

杨志恒，2019. 城乡融合发展的理论溯源、内涵与机制分析［J］. 地理与地理信息科学，35（4）：111-116.

姚耀军，2005. 金融发展与城乡收入差距关系的经验分析［J］. 财经研究（2）：49-59.

叶兴庆，2018. 现代化后半程的农业变迁与政策调整［J］. 中国农业大学学报（社会科学版），35（1）：18-23.

叶兴庆，2018. 新时代中国乡村振兴战略论纲［J］. 改革（1）：65-73.

叶兴庆，2019. 走城乡融合发展之路［M］. 北京：中国发展出版社.

游珍，蒋庆丰，2018. 长江经济带生态网络体系及管理模式的构建［J］. 南通大学学报（社会科学版），34（3）：37-44.

余泳泽，潘妍，2019. 高铁开通缩小了城乡收入差距吗——基于异质性劳动力转移视角的解释［J］. 中国农村经济（1）：79-95.

袁志刚，解栋栋，2011. 中国劳动力错配对TFP的影响分析［J］. 经济研究，46（7）：4-17.

臧旭恒，李燕桥，2012. 消费信贷、流动性约束与中国城镇居民消费行为——基于2004—2009年省际面板数据的经验分析［J］. 经济学动态（2）：61-66.

曾磊，雷军，鲁奇，2002. 我国城乡关联度评价指标体系构建及区域比较分析［J］. 地理研究（6）：763-771.

翟雪玲，赵长保，2007. 巴西工业化、城市化与农业现代化的关系［J］. 世界农业（5）：23-26.

张爱婷，周俊艳，张璐，等，2022. 黄河流域城乡融合协调发展：水平测度、制约因素及发展路径［J］. 统计与信息论坛，37（3）：34-43.

张呈秋，2021. 成渝地区双城经济圈城乡融合发展水平测度及影响因素研究［D］. 重庆：重庆工商大学.

张海朋，何仁伟，李光勤，等，2020. 大都市区城乡融合系统耦合协调度时空演化及其影响因素——以环首都地区为例 [J]. 经济地理（11）：56 - 67.

张杰，2003. 发展再贷款　缘何遭"冷遇"——九江市支持中小金融机构再贷款使用情况调查 [J]. 武汉金融（8）：59 - 60.

张克俊，杜婵，2019. 从城乡统筹、城乡一体化到城乡融合发展：继承与升华 [J]. 农村经济（11）：19 - 26.

张琳，汪军能，郭凯，2012. 小城镇城乡融合的发展道路——以盐城大丰市新丰镇城乡统筹规划为例 [C] //中国城市规划学会. 多元与包容——2012 中国城市规划年会论文集：496 - 506.

张沛，张中华，孙海军，2014. 城乡一体化研究的国际进展及典型国家发展经验 [J]. 国际城市规划，29（1）：42 - 49.

张韦萍，石培基，赵武生，等，2020. 西北区域城镇化与资源环境承载力协调发展的时空特征——以兰西城市群为例 [J]. 生态学杂志，39（7）：2337 - 2347.

张义博，刘文忻，2012. 人口流动、财政支出结构与城乡收入差距 [J]. 中国农村经济（1）：16 - 30.

张英男，龙花楼，马历，等，2019. 城乡关系研究进展及其对乡村振兴的启示 [J]. 地理研究，38（3）：578 - 594.

张志，2005. 强化空间开发管制加强城镇化体系规划——建设部城乡规划司副司长张勤谈城乡统筹与区域协调 [J]. 城乡建设，50（11）：39 - 40.

张子龙，鹿晨昱，陈兴鹏，等，2014. 陇东黄土高原农业生态效率的时空演变分析——以庆阳市为例 [J]. 地理科学，34（4）：472 - 478.

赵德起，陈娜，2019. 中国城乡融合发展水平测度研究 [J]. 经济问题探索（12）：1 - 28.

赵小风，李娅娅，郑雨倩，等，2019. 产业结构、农民收入结构对耕地非粮化的影响 [J]. 国土资源科技管理，36（5）：66 - 77.

赵新娟，王淑娟，2008. 加快城乡一体化进程的对策研究 [J]. 经济纵横，268（3）：68 - 70.

赵雪雁，杜昱璇，李花，等，2021. 黄河中游城镇化与生态系统服务耦合关系的时空变化 [J]. 自然资源学报，36（1）：131 - 147.

钟裕民，2020. 城乡生态融合发展：理论框架与实现路径 [J]. 中国行政管理（9）：23 -

28.

周芳冰, 2020. 长三角地区城乡融合发展的空间差异及其影响因素研究 [D]. 无锡: 江南大学.

周佳宁, 毕雪昊, 邹伟, 2020. "流空间" 视域下淮海经济区城乡融合发展驱动机制 [J]. 自然资源学报 (8): 1881-1896.

周佳宁, 秦富仓, 刘佳, 等, 2019. 多维视域下中国城乡融合水平测度、时空演变与影响机制 [J]. 中国人口·资源与环境, 29 (9): 166-176.

周佳宁, 邹伟, 秦富仓, 2020. 等值化理念下中国城乡融合多维审视及影响因素 [J]. 地理研究, 39 (8): 1836-1851.

周江燕, 白永秀, 2014. 中国省域城乡发展一体化水平: 理论与测度 [J], 中国农村经济 (6): 16-26, 40.

周立, 2004. 金融创新助推长三角经济一体化 [J]. 杭州金融研修学院学报 (4): 20-21.

周世军, 周勤, 2011. 政策偏向、收入偏移与中国城乡收入差距扩大 [J]. 财贸经济 (7): 29-37.

周天芸, 刘虹, 杨海洋, 2018. 中国农村金融的包容性及影响因素 [J]. 财经论丛 (12): 55-64.

周新秀, 刘岩, 2010. 城乡融合发展评价指标体系的构建与应用——以山东省为例 [J]. 山东财政学院学报 (双月刊) (1): 87-88, 86.

周一凡, 胡伟, 闵勇, 等, 2016. 基于省级数据的电力发展水平动态综合评价方法 [J]. 电力系统自动化, 40 (18): 76-83.

周翼, 陈英, 谢保鹏, 等, 2019. 关中平原城市群城市联系与影响范围分析 [J]. 地域研究与开发, 38 (3): 54-59.

祝艳波, 兰恒星, 彭建兵, 等, 2021. 黄河中游地区水土灾害机理与灾害链效应研究进展 [J]. 人民黄河, 43 (8): 108-116, 147.

R. J. 约翰斯顿, 2004. 人文地理学词典 [M]. 柴彦威, 等, 译. 北京: 商务印书馆.

Abhijit V Banerjee, Andrew F Newman, 1993. Occupational Choice and the Process of Development [J]. Journal of Political Economy, 101 (2): 274-298.

Bai Y P, Deng X Z, Cheng Y F, et al., 2021. Exploring Regional Land Use Dynamics under Shared Socioeconomic Pathways: A Case Study in Inner Mongolia, China [J].

Technological Forecasting & Social Change，166.

Connolly Michael，Mc Kinnon Ronald I，1993. The Order of Economic Liberalization：Financial Control in the Transition to a Market Economy [J]. Economica，60 (239)：371 - 371.

Gallup J L，Sachs J D，Mellinger A D，1999. Geography and Economic Development [J]. Social Science Electronic Publishing，22 (2)：179 - 232.

Harris J R，Todaro M P，1970. Migration，Unemployment & Development：A Two，Sector Analysis [J]. American Economic Review，60 (1)：126 - 142.

Hirschman，A O，1958. The Strategy of Economic Development [M]. New Haven：Yale University Press.

J M Antle，W J Goodger，1984. Measuring Stochastic Technology：The Case of Tulare Milk Production [J]. American Journal of Agricultural Economics，66 (3)：342 - 350.

Lewis A，1954. Economic Development with Unlimited Supplies of Labor [J]. The Manchester School of Economic and Social Studies，22 (2)：139 - 191.

Liu Y S，Lu S S，Chen Y F，2013. Spatio - temporal Change of Urban - rural Equalized Development Patterns in China and Its Driving Factors [J]. Journal of Rural Studies，32：320 - 330.

Long H L，Zou J，Liu Y S，2009. Differentiation of Rural Development Driven by Industrialization and Urbanization in Eastern Coastal China [J]. Habitat International，33 (4)：454 - 462.

Low S A，Isserman A M，2015. Where Are the Innovative Entrepreneurs? Identifying Innovative Industries and Measuring Innovative Entrepreneurship [J]. International Regional Science Review，38 (2)：171 - 201.

Luc Anselin，Sanjeev Sridharan，Susan Gholston，2007. Using Exploratory Spatial Data Analysis to Leverage Social Indicator Databas：The Discovery of Interesting Patterns [J]. Social Indicators Research，82 (2)：287 - 309.

Paul Krugman，1991. Increasing Returns and Economic Geography [J]. Journal of Political Economy，99 (3)：483 - 499.

Pierre - Olivier Gourinchas，Jonathan A Parker，2002. Consumption over the Life Cycle [J]. Econometrica，70 (1)：47 - 89.

Ranis G，Fei J C，1961. A Theory of Economic Development [J]. American Economic Review，51 (4)：533 - 565.

Siddharth Madan，Kristin J Dana，2016. Modified Balanced Iterative Reducing and Clustering Using Hierarchies (m - BIRCH) for Visual Clustering [J]. Pattern Analysis and Applications，19 (4)：1023 - 1040.

Sydney Ludvigson，1999. Consumption and Credit：A Model of Time - Varying Liquidity Constraints [J]. The Review of Economics and Statistics，81 (3)：434 - 447.

Upali Amarasinghe，Madar Samad，Markandu Anputhas，2005. Spatial Clustering of Rural Poverty and Food Insecurity in Sri Lanka [J]. Food Policy，30 (5)：493 - 509.

Venables，A J，2011. Productivity in Cities：Self - selection and Sorting [J]. Journal of Economic Geography，11 (2)：241 - 251.

Wu J H，Wang G Z，Chen W X，et al.，2022. Terrain Gradient Variations in the Ecosystem Services Value of the Qinghai - XiZang Plateau，China [J]. Global Ecology and Conservation，34：e02008.

图书在版编目（CIP）数据

黄河流域城乡融合发展水平与实现策略 / 陈伟等著
. —北京：中国农业出版社，2024.12
（黄河流域生态保护与农业农村高质量发展研究丛书）
ISBN 978-7-109-31726-0

Ⅰ. ①黄…　Ⅱ. ①陈…　Ⅲ. ①黄河流域-城乡建设-
区域经济发展-研究　Ⅳ. ①F299.272

中国国家版本馆 CIP 数据核字（2024）第 043002 号

中国农业出版社出版
地址：北京市朝阳区麦子店街 18 号楼
邮编：100125
责任编辑：闫保荣
版式设计：小荷博睿　　责任校对：吴丽婷
印刷：北京中兴印刷有限公司
版次：2024 年 12 月第 1 版
印次：2024 年 12 月北京第 1 次印刷
发行：新华书店北京发行所
开本：700mm×1000mm　1/16
印张：18.75
字数：287 千字
定价：78.00 元